Bevölkerung und soziale Entwicklung

Der demographische Übergang als soziologische und politische Konzeption

Schriftenreihe des Bundesinstituts für Bevölkerungsforschung
Band 13

Josef Schmid

BEVÖLKERUNG UND SOZIALE ENTWICKLUNG

Der demographische Übergang als soziologische und politische Konzeption

Boldt-Verlag

CIP-Kurztitelaufnahme der Deutschen Bibliothek

Schmid, Josef:
Bevölkerung und soziale Entwicklung: d. demograph. Übergang als soziolog. u. polit. Konzeption/Josef Schmid. –
Boppard am Rhein: Boldt, 1984.
(Schriftenreihe des Bundesinstituts für Bevölkerungsforschung; Bd. 13)
ISBN 3-7646-1841-8
NE: Bundesinstitut für Bevölkerungsforschung ⟨Wiesbaden⟩: Schriftenreihe des Bundesinstituts...

ISBN-3-7646-1841-8

© 1984 Bundesinstitut für Bevölkerungsforschung, Wiesbaden
Verlag: Harald Boldt-Verlag, Boppard am Rhein
Alle Rechte vorbehalten
Gesamtherstellung: v. Starck'sche Druckereigesellschaft m.b.H., Wiesbaden
Printed in Germany

Inhalt

Verzeichnis der Abbildungen 7

Verzeichnis der Tabellen 9

Vorwort 11

Einleitung 13

I. Demographischer Übergang als historischer und soziologischer Befund 17
1. Bevölkerungswissenschaft zwischen Instrumentalistik und Soziologie 17
2. Bevölkerungsgeschichte als Erkenntnisfeld 19
   a) Bevölkerungswachstum als ‚soziale Tatsache' 19
   b) Die Bevölkerungsentwicklung Europas ab 1750 als historisch-empirische Grundlage des demographischen Übergangs 28
3. Soziologische Konsequenzen aus der Bevölkerungsgeschichte 36
   a) Struktur und Merkmale des Bevölkerungswachstums 36
   b) Bestimmung des historisch-soziologischen Bevölkerungsbegriffs 42
4. Der Status des demographischen Übergangs in der Bevölkerungssoziologie 46
   a) Die ‚klassische Formel' des demographischen Übergangs nach *Landry, Thompson, Blacker* und *Notestein* 46
   b) Der demographische Übergang im theoretischen, methodischen und empirischen Widerstreit 52

II. Der demographische Übergang als neues Erklärungsmodell (Paradigma) der Bevölkerungssoziologie 59
1. Ende des Malthusianismus als herrschende Lehre 59
2. Genese der Theorie des Geburtenrückgangs 62
   a) Die ‚Wohlstandstheorie' 62
   b) Theorie des ‚logistischen' Bevölkerungswachstums 65
   c) Die Theorie der generativen Struktur 67
3. Zur Typologie sozioökonomischer und demographischer Übergangsstufen 71
   a) Zu den Stufen sozioökonomischer Entwicklung 71
   b) Generative Strukturen im Übergang 74

III. Der Übergangsprozeß 77
1. Problem der Modernisierungstheorie bei Erfassung des Demographischen Übergangs 77
2. Bevölkerung als regulatives System 81
3. Der epidemiologische Übergang 89

a) Soziale Determinanten der Sterblichkeit (Mortalität)	90
b) Wandel der Sterblichkeitsstrukturen im Übergang	93
4. Fruchtbarkeit im Übergang	95
a) Rückgang der Fruchtbarkeit in Europa	95
b) Demographischer Übergang und Theorie der Fruchtbarkeit	102
(a) Makro-Analyse der Fruchtbarkeit	103
(b) Mikro-Analyse der Fruchtbarkeit	115
(c) Hypothesen zum Geburtenrückgang	127
IV. Die entwicklungspolitische Dimension des Demographischen Übergangs	**131**
1. Die demographische Situation der Entwicklungsländer und der „europäische Weg"	131
2. Zur sinkenden Fruchtbarkeit in den Entwicklungsländern	136
3. Bevölkerungsprognosen und Fruchtbarkeitsübergang	140
4. Der demographische Übergang als Leitprinzip einer Bevölkerungspolitik für die Dritte Welt	149
a) Der medizinisch-klinische Versuch der Geburtenkontrolle	151
b) ‚Entwicklung' contra ‚Familienplanung'	153
(a) Die ‚marxistische Opposition'	154
(b) Soziologische Kritik am Defizit der Familienplanung	154
c) Kristallisation einer entwicklungsorientierten Politik der Fruchtbarkeitsbeschränkung	156
Schlußbemerkung	164
Summary	167
Résumé	168
Anmerkungen	169
Literaturverzeichnis	185

Verzeichnis der Abbildungen

Abb. 1: Modell zum demographischen Übergang in den Industrieländern 14
Abb. 2: Modell zum demographischen Entwicklungsstand der Dritten Welt 15
Abb. 3: Wachstumsphasen der Weltbevölkerung 23
Abb. 4: Weltbevölkerung und bedeutende soziale Revolutionen 24
Abb. 5: Flußdiagramm zur Tragfähigkeit 25
Abb. 6: Taufen und Beerdigungen in einer französischen Gemeinde zwischen 1600 und 1790 25
Abb. 7: Vergleich des Trendverlaufes der Geborenen- und Sterbeziffern Westeuropas und der Dritten Welt mit einer zeitlichen Verschiebung von einem Jahrhundert 28
Abb. 8: (Rohe) Geborenen- und Sterbeziffern für Schweden, 1720–1962 29
Abb. 9: Trendverlauf der Geborenen- und Sterbeziffern Schwedens (Demographischer Übergang Schwedens) 30
Abb. 10: Demographischer Übergang Englands 31
Abb. 11: Demographischer Übergang Frankreichs 31
Abb. 12: Natürliche Bevölkerungsbewegung Deutschlands, 1850–1950 33
Abb. 13: Idealtypisches Modell des Demographischen Übergangs 34
Abb. 14: Entwicklung der rohen Geborenenziffern in ausgewählten Industrieländern 34
Abb. 15: Modell zur Interdependenz von Sozialstruktur und Bevölkerungsvorgängen 39
Abb. 16: Idealtypische Alterspyramiden und Alterspyramiden ausgewählter Länder 39
Abb. 17: Alterspyramiden von Schweden und Costa Rica, 1969 41
Abb. 18: Alterspyramiden für Deutschland, 1910, 1946 und 1970 42
Abb. 19: Bevölkerungswachstum und Tragfähigkeitsgrenze 60
Abb. 20: Logistisches und exponentielles Bevölkerungswachstum 66
Abb. 21: Die logistische Kurve des Bevölkerungswachstums nach *Pearl* und ihre empirische Realität im demographischen Übergang 66
Abb. 22: Bevölkerungspyramiden für Österreich, 1900 und 1961 74
Abb. 23: Einfluß des Fruchtbarkeitsniveaus auf Alters- und Geschlechtsstruktur .. 74
Abb. 24: Typologie sozioökonomischer und demographischer Übergangsstufen .. 75
Abb. 25: Die Ursachen gesellschaftlichen Fortschritts 84
Abb. 26: Demographischer Übergang im Rahmen sozioökonomischer Entwicklung 86
Abb. 27: Materielle Produktion und physische Reproduktion in der industriellen Gesellschaft (Faktoren des niedrigen Bevölkerungsumsatzes) 88
Abb. 28: Westliche, beschleunigte und verzögerte epidemiologische Übergangsmodelle 94
Abb. 29: Eheliche Fruchtbarkeit und Kinderzahlbeschränkung in Schweden, 1800–1960 100

Abb. 30: Das *Freedman*-Modell – Ein soziologisches Rahmenwerk zur Analyse generativen Verhaltens 104
Abb. 31: Die Verringerung der Kinderzahlen am Beispiel ausgewählter Berufe (USA, 1850–1980) 107
Abb. 32: Kosten und Nutzen von Kindern 121
Abb. 33: Einfluß der Kinderzahl auf den Lebensstandard der Familie 123
Abb. 34: Sozialpsychologische Kausalfaktoren menschlicher Fruchtbarkeit (Wirkungsdiagramm des East-West-Population Institute, Honolulu) 126
Abb. 35: Geborenen- und Sterbeziffern Schwedens, 1755–1978 und Mexikos, 1920–1979 132
Abb. 36: Lokalisierung der generativen Strukturen der einzelnen Erdregionen im demographischen Übergangsmodell 133
Abb. 37: Sterbeziffern und Geborenenziffern in den Entwicklungsregionen von 1935–1975 134
Abb. 38: Fruchtbarkeitsrückgang (Geborenenziffern) in der VR China, den übrigen Entwicklungsländern verglichen mit England und Wales 138
Abb. 39: Prognosen zum Wachstum der Weltbevölkerung in entwickelten und unterentwickelten Regionen 142
Abb. 40: Projektionen für die Weltbevölkerung im Jahr 2000 144
Abb. 41: Bevölkerungsprojektion nach Kontinenten, 1925–2075 145
Abb. 42: Die Phasen des demographischen Übergangs in der Kontinentalprognose der Vereinten Nationen („Mittlere Variante") 1974 146
Abb. 43: Typologie historischer Übergangsprofile 147

Verzeichnis der Tabellen

Tab. 1:	Der geschichtliche Trend des Bevölkerungswachstums	21
Tab. 2:	Geschätzte jährliche Zuwachsraten der Bevölkerung – Welt und Weltregionen, 1750–1975	27
Tab. 3:	Bevölkerungswachstum nach Weltregionen zwischen 1650 und 2000	27
Tab. 4:	Weltbevölkerung gegliedert nach den einzelnen Übergangsphasen – Vergleich zwischen 1939 und 1983	48
Tab. 5:	Ausgewählte soziale, ökonomische und demographische Indikatoren für niedrige und hohe Geborenenziffern	73
Tab. 6:	Geschlechtsspezifische durchschnittliche Lebenserwartung bei Geburt (e_0) für ausgewählte Länder, 1900 und 1965	92
Tab. 7:	Fruchtbarkeitsübergang und seine sozialen Indikatoren in ausgewählten europäischen Ländern	98
Tab. 8:	Verwendung empfängnisverhütender Mittel in Dänemark zwischen 1949 und 1970	108
Tab. 9:	Wertorientierung und Fruchtbarkeit	114
Tab. 10:	Demographischer Übergang und Nettoreproduktion	119
Tab. 11:	Geborenen- und Sterbeziffern in den Entwicklungsländern und Industrienationen, 1960–1966 und 1983	133
Tab. 12:	Durchschnittliches Heiratsalter von Frauen in ausgewählten Ländern	137
Tab. 13:	Veränderung der Geborenenziffern in den Erdregionen, 1950–1983	137
Tab. 14:	Bevölkerungsprojektionen ausgehend von 1975 bis zum Jahr 2100 („Mittlere Variante" der Vereinten Nationen)	144
Tab. 15:	Demographische Übergangsprofile von Entwicklungsländern	148

Vorwort

Die Phasen des „demographischen Übergangs" wurden als Grundschema der Veränderungen der generativen Strukturen (im Sinne *Mackenroths*) in den heutigen Industrieländern von den Demographen schon vor Jahrzehnten entdeckt und beschrieben. Neuerdings fügt man zur Charakterisierung heutiger Verhaltensmuster sogar eine fünfte Phase an, bei der die Zahl der Geborenen nicht mehr ausreicht, um die Zahl der Gestorbenen zu ersetzen. Soweit es die verfügbaren statistischen Quellen überhaupt zulassen, erscheinen die quantitativen Fragen weitgehend geklärt. Immer wieder diskutiert werden jedoch die Ursachen der demographischen Entwicklung von hoher zu niedriger Sterblichkeit und Geburtenhäufigkeit, insbesondere in bezug auf die Geburtenhäufigkeit. Ein weiteres, vielleicht noch umstritteneres Thema ist die Frage, ob man die historischen Erfahrungen der heutigen Industrieländer auf die heutigen Entwicklungsländer übertragen kann. An diesen Diskussionen haben sich viele Sozialwissenschaftler beteiligt und tun das noch. Fast war es so weit, daß die meisten glaubten, unsere historischen Beobachtungen seien ein Entwicklungspfad, der für alle Völker und Zeiten Gültigkeit besitzt. Auch wenn man an sozialwissenschaftliche Theorien mit gutem Grund, insbesondere in bezug auf ihre prognostische Potenz, nicht die gleichen Anforderungen stellt wie an naturwissenschaftliche Theorien, haben sich diese Erwartungen bisher allenfalls in Ansätzen erfüllt. Wir sind daher in unserem Urteil vorsichtiger geworden, und zwar insbesondere deshalb, weil wir daran zweifeln, ob es erlaubt ist, in Europa gemachte geistesgeschichtliche Erfahrungen als allgemeingültig zu unterstellen. So bleibt die Befassung mit dem „demographischen Übergang" ein nicht nur ergiebiges sondern auch faszinierendes Thema.

Die Literatur hierüber ist jetzt so groß, daß man sie kaum mehr überschauen kann. Das gilt insbesondere für den deutschen Leser, der Schwierigkeiten mit englischen und französischen Texten hat. Professor *Dr. Josef Schmid*, Inhaber des Lehrstuhls für Bevölkerungswissenschaft an der Universität Bamberg, müssen wir daher sehr dafür danken, daß er seine Habilitationsschrift mit dem Thema „Bevölkerung und soziale Entwicklung – Der demographische Übergang als soziologische und politische Konzeption" dem Bundesinstitut für Bevölkerungsforschung zur Veröffentlichung in seiner wissenschaftlichen Schriftenreihe zur Verfügung gestellt hat. *Schmid* vermittelt unter Heranziehung der neuesten Literatur einen großartigen Überblick über den heutigen Forschungsstand zum „demographischen Übergang" und die noch offenen Fragen. Als Nationalökonom und Soziologe mit besonderem Interesse für die so wichtigen Fragen unserer sozio-kulturellen Herkunft, erschließt er uns nicht nur die einschlägige Literatur. Er nimmt dazu mit vielen eigenen Überlegungen auch kritisch Stellung.

Karl Schwarz

Einleitung

Mit *demographischen Übergang* bezeichnet man jenen Wandel der Bevölkerungsstruktur, der sich im Zuge der Industrialisierung und Modernisierung einer Gesellschaft erfahrungsgemäß einstellt. Er ist charakterisiert durch das Absinken der hohen Sterbe- und Geburtenwerte, wie sie in bäuerlichen vorindustriellen Kulturen üblich sind, auf ein vergleichsweise niedriges Niveau. Dieser *Übergang* von großer „Verschwendung" an menschlich-biologischer Substanz zu einem „sparsamen Reproduktionsmodus" mit wenigeren Geburtenfällen bei niedrigem Sterblichkeitsniveau, welcher für Industriegesellschaften typisch geworden ist, hat der Konzeption seinen Namen gegeben. Der demographische Übergang basiert somit auf der Beobachtung dieser geschichtlichen Bewegungen in den heutigen Industrienationen Europas und liefert den Sozialwissenschaften einen nur mit Mühe zu bewältigenden Diskussionsstoff. Die Kernfrage lautet, ob die demographischen Erfahrungen Europas so viel Verallgemeinerungswert besitzen, daß ein modernes Bevölkerungsgesetz – zumindest aber Lehren für eine allgemeine Bevölkerungsentwicklung im Weltmaßstab – daraus gewonnen werden können.
Die Beteiligung an dieser Diskussion ist kein leichtes Unterfangen. Die demographischen Übergänge in Europa erweisen sich bei eingehendem Studium als höchst komplexe und vielgestaltige Vorgänge und entziehen sich daher einer simplen Theoriekonstruktion. Zusätzlich vollführt die Weltbevölkerung in den letzten Jahrzehnten erstaunliche Wachstumsbewegungen und verschafft daher nicht die nötige Ruhe, um an einem allgemeinen Bevölkerungsgesetz zu bauen.
In den letzten zweihundert Jahren hat die Bevölkerung der Erde ein starkes und rasches Wachstum zu verzeichnen, wie es bis dahin in der Geschichte der Menschheit nicht nachzuweisen war. Das Wachstumsgeschehen der Weltbevölkerung wurde mit einer langsam am Boden dahinglimmenden Zündschnur verglichen, die mit einem Mal ein Pulverfaß zum Explodieren bringt. Zur Kennzeichnung dessen hat in der Öffentlichkeit das Schlagwort von der „Bevölkerungsexplosion" weithin Angst und Unsicherheit verbreitet und eine sachliche, wissenschaftlich begründete Aufklärung über das Weltbevölkerungsproblem erschwert. Daß sich die angebliche Bevölkerungsexplosion ausschließlich in den Entwicklungsländern ereignet, macht eine gewisse Angsthaltung verständlich. Doch tritt dabei in den Hintergrund, daß auch die Industrienationen Europas eine Periode ungewöhnlichen Bevölkerungswachstums durchlaufen mußten, die anfänglich auch als „Explosion" mißdeutet worden war. Diese Wachstumsperiode in Europa dauerte von ca. 1850 bis 1930 und war also nur eine – wenn auch tiefgreifende – Episode, die in Verknüpfung mit den Zuständen ‚vorher' und ‚nachher' ein grobes Drei-Phasen-Schema nahelegte und somit der Idee eines demographischen Übergangs erste Konturen verlieh:
Im Verlauf sozioökonomischer Wandlungsprozesse wurde eine traditionelle Bevölkerungsstruktur mit hohem Niveau von Geburten und Sterbefällen in eine „moderne" Struktur mit niedrigem Niveau dieser Variablen transformiert. Während dieses Vorgangs sanken die Sterbefälle früher ab als die Geburten und schufen in einer „Übergangsphase" jene markanten Geborenenüberschüsse und Bevölkerungszuwächse, die erst in der Endphase des Übergangsgeschehens wieder verebbten.
Diese Erfahrung hat endgültig bestätigt, daß die Bevölkerungsvorgänge kein biologisches Eigenleben führen, sondern grundsätzlich an die gesellschaftliche Entwicklung gebunden sind: Im Verlauf der ‚Modernisierung' der Gesellschaft vollzieht sich analog eine ‚Moderni-

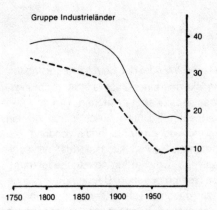

Abb. 1: Modell zum demographischen Übergang in den Industrieländern

Quelle: *J. A. Hauser,* Bevölkerungsprobleme der Dritten Welt, Bern – Stuttgart 1974, S 137

sierung' der Bevölkerungsstruktur, die sich als *demographischer Übergang* – so der allgemeine Terminus – darstellen und bezeichnen läßt.

Die ersten Konzeptionen des demographischen Übergangs stammen aus den zwanziger Jahren. Sie ergaben sich zunächst aus einer bevölkerungsstatistischen Retrospektive für europäische Regionen, die zwar ein vages, aber dennoch charakteristisches Verlaufsschema demographischer Meßziffern erkennen ließ.

Die europäischen Bevölkerungen hatten auf die beginnenden Industrialisierungsprozesse nicht einheitlich reagiert. Der demographische Übergang, der sich heute als „quasi-gesetzliche" Entwicklung darstellt, differierte hinsichtlich des Einsetzens und der Dauer der Übergangsprozesse von einer Gesellschaft zur anderen. Das demographische Übergangsschema konnte mit dem Industrialisierungsprozeß nicht zeitlich eng und eindeutig verknüpft werden, denn im einen Fall schienen die demographischen Bewegungen der Industrialisierung vorauszueilen, im anderen Fall ihr nachzuhinken. Diese starken Ungleichzeitigkeiten zwischen Bevölkerung und Entwicklung warfen mehr Fragen auf als beantwortet werden konnten und ließen Zweifel darüber aufkommen, ob denn die Übergangsprozesse selbst jemals konkretisiert werden könnten. Jedenfalls sind die Anfangs- und Endphasen des demographischen Übergangs relativ gut erforscht, während die Übergangsphase nur sehr grob mit sozialem Wandel umschrieben wird und dessen unzulängliche Darstellung in der allgemeinen Soziologie zu teilen scheint. Die Bevölkerungssoziologie, die von Anfang an unter einem strengem quantitativen Begründungszwang stand, kann hier eine Bresche schlagen und mit einer Aufhellung des demographischen Übergangs der Theorie des sozialen Wandels neue Wege weisen. Für demographische und ökonomische Wandlungsprozesse ist nicht nur die Umstellung der materiellen Produktion von Bedeutung, sondern auch die historische Tradition und der „kulturelle Code", in denen Industrialisierung heranwächst, sich gerade „kulturökologisch einnistet" und dadurch jene Vielfalt der Phänomene hervorbringt, die so schwer auf den Begriff zu bringen ist.

Hinter der Bevölkerungsbewegung mit ihren Ursprüngen in Geburt und Tod steht die Menschheitsgeschichte, ihre Mythen und Denkfiguren. Sie scheint ihre gewohnten Wege gegenüber den siegreichen Kräften des 19. Jahrhunderts nicht kampflos aufgeben zu wollen, vor allem die menschliche Fruchtbarkeit ist am schwersten zu bewegen und zu ändern. Die Industrialisierung hat quasi mit den traditionellen Verhaltensweisen und

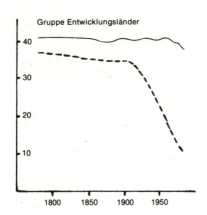

Abb. 2: Modell zum demographischen Entwicklungsstand der Dritten Welt

——— allgemeine Geburtenziffer
- - - - allgemeine Sterbeziffer

Lebensformen zu fechten. Die Widerstände, die ihr die traditionellen Strukturen entgegensetzen, prägen die soziale Entwicklung und die nationale Geschichte, die die Bevölkerungsgeschichte getreu widerspiegelt.

Die Meinungen in der Fachwelt über die Konzeption des demographischen Übergangs gingen weit auseinander, ihr theoretischer Status und ihre Prognosefähigkeit sind bis heute umstritten. Empirische Schulen und die exakte Historie, die sich kulturvergleichend statistisch-analytischer Verfahren bedient, bringt die Konzeption eher zur Verzweiflung. Hinzu kam, daß in den Bevölkerungen der Entwicklungsländer die Schere zwischen Geburten und Sterbefällen lange offenstand und nichts darauf hindeutete, daß sich das dadurch bewirkte enorme Bevölkerungswachstum in absehbarer Zeit nach europäischem Vorbild abschwächen würde.

Unter diesem Gesichtspunkt kommt dem demographischen Übergang sozialwissenschaftliche und entwicklungspolitische Bedeutung zu. In ihm erscheint Bevölkerung als Zielgröße einer Bevölkerungs- und Entwicklungspolitik, als regulatives System, das in seiner Bestimmtheit durch (biologische) Natur und (soziale) Kultur die notwendigen gesellschaftlichen Umstrukturierungen vollziehen muß. Das Wissen um die Zusammenhänge zwischen Bevölkerungsprozeß und sozialer Entwicklung wird zur wichtigen Voraussetzung für die Bewältigung des zentralen Menschheitsproblems der Gegenwart.

Die vorliegende Arbeit setzt sich zum Ziel, jenen Prozeß der Bevölkerungsregulierung herauszuarbeiten, der vom relativ statischen Bevölkerungsgleichgewicht vorindustrieller Epochen zur modernen Bevölkerungsstruktur geführt hat. Sie verwendet primär historisch-soziologische Kategorien wie sie der deutschen Bevölkerungswissenschaft und der amerikanischen funktionalistisch gerichteten Sozialdemographie zugrunde liegen.

Im I. Teil wird der sicherlich weitgespannte Entdeckungszusammenhang des demographischen Übergangs auf der Basis bevölkerungsgeschichtlicher und -struktureller Befunde analysiert.

Im II. Teil werden die Schritte, die zur wissenschaftlichen Begründung des demographischen Übergangs als klassische Erklärungsformel („Paradigma") nötig waren, bearbeitet. Auf der Basis dieser Erkenntnisse wird dann versucht, den Bevölkerungsübergang in einzelne Übergangsetappen zu gliedern und typologisch zu ordnen.

Teil III befaßt sich mit dem eigentlichen Übergangsgeschehen, wobei Bevölkerung als System gefaßt wird, das sich unter dem Einfluß von Wandlungsprozessen umstrukturiert. Daran schließt sich eine Diskussion von Thesen zum Rückgang der Sterblichkeit und des

Fruchtbarkeitsniveaus an, die im letzteren Fall den Wandel in der Familienstruktur und des generativen Verhaltens beinhaltet.

Der Teil IV leitet über zur entwicklungspolitischen Dimension des demographischen Übergangs. Das rasche Bevölkerungswachstum der letzten Jahrzehnte verleitete zu einer oberflächlichen Geburtenkontrollpolitik, die von außen her an die Entwicklungsländer herangetragen wurde. Die Fehlschläge dieser ‚Politik' führten gegen Ende der sechziger Jahre zu einer verstärkten Reflexion über das Verhältnis von Bevölkerung und Gesellschaft in Entwicklungsländern und damit zu einer Rückbesinnung auf die Konzeption des demographischen Übergangs, die trotz ihrer Unvollkommenheit Hinweise für die Neustrukturierung der ‚Familienplanung' in der Dritten Welt enthielt. Seit der Weltbevölkerungskonferenz des Jahres 1974 gilt als einzig gangbarer Weg, die bevölkerungspolitischen Programme den allgemeinen Entwicklungsstrategien zu integrieren: Die Motivation zur ‚verantwortungsbewußten Elternschaft' muß in den Gesellschaften selbst Wurzel fassen und darf ihnen nicht äußerlich bleiben. Die Aufwertung, die die demographische Übergangskonzeption dadurch erfahren hat, soll im abschließenden Teil deutlich gemacht werden.

Die Arbeit selbst ist eine revidierte Fassung einer Habilitationsschrift, die der sozialwissenschaftlichen Fakultät der Universität München 1980 vorgelegt wurde. Die besonderen Schwierigkeiten einer solchen Revision, wenn sich der Adressatenkreis, der Erkenntnisstand des behandelten Themas und der Status des Autors in der Zwischenzeit geändert haben, sind allgemein bekannt. Dies wird immer nur zu begrenzten Korrekturen an einer abgeschlossenen Arbeit führen können, wenn ihre Gedankenführung grundsätzlich erhalten bleiben soll.

Es handelt sich hier um die erste umfangreiche Darstellung des Fragenkomplexes demographischer Übergang auf bevölkerungssoziologischer und sozialstruktureller Basis. Das bedeutete eine gewisse Selektion von Material und Begriffssprache und ebenso Schnitte bei der Einarbeitung der erfreulich anwachsenden historischen und familiendemographischen Forschungen zum alten Europa. Die Arbeit beabsichtigt, alle Befunde auf ihren Erhellungswert für die demographische Übergangskonzeption als solche und auf ihre strategische Funktion bei Bewältigung der Entwicklungsaufgaben in der Dritten Welt zu prüfen.

Die ursprüngliche Fassung wurde von den Professoren *Karl Martin Bolte, Rolf Ziegler* und *Walter Bühl* (alle am Institut für Soziologie der Universität München) und *Peter Opitz* (Geschwister-Scholl-Institut für Politische Wissenschaft der Universität München) begutachtet und mit dezidierter, wenn auch wohlwollender Kritik bedacht, wofür an dieser Stelle gedankt sei. Dank gebührt auch *Karl Schwarz,* ehemals Direktor und Professor am Bundesinstitut für Bevölkerungsforschung, Wiesbaden, der die Überarbeitung und Drucklegung angeregt hatte.

Die Herren *Thomas Krebs* und *Karl-Heinz Schramm,* Studenten der Universität Bamberg, die an der mühevollen Revision des Textes und der Literaturhinweise arbeiteten, waren für die Fertigstellung des Werkes eine unentbehrliche Hilfe.

I. Demographischer Übergang als historischer und soziologischer Befund

1. Bevölkerungswissenschaft zwischen Instrumentalistik und Soziologie

Die Bevölkerungswissenschaft hat zu ihrem Gegenstand die Veränderung von Bevölkerungsstrukturen in Raum und Zeit und ist gegenüber Nachbardisziplinen nicht einfach abzugrenzen. Obwohl Bevölkerung zweifellos in das Arbeitsgebiet der Sozialwissenschaften fällt, kann sie Gegenstand jeder Wissenschaft vom Menschen sein, also auch der Medizin, Biologie, Geographie, der Ökonomie, Soziologie und Psychologie. Die immer häufigere Überantwortung der Probleme der Bevölkerungsentwicklung in den Bereich der Soziologie, die in den Vereinigten Staaten schon Tradition hat, läßt sich erst in jüngster Zeit in Europa, also auch in der Bundesrepublik Deutschland, feststellen.

Das bedeutet, daß menschliches Verhalten und Handeln nicht nur im Rahmen geographischer, biologischer oder sonstiger naturwissenschaftlicher Disziplinen gesehen wird, sondern immer öfter im Rahmen soziokultureller Bezüge. Aufgrund dieser Feststellung schien es auch ratsam, gegebenenfalls anstatt des konturenlosen Gesellschaftsbegriffs den Kulturbegriff zu verwenden, da er die eingeschlagene Denk- und Forschungsrichtung deutlicher macht. Die Behauptung der amerikanischen Soziologen *Paul H. Hatt* und *Paul K. Landis*, „population phenomena have meaning only in terms of culture patterns", wird nicht mehr als Einseitigkeit empfunden[1]). Bevölkerung wird in dem Augenblick zum Gegenstand der Sozialwissenschaft, als der Mensch im Verlauf der neueren Geschichte beginnt, sein Ausgeliefertsein an die äußere Natur schrittweise zu überwinden und zum Beherrscher der äußeren Naturkräfte als auch seiner inneren Menschennatur zu werden.

Es gab bereits eine Vielzahl bevölkerungsbezogener Erkenntnisse, ehe man daran dachte, sie zu einem besonderen Bevölkerungswissen zusammenzufassen. Die Vorarbeiten dazu waren vielschichtig und fielen im einzelnen an in der Idee des dynamischen Fortschreitens menschlicher Gesellschaften *(Herder, Kant, Hegel)* und der Entdeckung des ökonomischen Kerns der Gesellschaft durch die klassische Nationalökonomie *(A. Smith, D. Ricardo, Th. R. Malthus,* etc.).

Einer Gelegenheitsarbeit von *Thomas Robert Malthus* aus dem Jahre 1798 schließlich verdankt die aufkeimende Bevölkerungswissenschaft die erste wirksame Idee: die Inkongruenz vom Wachstum des Menschengeschlechts und der Nahrungsmittel. Diese Formel hatte nahezu ein Jahrhundert ihre Erklärungskraft behauptet, bis sie zum „fruchtbaren Irrtum" geworden ist, der den Boden für eine moderne Bevölkerungstheorie zu Beginn des 20. Jahrhunderts bereiten sollte.

Die enge Verknüpfung von Bevölkerung und Gesellschaft könnte als apodiktische Setzung verstanden werden, jedoch durchdringen sich beide auf historischer und systematischer Ebene: Bevölkerung kann als das „reproduktive Substrat" der Gesellschaft gelten, während Gesellschaft aus Abstraktion der interpersonalen Beziehungen in einer Bevölkerung hervorgeht: „Population processes affect and are affected by the organization and anatomy of society."[2])

Es ist unbestritten, daß die großen Erkenntnisschübe über die menschliche Gesellschaft seit Aufklärung und Industrialisierung sich auch auf die Entwicklung der Bevölkerung richten. Soziologie will den menschlichen Intellekt, der sich jahrhundertelang mit soviel Erfolg auf das Studium der äußeren Natur und ihrer Gesetze gewandt hatte, auch auf den Menschen und

seine Verhältnisse angewandt wissen. Damit war Bevölkerung von Anfang an ein geeigneter Forschungsgegenstand für die Sozialwissenschaften und die Soziologie im besonderen.
Das Interesse am Studium bzw. an der Zählung der Bevölkerung ist sehr alt. Ihr Ursprung geht auf die ersten Hochkulturen, auf die Gründung der alten Reiche zurück, die sich durch wirksame Verwaltung im Inneren und Machtsicherung nach außen abzusichern gedachten. Steuer, die Rekrutierung der Streitmacht und die Anlage von Grenzsiedlungen dürften die Väter der Bevölkerungswissenschaft sein[3]).
Für die soziologisch orientierte Bevölkerungswissenschaft können inzwischen traditionelle Beschäftigungsbereiche angegeben werden: (a) Bevölkerungsstatistik und Formale Demographie, (b) Bevölkerungsgeschichte, (c) Bevölkerungstheorie und (d) Bevölkerungspolitik[4]).
a) Man kann darüber streiten, ob man Bevölkerungsstatistik als eigenständigen Beschäftigungsbereich ausgeben soll, wo sie doch die grundlegende Quantifizierungsmethode *aller* Bevölkerungsvorgänge und damit aller Beschäftigungsbereiche ist.
So sehr sich dieser Einwand fachlich begründen läßt, so zeigt doch die Praxis, daß Bevölkerungsstatistik (oder Demostatistik) sich in der „verwalteten Welt" in zunehmendem Maße selbständig behauptet und inzwischen ein eigenes Berufsbild prägt. Die großen Fortschritte in der Datenerfassung und -verarbeitung der letzten Jahre und die gleichzeitige Verfeinerung der bevölkerungsstatistischen Methoden, an der in der zivilisierten Welt ein beständiger Stamm von Fachleuten arbeitet, rechtfertigt berufssoziologische Gründe, Bevölkerungsstatistik als eigenständigen Bereich auszugeben. Ihr bisheriger Status als wichtigste Hilfsdisziplin für alle übrigen Beschäftigungsbereiche bleibt davon unberührt. Während die Bevölkerungssoziologie mit Hilfe der Demostatistik soziale und historische Bestimmungsgründe des Bevölkerungswachstums untersucht, konstruiert die *Formale Demographie* ein biomathematisches Modell von Bevölkerung, das von geschichtlichen Interventionen und Brüchen absieht. Nach *N. Ryder* handelt es sich hier um ein „generic concept of a population":
„Formal demography is the deductive study of the necessary relationships between the quantities serving to describe the state of a population and those serving to describe changes in that state, in abstraction with other phenomena. The central features of demography as a body of knowledge and methods may be approached by considering the population as a model."[5])
Obwohl es die Formale Demographie mit Menschen zu tun hat, bewegt sie sich auf einem Abstraktionsgrad, der auf jedes lebende Kollektiv anwendbar scheint. Dieser formale Biologismus, wie wir ihn auch bezeichnen können, fällt aus den empirisch-sozialwissenschaftlichen Fragestellungen heraus.
Zusammenfassend können wir feststellen, daß die Bevölkerungsstatistik in allen Arbeitsbereichen der Bevölkerungswissenschaft Verwendung findet, während die Methoden der ‚formalen' oder mathematischen Demographie mehr in der Biologie, Ökologie, Prognostik und Computersimulation gefragt sind.
Die Beschäftigungsbereiche der Bevölkerungssoziologie wären wie folgt zu umreißen:
b) ‚Bevölkerungsgeschichte' ist in verschiedenen Fachrichtungen organisiert: einmal im Rahmen der akademischen Historie, dann in der Wirtschafts- und Sozialgeschichte und nicht zuletzt in dem Sonderbereich der ‚historischen Demographie', der einen starken Aufschwung erlebt. Die Bevölkerungssoziologie hält die Beschäftigung mit Bevölkerungsgeschichte für notwendig. Es geht ihr aber dabei nicht um ‚Historie', sondern vielmehr um bevölkerungsbezogene Erforschung vergangener Epochen, die für unsere Gegenwart

besonders konstitutiv sind und zum Gegenwartsverständnis wesentlich beitragen. Der Bevölkerungsgeschichte entnehmen wir Wachstums- und Kulturmuster, sowohl der Gesamtbevölkerung wie der Familiensysteme.

c) ‚Bevölkerungstheorien' heißen jene relativ festgefügten Erkenntnisse zur biosozialen Bewegung der Fruchtbarkeit und Sterblichkeit sowie zum Wanderungsgeschehen. Bevölkerungstheorien sind meist historische Generalisierungen und verdienen im streng szientistischen Sinne den Namen ‚Theorie' nicht. Es gibt ‚Theorien', die sich auf die gesamte Bevölkerungsbewegung beziehen, eine Art ‚covering thaught model' darstellen und die Funktion eines Paradigmas erfüllen. Der alte Malthusianismus oder die historisch-soziologische Theorie der generativen Struktur wären hierfür als Beispiele zu nennen. Es gibt auch ‚Theorien', die sich auf einzelne Komponenten oder Vorgänge des Bevölkerungsprozesses beziehen; so spielen ‚Theorien der Fruchtbarkeit' bzw. des ‚Fruchtbarkeits- bzw. Geburtenrückgangs' oder des Wanderungsverhaltens eine große Rolle.

d) Eine theoriegeleitete Bevölkerungsforschung müßte den Bevölkerungsprozeß in einer Weise aufhellen, daß er in den Dienst einer ‚Bevölkerungspolitik' gestellt werden könnte. Das trifft zu für Bevölkerungsvorgänge, die dem Staat nur begrenzte Einflußmöglichkeiten bieten, wie das Generative Verhalten, der Fachausdruck für das Fortpflanzungsverhalten einer Bevölkerung. Bevölkerungspolitik wurde definiert als die Gesamtheit aller Maßnahmen, die darauf abzielen, den Stand oder die innere Zusammensetzung einer Bevölkerung auf ein vorgegebenes Ziel hin zu verändern. Bevölkerungspolitik kann sich auf alle drei Bevölkerungsvorgänge (Fruchtbarkeit, Sterblichkeit und Wanderungen) beziehen, wobei wir unterschiedliche Grade staatlicher Beeinflußbarkeit registrieren können. Staatliche Bevölkerungspolitik finden wir heute nur in Entwicklungsländern, während in Industrienationen eine solche hauptsächlich in Sozialpolitik, Familienpolitik und Einwanderungsbestimmungen aufgeht.

Das Studium des demographischen Übergangs erfordert alle Teildisziplinen: Geschichte und Demostatistik helfen zur Konstruktion einer Bevölkerungstheorie, die sich als erkenntnisfördernde Abstraktion bevölkerungspolitisch bewähren muß.

2. Bevölkerungsgeschichte als Erkenntnisfeld

a) Bevölkerungswachstum als ‚soziale Tatsache'

Den ersten Ansatzpunkt für bevölkerungssoziologisches Denken bietet das unterschiedliche Bevölkerungswachstum, das zur Charakterisierung und Periodisierung der Menschheitsgeschichte herangezogen werden kann. Man geht davon aus, daß sich seit Auftauchen des Menschen seine Zeugungsfähigkeit kaum verändert hat. Der allmähliche Anstieg der Menschenzahl, der dann in den letzten beiden Jahrhunderten zu enormen Wachstumsschüben führte, kann dann nur auf soziale und kulturelle Evolution zurückzuführen sein.

Die Feststellung macht das Bevölkerungswachstum zur ‚sozialen Tatsache' und räumt mit der Mode auf, in sozialen Phänomenen nur Biologisches am Werke sehen zu wollen. Das Bevölkerungswachstum mußte über den größten Teil der Geschichte von den äußeren Gewalten der Natur gebremst worden sein und konnte sich erst in dem Augenblick entfalten, als der Mensch sich von diesen Gewalten zu befreien beginnt, ja sogar die Herrschaft über sie antritt.

Das mußte im Zeitalter der Bändigung der Naturkräfte unter Anleitung und zum Nutzen der Menschen – in der Epoche der Industrialisierung – auch zum größten Bevölkerungswachstum in der bisherigen Geschichte führen. Die unendliche Vielfalt und Komplexität, mit der sich dieser Vorgang abgespielt hat, führte dennoch bald zu der Erkenntnis, daß die Bevölkerungsbewegung nur im Zusammenhang mit den Gesellschaftsveränderungen sinnvoll zu erforschen ist.

Das Wachstum der Menschenzahlen zeigt eine eigenartige Struktur. Über extrem lange Zeiträume hinweg, für die wir mehr als eine Million Jahre ansetzen müssen, haben wir ein so geringes Bevölkerungswachstum zu verzeichnen, daß es sich einer exakten Berechnung entzieht[6]). Wenn die Menschheit bis zum Jahre 2000 über 6 Milliarden zählen wird, dann verdankt sie dieses Anwachsen aber einem relativ kurzen Zeitraum von ca. 150 Jahren.

Tabelle 1 (S. 21) strukturiert den geschichtlichen Trend des Bevölkerungswachstums. Es werden drei Wachstumsperioden unterschieden:

Die erste Periode ist gekennzeichnet durch ein äußerst geringes Wachstum während der langen Zeiträume vom Auftauchen des Homo sapiens bis in die Neuzeit um 1700.

Eine zweite Periode reicht von ca. 1700 bis in die Zeit nach dem Zweiten Weltkrieg. Sie ist rückschauend durch ein mäßiges Bevölkerungswachstum gekennzeichnet, das sich in der zweiten Hälfte des 19. Jahrhunderts beschleunigte. Das ist auf die ersten Wachstumsschübe im Zuge des demographischen Übergangs industrieller Bevölkerungen in Europa zurückzuführen.

Schließlich die dritte Periode ab ca. 1950, in der sich die Menschheit noch befindet, ist durch das rasche und starke Anwachsen der Bevölkerungen Lateinamerikas, Asiens und Afrikas charakterisiert. Es übertrifft nach Volumen und Wachstumsintensität die Bevölkerungen Europas und Nordamerikas um ein Vielfaches.

Während der ersten Wachstumsperiode soll die Urpopulation des Homo sapiens erectus im Zeitraum von zwei bis vier Millionen Jahren nicht mehr als 125 000 umfaßt haben[7]). Die Bevölkerung um Christi Geburt wird mit 333 Millionen Menschen angegeben; dabei handelt es sich aber um einen Mittelwert aus verschiedenen Schätzungen, die zwischen 200 und 400 Millionen liegen. In dieser Zeit verzeichnen wir an sozialen Neuerungen die vor ca. 10 000 Jahren einsetzende ‚neolithische Revolution', d. h. die allmähliche Seßhaftwerdung von einst nomadisierenden Jägern und Sammlern im Zuge der Erfindung des Ackerbaus. Sie soll die Bevölkerung von ca. 8 auf 50 Millionen gebracht haben[8]). Des weiteren verzeichnen wir die Entstehung der ersten Hochkulturen und Verstädterungsformen, soweit beide Erscheinungen nicht schon in den Stadt-Staaten Palästinas und Mesopotamiens auftauchten.

Die Bevölkerungswissenschaft war immer schon daran interessiert, die Wachstumskapazität von Bevölkerungen zu berechnen, schon aus Prognosegründen. Der jährliche prozentuelle Zuwachs ist das allgemein übliche Wachstumsmaß. Es fällt auf, daß wir für diesen enormen Zeitraum der Entstehungsgeschichte der Menschheit kaum ein Rechenexempel statuieren können. Daß die Menschen über 99 Prozent ihrer Geschichte ein ‚Naturvolk' im heutigen Sinne waren, soll sagen, daß sie in Wachstum und ihrer Existenzerhaltung den Naturgesetzen nie richtig entkommen konnten. Wenn es ihnen gelang, dann nur über die Kontrolle bzw. Einschränkung ihrer Fruchtbarkeit und dies – angesichts der hohen Sterblichkeit dieser Epochen – auf die Gefahr ihres Untergangs hin. Stammesvölker und die Völker des Klassischen Altertums scheinen auf diese Weise ihr Schicksal besiegelt zu haben[9]).

Tab. 1: Der geschichtliche Trend des Bevölkerungswachstums

Zeit	Bevölkerung in Millionen	Durchschnittlicher jährl. Zuwachs gegenüber vorherigen Zeitraum in %	Verdopplungszeit in Jahren
7–6000 v. Chr.	5–10		
1 n. Chr.	200–400	a	
1650	470–545	a	
1750	629–961	0,4	173
1800	813–1 125	0,4	173
1850	1 128–1 402	0,5	139
1900	1 550–1 762	0,5	139
1950	2 486	0,8	86
1960	2 982	1,8	38
1970	3 610	1,9	36
1975	3 968	1,9	36
1984	4 762	1,7	40

a = extrem gering
Quelle: United Nations, "History of World Population Growth", *The Determinants and Consequences of Population Trends,* Vol. 1, Population Studies No 50, New York 1973; data for 1970 and 1975 are from United Nations, *World Population Prospects as Assessed in 1973,* (ST/ESA/SER.A/60), New York, 1973; data for 1983 are from "*1983 World Population Data Sheet*" – ed. Population Reference Bureau, Washington, D.C. 1983.

Bei einer Geborenenziffer zwischen 30 und 45 (auf Tausend) und einer zwischen 30 und 40 (auf Tausend) schwankenden Sterbeziffer, die wir für die langen vorindustriellen Zeiträume grob ansetzen können und die neben den Sterbefällen auch alle Formen ritueller Menschenopfer, sowie Kindestötung und -aussetzung einbeziehen muß, reichte die Vermehrungskapazität der menschlichen Bevölkerung nicht viel über das Null-Wachstum hinaus. Über Jahrtausende hindurch lag es weit unter 0,1, vermutlich sogar bei 0,02 Prozent[10]). Von einem signifikanten jährlichen Zuwachs können wir überhaupt erst mit Beginn der Neuzeit, d. h. mit der Wende vom 16. zum 17. Jahrhundert sprechen.

Alfred Sauvy liefert einige eindrucksvolle Beispiele über mögliches und tatsächliches Bevölkerungswachstum in der Geschichte: Wenn sich die Bevölkerung Roms zur Zeit des Kaisers Augustus zu nur 0,5 Prozent jährlich im Laufe der letzten 2000 Jahre vermehrt hätte, so wäre sie inzwischen auf mehr als 1 000 Milliarden angewachsen. Das soll nur zeigen, daß sich die Mittelmeerländer zu höchstens 0,1 Prozent jährlich vermehrt haben können. Das trifft selbst für die Bevölkerung Chinas zu, die man zur Zeit um Christi Geburt auf 70 Millionen beziffert und die bis Mitte der sechziger Jahre unseres Jahrhunderts auf 700 Millionen angewachsen war. Das ergibt in 1900 Jahren nur etwas weniger als 0,1 Prozent jährlich[11]). Die Bevölkerung auf dem Gebiet des heutigen Frankreich hat sich im Laufe des 3. Jahrtausends vor Christus, also eines frühagrarischen, ‚neolithischen' Jahrtausends von ca. 500 000 Menschen auf 5 Millionen vermehrt. Das bedeutet ein jährliches Wachstum von 0,2 bis 0,3 Prozent.

Die frühen Bevölkerungen waren entweder nie in der Lage oder nicht willens, ein signifikantes natürliches Wachstum über einen längeren Zeitraum hinweg zu halten. Es muß ihnen daher auf ihrem langen Weg immer wieder etwas zugestoßen sein – wovon die Geschichte ja ausführlich zu berichten weiß – und es müssen zusätzlich kulturelle

Praktiken gegriffen haben, um das Bevölkerungswachstum im Rahmen einer nur langsam sich bessernden Ressourcenbasis zu halten[12]).

Zwischen 1700 bis in die fünfziger Jahre unseres Jahrhunderts können wir eine weitere Etappe mit einem deutlicheren Wachstum von 0,1 bis 0,8 Prozent pro Jahr ausmachen. Sie ist gekennzeichnet durch die Besiedlung der Neuen Welt, die Entstehung und Reifung der kapitalistischen Wirtschaftsweise, den Aufstieg des Bürgertums, der Wissenschaft, von Bürokratie und wandelbaren sozialen Ideen.

Das bedeutendste strukturformende Ereignis ist die Industrialisierung Europas, die sich mit Verzögerungen von Westeuropa nach Osteuropa durchsetzt. Mit ihr verbindet sich eine Revolutionierung der Produktion und Versorgungslage der Menschen, Fortschritt der Wissenschaft und Medizin und die Installierung liberaler politischer Regimes im Westen, staatsbürokratische Planwirtschaft im Osten, und generell die Idee der sozialen Sicherheit.

Während des 19. Jahrhunderts begann die Bevölkerung sprunghaft anzuwachsen, weil durch ein Bündel medizinischer und ökonomischer Erfolge eine Zurückdrängung der Sterblichkeit möglich wurde. Wir sprechen hier bewußt von einem Bündel, da bis heute nicht geklärt ist, welcher Faktor wohl der entscheidende gewesen war. Vermutlich ist angesichts der regionalen Besonderheiten keine einheitliche Antwort zu finden. Die Geschichte der Medizin, die die Bekämpfung von „Volkseuchen" und die Annahme der Hygiene von immer mehr Schichten erforscht, könnte eine Antwort geben[13]). Die europäische Bevölkerung absolviert zwischen 1850 und 1950 ihre erste rapide Wachstumsphase und steigt von 274 auf 572 Millionen. In dieser Zeit gelingt ihr auch der bemerkenswerte demographische Übergang, die Abbremsung des Bevölkerungswachstums, das sich im 19. Jahrhundert aufgebaut hatte.

Die Weltbevölkerung stieg in der genannten zweiten Periode zwischen 1700 und 1950 von 555 Millionen auf 2,5 Milliarden und das bei einem durchschnittlichen jährlichen Wachstum von ca. 0,5 Prozent. Das bedeutet ein zehnmal rascheres Wachstum als das der ersten Periode.

Seit 1950 befindet sich die Weltbevölkerung in einem neuen Wachstumsabschnitt. Die jährliche Zuwachsrate ist auf den bisher höchsten Wert angestiegen; mit 1,7 bis 1,8 Prozent vermehrt sich die Weltbevölkerung der Gegenwart um ca. 80 bis 85 Millionen im Jahr. Zur Mitte des Jahres 1984 wurde mit 4,75 Milliarden Menschen gerechnet. Wenn wir eine Extrapolation bis zum Jahre 2000 wagen wollen, so würde das eine Weltbevölkerung von 6,1 Milliarden ergeben. Selbst unter dem Eindruck des inzwischen im Weltmaßstab festgestellten Geburtenrückgangs dürfte die Bevölkerung zu diesem Zeitpunkt kaum unter 6 Milliarden zu liegen kommen.

Wir können diese letzte Periode auch als diejenige der Erwartung bzw. der Einleitung des demographischen Übergangs in den Bevölkerungen der Dritten Welt bezeichnen.

Die Epochen vor der Industrialisierung zeigen ein rohes und unmittelbares Verhältnis von Bevölkerung und äußerer Umwelt. Die Determination durch die Zwänge einer noch unbeherrschten Natur, die sich in hoher Sterblichkeit und extremer Abhängigkeit von den klimatisch bedingten Ernteerträgen niederschlug, war so gewaltig, daß über hunderttausende von Jahren das Bevölkerungswachstum über 0,002 Prozent nicht hinausgekommen war.

Gemessen an der stürmischen Entwicklung der jüngsten Neuzeit erscheint die lange Zeit davor als eine Periode des langen Stillstands von Bevölkerung und ihrer ökonomischen Bedingungen. Die als statisch bezeichneten Verhältnisse müssen demnach einem inneren

Abb. 3: Wachstumsphasen der Weltbevölkerung

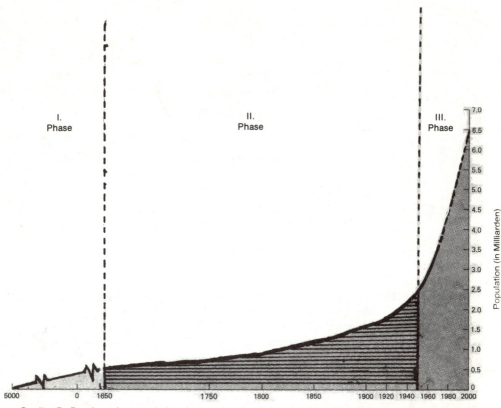

Quelle: *B. Berelson,* La population du monde: situation en 1974, In: Bulletins de démographie et de planning familial, No. 15, Juillet 1974, S. 6; Reprinted with the Permission of the Population Council, New York, N.Y. 10017

Gleichgewichtsmechanismus unterlegen haben, der die Anwendung eines kulturökologischen Konzepts der „Homöostase" zwischen Bevölkerung und ihrer Ressourcenbasis oder ihres Tragkörpers erlaubt. Es laufen erfolgreiche Versuche den Bevölkerungsstand als Ergebnis eines Gleichgewichts mit seinen Bedingungsfaktoren anzugeben.

Soziale Beziehungen, Arbeitsformen und Arbeitstechniken und das generative Verhalten würden dann in einem Systemzusammenhang gesehen, der nur eine geringe Dynamik aufweist. Dem vorindustriellen Verhältnis von Bevölkerung, Gesellschaft und Produktion liegen folgende Mechanismen zugrunde (vgl. Abb. 5, S. 25):

Ein übermäßiges Bevölkerungswachstum, mit dem die Rodungen und die intensivere Bebauung der Ackerfläche nicht Schritt halten können, verringert die bebaubare Ackerfläche pro Kopf, unterwirft mehr Menschen den klimatisch bedingten Ernteausfällen und erhöht die Sterblichkeit. Damit hätte ein quasi-konstanter Nahrungsspielraum die ursprüngliche Bevölkerungsgröße wieder hergestellt.

Neben dieser ‚Gleichgewichtskorrektur' über die Sterblichkeit zeigt der obere Regelkreis den Korrekturfluß über die Geburtenentwicklung: Wenn ein Bevölkerungswachstum mit der Produktion Schritt hält, keinen Nahrungsengpaß verursacht und möglicherweise die

Abb. 4: Weltbevölkerung und bedeutende soziale Revolutionen

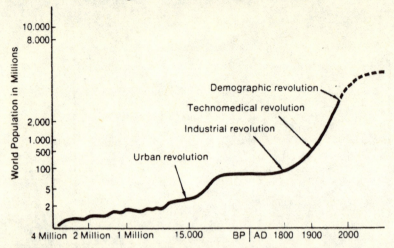

Quelle: *A. S. Boughey,* Man and Environment – Introduction to Human Ecology and Evolution, New York – London 1975, S. 256; Reprinted by Permission of MacMillan Publishing Co., Inc. New York, N.Y.

Ausstattung der Individuen verbessert, dann steigt das Pro-Kopf-Einkommen von mehr Menschen. Das bedeutet, daß mehr Menschen eine ‚Vollstelle', die materielle Voraussetzung für eine Heiratserlaubnis, erreichen.

Das wird das durchschnittliche Heiratsalter der Frauen senken, mehr Heiraten und mehr Geburten zur Folge haben.

Erweist sich eine agrarische Tragfläche als zu gering, um eine wachsende Bevölkerung zu ernähren, oder verschlechtern Natureinflüsse die Anbauflächen und Ernten, so drückt das deutlich auf die Subsistenz und Ausstattungsmöglichkeiten der Menschen. Jene Situation ruft nun ihrerseits die erhöhte Sterblichkeit auf den Plan, vermindert die Möglichkeiten der Eheschließung und erzwingt in vielen Fällen ein hinausgeschobenes Heiratsalter, was sich in einer Senkung der Geburtenzahlen auswirkt.

Die Schwankungen der Fruchtbarkeit sind geringer, ihre Faktoren reagieren langsamer und zäher auf Versorgungskrisen als die Sterblichkeit, deren Verläufe starke Irritationen zeigen – nicht selten zwei- oder dreimal im Jahr. Die vorindustrielle Bevölkerungsbewegung hat daher einen charakteristischen Verlauf, ablesbar aus Abb. 6, die auf Eintragungen von Taufen und Begräbnissen in den Kirchenbüchern einer französischen Gemeinde im 17. und 18. Jahrhundert zurückgeht[14]).

Wir können zur eingangs getroffenen Feststellung zurückkehren, daß die vorindustriellen Bevölkerungen Europas, die – da sie noch vor dem demographischen Übergang liegen, auch ‚vortransitional' genannt werden – durchschnittlich gleich hohe Geburten- und Sterbefälle hervorgebracht haben und eine Art Null-Wachstum aufwiesen. Wir bezeichnen schon ein konstant geringfügiges Wachstum als stationär. Das vorindustrielle Bevölkerungswachstum ist zwar ein stationäres, es stellt sich aber auf einem quantitativ hohen Niveau von demographischen Ereignissen (Geburten- und Sterbefällen) her[15]).

Das vorindustrielle Verhältnis von Bevölkerung und Subsistenz basiert auf einem höchst labilen Gleichgewicht zwischen hoher Geburtenzahl und fluktuierenden und dezimierenden Sterbefällen, die unmittelbar die Folge von Versorgungsmängeln und Epidemien waren. Die

Abb. 5: Flußdiagramm zur Tragfähigkeit

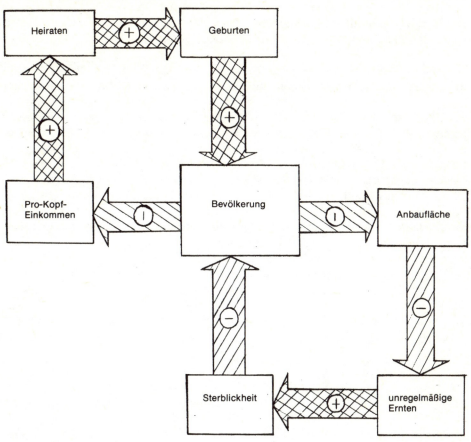

Quelle: *J. Fontana,* Geschichte – Objektivität und Parteinahme in der Geschichtsschreibung, Reinbek 1979, S. 67 (vom Verfasser bearbeitet)[1]

[1]) In diesem Flußdiagramm bezeichnen in einem Fall (+) die Pfeile ein direkt proportionales Verhältnis der Beeinflussungsgrößen, im anderen Fall (−) ein indirekt proportionales.

Abb. 6: Taufen und Beerdigungen in einer französischen Gemeinde zwischen 1600 und 1790

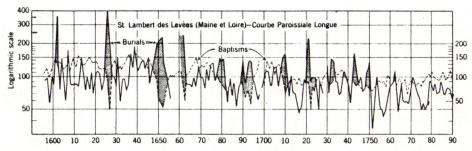

Quelle: *D. Bogue,* Principles of Demography, New York etc. 1969, S. 57, repr. by permission of *D. Bogue*

Aufeinanderfolge von Katastrophen dürfte der ganzen Daseinsform ihr Gepräge gegeben und den Bevölkerungsstand so angepaßt haben, daß wir den Gleichgewichtsbegriff und den Begriff des ‚vortransitionalen-stationären Gleichgewichts' als heuristisches Konstrukt verwenden dürfen. Die demographische Entwicklung des ersten geschichtlichen Zeitraums wäre typisiert.

Dieses Verhältnis von Bevölkerungsstand und Produktionsform auf der einen, von Bevölkerungswachstum und sozialer Entwicklung auf der anderen Seite ist der zentrale Gegenstand der bevölkerungswissenschaftlichen Theoriebildung sowohl bei *Th. R. Malthus* wie bei *G. Mackenroth,* obwohl auf je besondere Weise. *G. Mackenroth,* der zwar stark vom agrarpolitischen Denken beeinflußt war, hat den Bevölkerungsprozeß unter den Bedingungen der Industrialisierung verfolgt. Dieses langfristige Verhältnis von Bevölkerung und Subsistenz – *W. Köllmann* spricht noch von „wirtschaftlichem Tragkörper" – sieht *G. Mackenroth* in bestimmter Weise in Bewegung gesetzt:

„Die Realdialektik der ökonomischen Seite erzwingt um den Preis einer Katastrophe früher oder später eine Bevölkerungsweise, die nicht mehr über den einzelnen Arbeitsplatz Bevölkerung und Wirtschaft aufeinander abstimmt, und die einen Teil der Produktivitätssteigerung laufend in Konsumsteigerungen umsetzt[16])."

Andere Formeln trachten danach, den alten Gesichtspunkt, daß sich der Bevölkerungsstand nach dem Agrarprodukt (Nahrungsspielraum) richte, zu überwinden und industrielle Bedingungsfaktoren einzusetzen. In einer anderen Version wird Bevölkerung als Verhältnis von Produktionskapazität zum Lebensniveau (L_n) gesehen, wobei sich das Produktionsvolumen aus der Anwendung technologischer Standards (T) auf eine gegebene Ressourcenbasis (R) ergibt[17]):

$$B = T \times R/L_n$$

Diese vereinfachte Formel sollte über die komplizierten Sachverhalte, die sich dahinter verbergen, nicht hinwegtäuschen. „T" steht hier für die gesamte innovative Kapazität der materiellen Kultur und „R" setzt sich aus den natürlichen Produktionsvoraussetzungen und dem Qualifikationsstand des Humankapitals zusammen. Beide sind in ständiger Bewegung und bilden sich aneinander – so wie es ein Ökologe ausgedrückt hat: „Ressourcen sind nicht, sie werden[18])!"

Lebensniveau und Bevölkerung, die in obiger Formel austauschbar sind, bieten ihrerseits Probleme der Bestimmung. Lebensniveau kann als die Summe der individuellen und sozialen Kosten einer typischen Lebensform angesetzt werden, wobei über die Probleme ihrer Quantifizierung noch nichts ausgesagt ist. Sicher ist jedoch, daß diese Summe mit der inneren Zusammensetzung der Bevölkerung variiert: Mit der Verteilung von Alter und Geschlecht, mit dem Verhältnis von Erwerbsbevölkerung zu den abhängigen Jahrgängen[19]) und mit der, dieser Bevölkerungsstruktur querlaufenden, sozialen Schichtung.

Nachdem dies alles berücksichtigt werden müßte, wird klar, daß diesen Formeln nur der Charakter einer Hilfskonstruktion zukommt. Sie drücken nur die Grenzen eines Bevölkerungswachstums aus, wenn einer oder mehrere Faktoren als konstant oder stagnierend angenommen wird. Es dürfte unmöglich sein, eine soziale Entwicklung in dieser Form abzubilden. Die Gleichungen suggerieren außerdem eine Wachstums- und Anpassungselastizität der Bevölkerung, die nur der formalen Spekulation dienen kann. Eindrucksvoll bleibt aber, wie hier Bevölkerung als eingebundenes System erscheint, in dem die Veränderung eines Faktors den Bevölkerungsstand beeinflußt und daraufhin die übrigen

Tab. 2: Geschätzte jährliche Zuwachsraten der Bevölkerung – Welt und Weltregionen, 1750–1975

Regionen	1750–1800 %	1800–1850 %	1850–1900 %	1900–1950 %	1950–1975 %
Weltbevölkerung	0,4	0,5	0,5	0,8	1,9
Afrika	0,0	0,1	0,4	1,0	2,4
Nordafrika	0,2	0,5	1,2	1,4	2,6
Übriges Afrika	0,0	0,0	0,2	0,9	2,4
Asien	0,5	0,5	0,3	0,8	2,0
Lateinamerika	0,8	0,9	1,3	1,6	2,8
Nordamerika	–	2,7	2,3	1,4	1,4
Europa (ohne die UdSSR)	0,4	0,6	0,7	0,6	0,8
UdSSR	0,6	0,6	1,1	0,6	1,4
Ozeanien	–	–	–	1,6	2,1

Quelle: *John Durand*, "The Modern Expansion of World Population," *The Proceedings of the American Philosophical Society*, Vol. III No. 3, June 1967, p. 137; 1950–75 rates computed from data in United Nations, *World Population Prospects as Assessed in 1973* (ST/ESA/SER.A/60), New York, 1977.

Tab. 3: Bevölkerungswachstum nach Weltregionen zwischen 1650–2000 (in 1000)

	1650	1950	1975	1983	2000	in %
Weltbevölkerung	545	2501	3968	4677	6130	100
Europa (mit UdSSR)	103	572	728	761	820	13,4
Nordamerika	1	166	237	259	302	4,9
Lateinamerika	12	164	324	390	564	9,2
Afrika	100	219	401	513	851	13,9
Asien	327	1367	2256	2730	3564	58,1
Ozeanien	2	13	22	24	29	0,5

Quelle: siehe FN 20

Faktoren des Bevölkerungswachstums. Mit der obigen Formel sind jedoch jene Faktoren und Prozesse angesprochen, die den demographischen Übergang in Europa eingeleitet haben. Er ist somit als Begleiterscheinung allgemeiner gesellschaftlicher Modernisierung und als Ergebnis der damit verbundenen Kontrolle der Sterblichkeit und Fruchtbarkeit zu erkennen.

Die zweite Phase des Bevölkerungswachstums endet mit der Erschöpfung des Wachstums der europäischen Bevölkerungen, indem sich das einst stationäre Wachstum mit hohem Bevölkerungsumsatz auf einem niedrigen stationären Gleichgewicht wieder findet.

Was sich nun mit der dritten Wachstumsphase verbindet, ist die Überlagerung der stationären europäischen Bevölkerungen durch das geschichtlich einmalige Bevölkerungswachstum auf dem lateinamerikanischen, afrikanischen und asiatischen Kontinent. Es stellt hinsichtlich der jährlichen Wachstumsraten und des absoluten Bevölkerungsvolumens das europäische Wachstum des 19. Jahrhunderts weit in den Schatten.

Die obenstehende Tabelle zeigt die Wachstumsintensität der Bevölkerung in den verschiedenen Erdregionen. Das bescheidene Wachstum Europas (hier ohne die UdSSR) im Vergleich zu anderen Regionen – als einzige liegt es in allen Epochen unter 1 Prozent jährlich – fällt gegenüber den Wachstumsschüben der Entwicklungsregionen ab.

Das Wachstum des Bevölkerungsvolumens nach Weltregionen soll Tabelle 3 veranschaulichen (Bevölkerung in Millionen)[20].

Alle Entwicklungsregionen befinden sich in der beschleunigten Wachstumsphase, die auf das Auseinanderklaffen von Geburten und Sterbefällen zurückzuführen ist. In Afrika wird sich wegen der dort noch hohen Sterblichkeit die Schere zwischen den Bevölkerungsvorgängen noch weiter öffnen. Ein Vergleich mit der europäischen Entwicklung zeigt, daß sich hier die Schere nie so weit geöffnet und relativ lange Zeit zur Verfügung hatte, sie ‚im Übergang' zu schließen[21]:

Abb. 7: Vergleich des Trendverlaufes der Geborenen- und Sterbeziffern Westeuropas und der Dritten Welt mit einer zeitlichen Verschiebung von einem Jahrhundert

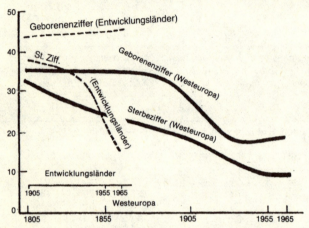

Quelle: A. Sauvy, Malthus et les Deux Marx, Paris 1963, S. 74

Dieser Wachstumsabschnitt, in dem die Welt sich zur Zeit befindet, wurde bereits als Phase der Erwartung oder Einleitung des demographischen Übergangs in der Dritten Welt bezeichnet. Inwieweit sich dieses Modell mit sozialwissenschaftlichen Inhalten füllen läßt, um diese Erwartung gerechtfertigt erscheinen zu lassen, ist Gegenstand der Arbeit.

b) Die Bevölkerungsentwicklung Europas ab 1750
als historisch-empirische Grundlage des demographischen Übergangs

Der demographische Übergang wurde in der europäischen Bevölkerungsentwicklung der Neuzeit (ab 1750) entdeckt. Er bedeutet die Veränderung von hohem zu niedrigem Bevölkerungsumsatz oder m. a. W. von hohen Geborenen- und Sterbeziffern zu niedrigen.

Es sei an die einzelnen Wachstumsphasen erinnert, die die Weltbevölkerung hinsichtlich ihrer Zuwachsraten und ihres Volumens zu durchlaufen hatte, um ihren heutigen Zustand zu erreichen. Dabei hatte sich ab 1750 ein Anstieg der jährlichen Zuwachsraten bemerkbar gemacht, der sich ab Mitte des 19. Jahrhunderts verstärkt und beschleunigt hatte. Gegen Ende des ersten Drittels unseres Jahrhunderts war klar geworden, daß das rasche Bevölkerungswachstum im Europa des 19. Jahrhunderts keine ‚Explosion' war, sondern eine Wachstumswelle, die nach zwei bis drei Generationen zu verebben begann.

Bevor es möglich wurde, diese eigentümliche Wachstumsbewegung der europäischen Bevölkerung sozial- und bevölkerungswissenschaftlich zu erfassen, mußte umfangreiches Datenmaterial gesammelt und international verglichen werden. Es ist kein Zufall, daß Erfassungszeitraum, Umfang und Genauigkeit der Demostatistik in den europäischen Staaten sich mit ihrem Entwicklungszeitraum und Entwicklungsstand decken. Je früher sich in den einzelnen Staaten ein zentrales Verwaltungsinteresse durchsetzen konnte, um so eher setzten die Sozial- und Bevölkerungsstatistik ein, um den angelaufenen Entwicklungsprozeß zu steuern und zu dokumentieren. Diejenigen Staaten, deren Bevölkerung die Phasen des demographischen Übergangs absolviert hat konnten als erste über das wahre demostatistische Bild des Übergangs Auskunft geben.

Schweden

Zur Untermauerung der Argumentation seien charakteristische Übergangsläufe europäischer Bevölkerungen dargestellt. Die weit zurückreichende Dokumentation, die wir heute besitzen, ist in erster Linie den skandinavischen Ländern zu verdanken. Schweden besitzt von 1720 an Geborenen- und Sterbeziffern, die auch heute noch als ungemein verläßlich gelten[22]).

Während des ganzen 18. Jahrhunderts zeigen sich dort starke Fluktuationen beider

Abb. 8: (Rohe) Geborenen- und Sterbeziffern für Schweden, 1720–1962

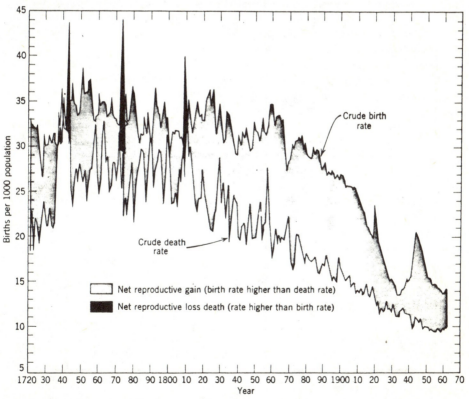

Quelle: *D. Bogue*, a.a.O., S. 59; Reprinted by Permission of *D. Bogue*

Bevölkerungsvorgänge, die jedoch per saldo ein mäßiges Bevölkerungswachstum ergaben. Die Fruchtbarkeit lag zu jener Zeit in Skandinavien etwas niedriger als im europäischen Durchschnitt, was auf ein höheres Heiratsalter und ein gewisses Maß an Geburtenkontrolle zurückzuführen sein wird.

Von der zweiten Hälfte des 18. Jahrhunderts an ist ein leichtes Absinken der Geborenenziffern zu beobachten, welches sich nach einer kurzen Periode des Geburtenanstiegs zur Mitte des vorigen Jahrhunderts dann ununterbrochen und beschleunigt fortsetzte.

Die Sterbeziffern sind zu Beginn des 18. Jahrhunderts relativ niedrig, steigen jedoch zwischen 1750 und 1790 an, bevor sie im darauffolgenden Jahrhundert den typischen Abwärtstrend vollführen. Nach 1900 sinken die Geborenenziffern rascher als die Sterbeziffern und schwanken seitdem auf niedrigem Niveau.

England und Wales

Die Entwicklung der englischen Bevölkerung differiert demgegenüber nach Zeit und Intensität.

Das englische Bevölkerungswachstum setzt aufgrund der langsam sich öffnenden Schere zwischen Geburten und Sterbefällen ungefähr 1750 ein – zu jenem Zeitpunkt, wo auch der Beginn der Industrialisierung Englands angesetzt wird. Um diese Zeit ist ein leichter Abfall der Sterbeziffern zu bemerken, während der Abwärtstrend der Geburten im letzten Viertel

Abb. 9: Trendverlauf der Geborenen- und Sterbeziffern Schwedens (Demographischer Übergang Schwedens)

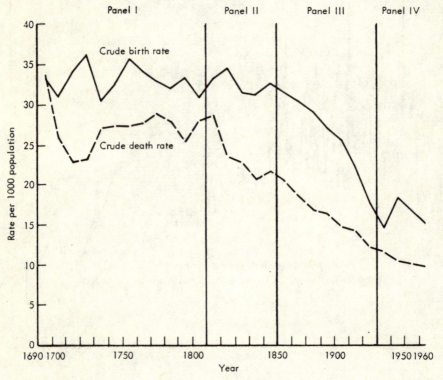

Quelle: *J. Matras,* Introduction tp Population, a.a.O., S. 40

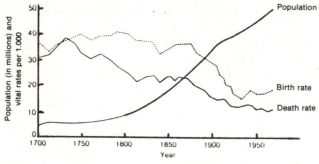

Abb. 10: Demographischer Übergang Englands

Quelle: D. Llewellyn-Jones, Human Reproduction and Society, New York 1974, S. 192

des 19. Jahrhunderts auffällt. Bemerkenswert ist ein Geburtenanstieg um 1755, den Historiker auf ein durchschnittlich früheres Heiratsalter wegen günstiger wirtschaftlicher Umstände zurückführen[23]).

Der Vergleich des englischen Bevölkerungswachstums mit dem schwedischen liefert den ersten Hinweis, daß sich Bevölkerungen doch im Rahmen des demographischen Übergangsmodells entwickeln, daß sie aber innerhalb desselben Bewegungen vollführen, die Kultur und Geschichte des Raumes vorgeben.

Frankreich

Einen Sonderfall stellt die Entwicklung der französischen Bevölkerung dar.

Frankreich besitzt seit 1775 bevölkerungsstatistisches Material. Es zählte damals 27 Millionen Einwohner und hatte damit alle europäischen Nationen, einschließlich Rußlands, an Bevölkerungszahl übertroffen. Nun ist Frankreichs Entwicklung dahingehend einmalig, daß der demographische Übergang, den wir erst Mitte unseres Jahrhunderts als solchen fassen konnten, in Frankreich schon um diese Zeit eingesetzt haben muß. Während des ganzen 19. Jahrhunderts, wo andere europäische Bevölkerungen ihre transitionale Wachstumsphase erleben, hält Frankreich ein durchschnittliches jährliches Wachstum von 0,5 Prozent, das bedeutete ein absolutes Bevölkerungswachstum von 27,5 Millionen im Jahre 1800 auf 39 Millionen im Jahre 1900.

Die untenstehende Graphik zeigt, wie seit den Napoleonischen Kriegen Geburten- und

Abb. 11: Demographischer Übergang Frankreichs

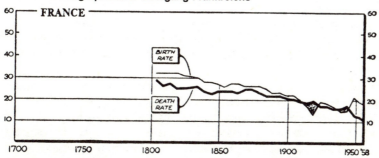

Quelle: K. Organski; A. F. K. Organski, Population and World Power, New York 1961, S. 96

Sterbewerte sich zunehmend anglichen und in dieser Formation zum leichten Abwärtstrend einsetzen.

Frankreich umgeht regelrecht die transitionale Wachstumsschere und fällt dadurch in der Rangordnung europäischer Bevölkerungsgrößen stark zurück: Frankreich beherbergte 1650 noch 20 Prozent der europäischen Bevölkerung, 1900 dagegen nur noch 9,7 Prozent[24].

Eine der Hauptursachen wird in der langen Tradition der Geburtenkontrolle in den französischen Familien vermutet:

„Von 1770 an verbreitet sich die Kenntnis der Geburtenkontrolle, gefolgt von einer deutlichen Beschränkung der Kinderzahl, und man glaubt, daß um 1850 in den meisten französischen Familien Geburtenkontrolle in irgendeiner Form praktiziert wurde[25]."

Untersuchungen zur französischen Oberschicht zeigen schon im 17. Jahrhundert einen starken Rückgang der Kinderzahlen, was in der englischen Aristokratie erst ab Mitte des 19. Jahrhunderts zu beobachten war[26].

An der französischen Entwicklung wollte man immer die Kritikwürdigkeit des demographischen Übergangsmodells demonstrieren. Hier ist zu bedenken, daß der demographische Übergang nicht an einem engen und oberflächlichen Begriff von ‚Industrialisierung' festgemacht werden darf, sondern auch andere Modernisierungsfaktoren berücksichtigt werden müssen: Fortgeschrittene zentrale Verwaltung seit dem absolutistischen Königtum, disziplinierte und größte Armee Europas, frühbürgerliche Philosophie und Aufklärung, die kulturelle Ausstrahlung von Paris als dem modernsten urbanen Zentrum der Neuzeit und außerdem jene Landregionen mit Erbteilung, wie die Gascogne, wo ‚autochthones' Interesse an Geburtenbeschränkung Fuß fassen konnte[27].

All dies zusammen könnte jene ‚Modernität' ergeben, die eine frühzeitige Bevölkerungsstagnation ohne ausgeprägte Wachstumsphase zur Folge hat.

Deutschland

Einen demographischen Übergang, wie er für Nord- und Westeuropa typisch ist, vollzieht auch die deutsche Bevölkerung[28].

Der vorindustrielle Bevölkerungsumsatz setzte sich hier erst um 1880 in Bewegung, obwohl das Sterblichkeitsniveau schon früher an Schwankungsbreite verliert und leicht sinkt. Die Liberalisierung der Eheschließung und die sozialen Neuerungen des Bismarck-Reiches sorgten für einen Geburtenberg zwischen 1870 und 1880 und auch für ein unverändert hohes Fruchtbarkeitsniveau bis ca. 1910, obwohl ein Rückgang der ehelichen Fruchtbarkeit sich schon zeigte. Zwischen 1880 und 1910 erlebte die deutsche Bevölkerung ihre stärkste Wachstumsphase. In nur 20 Jahren war die Bevölkerung um 20 Prozent, d. h. von 45 Millionen im Jahre 1880 auf 56 Millionen im Jahre 1900 angewachsen. Bis ca. 1930 hat die deutsche Bevölkerung ihren Übergang vollzogen. An der niedrigen Geborenenziffer des Jahres 1932 (15,1 auf Tausend) dürften Auswirkungen der Weltwirtschaftskrise beteiligt sein[29].

Diese empirischen Beispiele demographischer Übergangsverläufe zeigen, daß man der biosozialen Bewegung eine bestimmte Tendenz unterstellen kann – wahrscheinlich ist es sogar gestattet, von Erwartungswerten zu sprechen; vor allem dann, wenn sich die Bevölkerung im Wechselverhältnis mit einer Gesellschaftsstruktur befindet, die auf maximale Produktion und optimale Verteilung der Güter – die Prinzipien gesellschaftlicher Entwicklung also – ausgerichtet ist.

Dieses Übergangsmodell ist in seiner Grundstruktur nicht mehr umzustürzen. Es muß für die

Abb. 12: Natürliche Bevölkerungsbewegung Deutschlands, 1850–1950

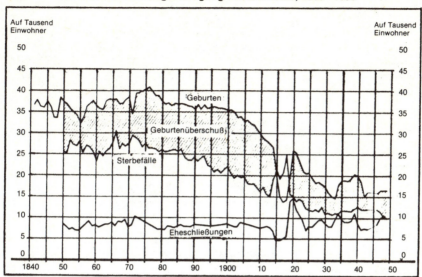

Quelle: G. Mackenroth, Bevölkerungslehre, a.a.O., S 56

Verläufe der Bevölkerungsvorgänge aber eine Variationsbreite zulassen, in der die historischen Besonderheiten der Bevölkerungsentwicklung Platz finden können.
Obige Abbildung zeigt ein „variables Modell", das die Ähnlichkeit, mit der sich der Übergang vollzieht, ausdrückt, dabei aber keine Parallelität unterstellt. Der Verlaufspfad für Sterblichkeit und Fruchtbarkeit kann Inkonsistenzen aufweisen. So würde der undramatische, „sanfte" Übergang nach d'b' Frankreich entsprechen, während die extrem offene Wachstumsschere d'''b''' einige lateinamerikanische und afrikanische Bevölkerungen der Gegenwart abbilden würde. Das deutsche Übergangsmuster dürfte mit d'b'' wiedergegeben sein. Die lange umstrittene Vermutung, daß die Sterblichkeit in ihrem Abwärtstrend der Fruchtbarkeit regelmäßig vorauseilt, bestätigte sich mit wachsender statistischer Information. Als dies A. M. Carr-Saunders im Jahre 1936 entdeckte, hatte er sich noch gegen starke Einwände der Fachwelt zu wehren. Inzwischen ist diese Trendaussage allgemein anerkannt.
Hinsichtlich des Fruchtbarkeitsverlaufs fällt zu Beginn der Übergangsphasen ein leichter Anstieg der Geburten auf. Es wird angenommen, daß die Ursachen, die zum ersten Absinken der Sterblichkeit führen, gleichzeitig eine günstige Lage für einen Fruchtbarkeitsanstieg schaffen: Eine Verbesserung der Ernährung und Gesundheit der Bevölkerung führt zu einem Rückgang der Foetensterblichkeit, in deren Folge mehr Schwangerschaften zur Austragung gelangen. Man kann dies als Steigerung der „natürlichen Fruchtbarkeit" bezeichnen, die vorwiegend eine biologisch-gynäkologische Kategorie ist und das maximale Schwangerschaftsrisiko von gebärfähigen Frauen mißt[30]). Ebenso können anhaltend gute Erntejahre das Heiratsalter senken und die Anzahl der Eheschließungen erhöhen, womit in beiden Fällen ein Geburtenanstieg zu verzeichnen wäre.
Die entscheidende Wende in der Entwicklung der Fruchtbarkeit bleibt jedoch ihr verzögerter und dann um so rascherer Abfall auf das Niveau der bereits gesunkenen Sterbeverhältnisse:

Abb. 13: Idealtypisches Modell des Demographischen Übergangs

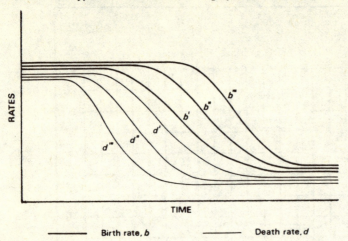

Quelle: R. Woods, Theoretical Population Geography, London – New York 1982, S. 163

Abb. 14: Entwicklung der rohen Geborenenziffern in ausgewählten Industrieländern

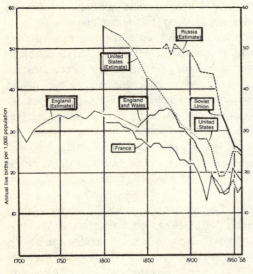

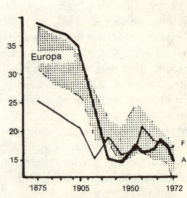

Quelle: K. Organski; A. F. K. Organski, a.a.O., S. 89; Reprinted by Permission of Alfred A. Knopf, Inc. New York, N.Y. 10022

Quelle: C. Gaspari; H. Millenhofer, – Konturen einer Wende – Strategien für die Zukunft, Graz – Wien – Köln 1978, S. 24

Obige Graphiken zeigen, daß die Fruchtbarkeit einem bestimmten Trend folgt. Die Bandbreite des Trends kann von Extremen markiert sein, wie der leichte Abfall der Geburtenwerte von niedrigem Niveau (Frankreich) und ein steiler Abfall von hohem Fruchtbarkeitsniveau im normalen Zeitverlauf (Österreich, Schweden, England und Wales) oder in beschleunigtem Tempo (Rußland, bzw. UdSSR). Die russische Entwicklung erhärtet die langgehegte Vermutung, daß die weißrussische Bevölkerung, nachdem sie sehr spät in die Übergangsphase eingetreten war, im Zuge der Stalinschen Industrialisierung in die transitionale Abschlußphase förmlich getrieben wurde[31]).

Die Geborenenziffern Europas zeigen einen Trend, der offenbar eine größere Bandbreite einschließt als der Trend der Sterbeverläufe, womit die Sonderstellung der Fruchtbarkeit unter den Bevölkerungsvorgängen unterstrichen wäre: In ihr verschränken sich Faktoren der Makro-Struktur und personenrelevanter Mikro-Strukturen auf komplexere Weise und sorgen für mehr Varianz als sie der Sterblichkeitsverlauf aufweist.

Mit der Betonung der Variationsbreite, die den Ziffernverläufen im Rahmen des Übergangsmodells offenstehen, soll vor Fehlinterpretationen gewarnt werden. Das Modell des demographischen Übergangs sagt nichts darüber aus, welche gesellschaftliche Veränderung für einen bestimmten Verlauf oder Teilverlauf einer Ziffer verantwortlich ist; außerdem läßt der im Modell zum Ausdruck kommende Trend der biosozialen Bewegung keine realistische Prognose in dem Sinne zu, daß man aus einer ‚erwarteten Kombination' der Geburten- und Sterbewerte auf den Bevölkerungszuwachs schließen könnte.

R. Mackensen hat angesichts der ‚Vielgestaltigkeit' des demographischen Übergangs vor der Suggestion dieses Modells gewarnt[32]): Demographen könnten dazu verleitet werden, gleichzeitig mit den Ziffernverläufen Teile der Sozialstruktur zu bezeichnen, bevor der Zusammenhang von demostatistischer und soziologischer Indikation untersucht ist.

Den Ausführungen kann folgendes Fazit entnommen werden:

Seit 1750 werden die europäischen Völker von der beginnenden Industrialisierung erfaßt, wobei Unterschiede des Zeitpunkts und der Intensität am Faktum selbst wenig ändern. In demselben Maße werden die europäischen Bevölkerungen einer Umstrukturierung unterzogen, die ihren Grund in der Steigerung der Produktivität der Landwirtschaft und im Ausbau der Industrie hat.

Mit dem Verschwinden von Hungersnöten und Epidemien hat die Sterbeziffer ihren erratischen Zug verloren und begann langsam zu sinken. Bei leichtem Anstieg und verzögertem Abfall der Geburtenwerte erfolgt ein Bevölkerungswachstum der eigentlichen Übergangsphase. Sie wird durch eine nachfolgende, beschleunigte Senkung der Geburten zum Stillstand gebracht. Die Zeitspanne, die ein demographischer Übergang beansprucht, muß sich keineswegs mit derjenigen decken, die Ökonomen und Sozialwissenschaftler für die Industrialisierungsphase einer Gesellschaft errechnen. Er kann ‚verfrüht' einsetzen, wie im Falle Frankreichs, oder ‚verspätet', wie im Falle Englands. Entscheidend aber bleibt, daß er nicht losgelöst vom Industrialisierungsprozeß erklärt werden kann und zu seiner Erklärung Modernisierungsfaktoren herangezogen werden müssen, die den eigentlichen Industrialisierungsprozeß ankündigen oder begleiten.

Die sozialgeschichtlichen Begleitumstände dieses Wandels verleihen dem Übergangsmodell, das noch wie eine demostatistische Konstellation anmutet, sozialstrukturelle Merkmale. Die demographischen Übergangsverläufe erlauben folgende Interpretation: Europa und die industrialisierten Länder der Neuen Welt liefern die beste Information über mögliche Bevölkerungsbewegungen. Sie verfügen über weit zurückgreifende Statistiken und haben die klassischen Etappen des demographischen Übergangs mit wenigen Ausnahmen vollendet. Das Verständnis und Studium der europäischen Erfahrung liefert uns wichtiges Material über den Verlauf der Bevölkerungsprozesse in anderen Teilen der Welt, sobald sich eine soziale, ökonomische und technologische Entwicklung eingestellt hat.

Das europäische Bevölkerungswachstum während der vergangenen drei Jahrhunderte war ein neues, bis dahin unbekanntes Phänomen. Die Bevölkerung hatte sich verfünffacht, die europäische Auswandererbevölkerung sogar versiebenfacht. Es ist zurückzuführen auf Senkung der Sterblichkeit und Lockerung der traditionellen Fruchtbarkeitsbarrieren.

Die Sterbeziffern sanken lange Zeit nur allmählich aber beständig, als stabile Verwaltung, öffentliche Ordnung, landwirtschaftliche, kommerzielle und industrielle Revolutionen die Einkommen emporklettern ließen und Hygiene und medizinisches Wissen voranschritten[33]).

Die Lebenserwartung bei Geburt lag in der Mitte des 16. Jahrhunderts noch bei 35 Jahren (in Deutschland übrigens bis ins erste Drittel des 19. Jahrhunderts hinein). Erst die entwickelten Länder der Gegenwart weisen eine Lebenserwartung zwischen 68 und 75 Jahren aus.

Die Geborenenziffern begannen in Europa jedoch erst (mit wenigen Ausnahmen, wie z. B. Frankreich) im letzten Viertel des 19. Jahrhunderts zu sinken, als der Bedeutungsschwund bäuerlicher Lebensformen und der Agrarwirtschaft allgemein abzusehen war. Laut herrschender Lehre neigen bäuerliche, vorindustrielle Kulturen materiell und ideell zu zahlreicher Nachkommenschaft. Das Wirtschaften in relativ autarken agrarischen Produktionsgemeinschaften zentriert sich fast gänzlich um die Familie. Ihre Festigung ist gleichzeitig der Garant für Lebensunterhalt und Sicherheit. Hohe Sterblichkeit macht das Leben des einzelnen unsicher und auch ‚wertloser' angesichts eines verschwenderisch hohen Bevölkerungsumsatzes, wobei hohe Fruchtbarkeit die einzig denkbare „systemimmanente Kompensation" darstellt[34]).

Die historische Forschung hat an diesem „idealtypischen Vorurteil" Korrekturen angebracht und auch für bäuerliche Kulturen eine Abneigung gegen zu hohe Fruchtbarkeit und Mittel, eine solche zu steuern, entdeckt. Kindesaussetzung, Tötung durch bewußte Vernachlässigung, Abtreibung und Planung des passenden Zeitpunkts von Geburten bezeugen eine aktive Wachsamkeit gegenüber der Fruchtbarkeit in der überschaubaren Subsistenzwirtschaft und eine generelle Bereitschaft zur Übernahme jeweils zeitgemäßer Kontrazeptionstechniken[35]).

3. Soziologische Konsequenzen aus der Bevölkerungsgeschichte

a) Struktur und Merkmale des Bevölkerungswachstums

Die letzten Ausführungen haben gezeigt, daß das Interesse der Bevölkerungswissenschaft an Bevölkerungs- und Sozialgeschichte kein rein historisches ist. Aus den Veränderungen des Bevölkerungsstandes lassen sich jene sozialen Bedingungen ablesen, die die Bestandsveränderungen verursacht haben müssen. Bevölkerungsgeschichte und Sozialgeschichte sind also das ‚Rohmaterial' für Abstraktionen, aus denen erst Bevölkerung als soziales Wirkungsgefüge hervorgeht.

Die instrumentelle Arbeit obliegt der Bevölkerungsstatistik. Ihre Maße und Daten, mit denen sie Bevölkerung analysiert und strukturiert, seien im folgenden skizziert[36]).

Daten werden zu folgendem gesammelt:
(1) Bevölkerungsstand,
(2) biosoziale (natürliche) Bevölkerungsbewegung, d. h. Geburten und Sterbefälle nach Alter und Geschlecht,
(3) Wachstumstrend,

(4) Wanderungsbewegung,
(5) Zusammensetzung der Bevölkerung nach Alter und Geschlecht (Alterspyramide),
(6) Verteilung der Bevölkerung im Raum,
(7) Statistik der Heirats- und Wohnverhältnisse in Familien und Haushalten, der Stand der unehelichen Fruchtbarkeit,
(8) Bevölkerungsrelevante Medizinalstatistik, die nicht schon unter Sterblichkeit erfaßt ist: Fötenabgänge, Abtreibung, Sterilität und Invalidität,
(9) Verteilung der Bevölkerung nach soziokulturellen Merkmalen, die für die Bevölkerungsbewegung von Bedeutung sind: Bildungsgrade und Formen der Erwerbstätigkeit.

Die Bevölkerungsstatistik basiert auf der Unterscheidung von Bestandsmassen und Ereignis- bzw. Bewegungsmassen[37]): Der Bevölkerungsstand (B) speist sich aus demographischen Ereignissen: $B =$ Geburten $(G) -$ Todesfälle $(T) \pm$ Wanderung (W).

Das summative Verhältnis der demographischen Ereignisse zueinander bestimmt das Wachsen oder Schrumpfen einer Bevölkerung. Die Veränderung des Bevölkerungsstandes wird im Laufe eines Kalenderjahres gemessen. Aus dem Vergleich von mehreren Jahren läßt sich ein Wachstumstrend der Bevölkerung ablesen, der sich aus den fortgeschriebenen und veränderten demographischen Ereignismassen, den Geburts- und Sterbevorgängen und dem Wanderungsgeschehen ergibt[38]).

Unter diesen Bevölkerungsvorgängen wird nun eine Unterscheidung danach getroffen, ob sie mit der biologischen Reproduktion der Menschengattung, d. h. mit dem Menschen als biologisches, lebendiges Wesen zusammenhängen, der Leben hat, Leben weitergeben kann und einmal abstirbt. Der Geburten- und Sterbevorgang fällt in den allgemeinen Zusammenhang der Lebewesen, ihr Zusammenspiel wird aus diesem Grunde seit langem als ‚natürliche Bevölkerungsbewegung' bezeichnet. Das Wanderungsgeschehen ist dagegen sozial bedingt und beruht auf bewußtem sozialen Handeln der Menschen im Lebensvollzug, der zwischen den ‚Naturereignissen' Geburt und Tod liegt.

Das Biologisch-Natürliche ist in allen Fällen die notwendige, aber nicht mehr hinreichende Bedingung für die Ausprägung und Ausgestaltung eines Bevölkerungsphänomens. Selbst das ‚Alter' wird nur grob und fließend von der biologischen Menschennatur definiert, überwiegend aber von der Gesellschaft. Zum Eingehen einer Ehe ist ein ‚soziales Alter' und sind ‚soziale Erfordernisse' zu erfüllen und zu diesem Zweck eine günstige soziale Lage abzuwarten. In der ‚Natur' dagegen wäre dafür allein die Erlangung der Geschlechtsreife und das instinktmäßige Paarungsverhalten vonnöten. Im Bereich der menschlichen Sexualität, der noch als äußerst ‚naturnah' angesehen werden kann, ist eine scharfe Trennung von animalischer Anlage und sozialer Kultur nicht mehr vorzunehmen. Gerade in diesem Spannungsverhältnis steht die Reproduktion der menschlichen Bevölkerung. Der Fortschritt in der Beherrschung der Natur macht auch vor der Sexualität und ihren Folgen nicht halt. Angesichts dieser Feststellungen schien es geraten, anstatt von natürlicher Bevölkerungsbewegung von ‚biosozialer Bewegung' zu sprechen – ein Ausdruck, der die Verschränktheit von Natur und Gesellschaft besser trifft[39]).

Im Anschluß an die Summenformel ($B = G-T \pm W$) sei das Bild von Bevölkerung als eines Aggregats in Erinnerung gerufen, das seinen Bestand über Zu- und Abflüsse regelt. Bevölkerung wäre damit ein ‚soziales System' oder ‚Subsystem', da sie auf diese Weise systemgebundene Teilprozesse eines größeren gesellschaftlichen Zusammenhangs darstellt. In diesem Zusammenhang gehören noch die Heiratsverhältnisse, die sich aus Heiratshäufigkeit, Familiengründung und Scheidungen speisen; ähnliches gilt für die soziale Mobilität, das Erziehungssystem, den Organisationswandel usw.: Ein Personalbestand wird erneuert, wobei die jeweils neu Rekrutierten in gewisser Hinsicht das System verändern, aus dem sie nach Funktionserfüllung aussteigen[40]).

Die Bevölkerungsvorgänge kombinieren sich auf vielfältige Weise und können unter vorgefaßten Aspekten analysiert werden; diese sind das Wachstum selbst, die Anzahl der Bevölkerungsvorgänge oder demographischen Ereignisse, aus denen Bevölkerungswachstum resultiert und schließlich der Aspekt der Kontrolle, unter dem die Bevölkerungsvorgänge stehen.

Eine ‚in Entwicklung begriffene' Gesellschaft zeigt nach Geburten und Sterbefällen divergierende Bevölkerungsvorgänge: im Zuge ihrer ‚Reifung' muß sie neue Kontrollmechanismen zur Schließung der klaffenden demographischen Schere entwickeln.

Der Aspekt der ‚Kontrolle der Bevölkerungsvorgänge' liefert daher einen deutlichen Hinweis auf den Entwicklungsstand einer Bevölkerung: Hoher Bevölkerungsumsatz ist ein Indikator für vorindustrielle Zustände bei vergleichsweise geringer Kontrolle über Geburten- und Sterbevorgänge. Niedriger Bevölkerungsumsatz findet sich in industriellen Gesellschaften mit einem breiten Spektrum gesellschaftlicher und individueller Kontrollmöglichkeiten über Geborenenzahl und ‚Mortalität'.

Kontrollmechanismen finden sich in Form von Sitten und Gebräuchen bezüglich der Eheschließung, Trennungsfristen der Partner, Stillen der Neugeborenen, bis zu Abtreibung, Kindesaussetzung und -tötung. Die in Entwicklung begriffene oder Übergangsgesellschaft ist durch steigende Kontrolle über den Sterblichkeitsvorgang charakterisiert, die ein Wachstum des Bevölkerungsstandes zur Folge hat.

Industriegesellschaften schließlich erheben die Kontrolle der biosozialen Bevölkerungsvorgänge (Geburten und Sterbefälle) zur Norm. Der Kontrollaspekt wirft die Frage nach der eigentlichen ‚Kontrollinstanz' auf. Nach neuesten Zeugnissen der Anthropologie und „Paläodemographie" scheint Geburtenkontrolle der erste bewußte Eingriff in das Bevölkerungsgeschehen zu sein, wozu sich bereits der Frühmensch bereit fand. Sterblichkeit war dagegen eine Funktion der Umweltbedingungen, der regelmäßig oder in Extremsituationen über Menschenopfer nachgeholfen wurde. Bevölkerungskontrolle über die Wanderbewegung ist ein Erwerb der ersten Hochkulturen. Sie sind die Erfinder von Planung und Siedlungspolitik und legten den Grundstein der merkantilistischen „Peuplierung" und der binnen- und zwischenstaatlichen Wanderungskontrolle der Gegenwart. Die Kontrolle der Sterblichkeit beginnt erheblich später und ist nur im Zusammenhang mit den Investitionen und Innovationen in Produktion, Gesundheitswesen, Erziehung und Architektur der letzten beiden Jahrhunderte zu verstehen.

Die Kontrollinstanzen sind hier weitgehend Staat und Gesellschaft, vorausgesetzt daß ein Wille der Individuen, Leben und Gesundheit zu erhalten, in ausreichendem Maße vorhanden ist[41]).

Das Kontrollproblem stellt sich am schwierigsten im Bereich der Fruchtbarkeit bzw. dem ihr zugrunde liegenden generativen Verhalten. Die Kontrollinstanz ist das einzelne Gesellschaftsmitglied und die Primärgruppe. Diese handeln jedoch nicht autonom, sondern in Abstimmung mit der sozialen und materiellen Situation, in der sie sich befinden und die geschichtlichen und überindividuellen Charakter hat. Das soziale Aggregat ‚Fruchtbarkeit' setzt sich aus individuellen Nachwuchsentscheidungen zusammen, die über ‚Normen der Familiengröße' und den Geburtenabstand kontrolliert werden.

Im Falle einer Bevölkerungspolitik, die auf Änderung des Geburtentrends zielt, wirft sich der Staat zur Kontrollinstanz über die Geburtlichkeit auf und hat – wie die Geschichte der Bevölkerungspolitik lehrt – nur dann Erfolg, wenn er die Einstellung und Motivation der

Individuen selbst beeinflussen kann, – ein Unternehmen, das den gesamten ‚sozialen Körper' ergreifen müßte. Daraus wird klar, daß Fruchtbarkeit jener Bevölkerungsvorgang ist, den man am wenigsten ‚befehligen' oder autoritativ regeln kann. Sie liegt beim Individuum und dem Willen, seine unmittelbaren sozialen Beziehungen auf bestimmte – mitunter unbekannte – Ziele hin zu planen.

Dieser „Wille" jedoch kann die verschiedensten Bewußtseinsgrade aufweisen, was eine „Logik des generativen Verhaltens" erschwert, und Anleihen aus ökonomischen Verhaltenstheorien sind besonders problematisch[42]).

Die soeben vorgestellte Analyse der Struktur der Bevölkerungsvorgänge, die hinter einem bestimmten Bevölkerungswachstum steht, ist der erste Forschungsschritt. Der Bevölkerungsstand weist außerdem Merkmale auf, die über die drei Bevölkerungsvorgänge *(G, T, W)* hinausgehen und ihn unverwechselbar prägen:

(1) Die Bevölkerungsstruktur nach Alter und Geschlecht.

Abb. 15: Modell zur Interdependenz von Sozialstruktur und Bevölkerungsvorgängen

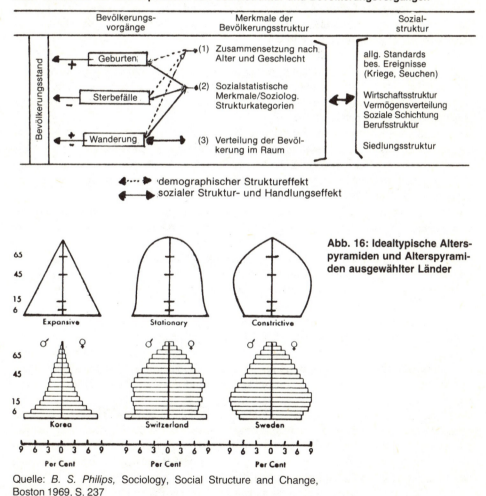

Abb. 16: Idealtypische Alterspyramiden und Alterspyramiden ausgewählter Länder

Quelle: *B. S. Philips,* Sociology, Social Structure and Change, Boston 1969, S. 237

(2) Die innere Zusammensetzung der Bevölkerung nach sozialstatistischen und sozialstrukturellen Merkmalen.

(3) Die Bevölkerungsverteilung auf einem bestimmten Gebiet, auf ‚Gemeindegrößenklassen'.

Diese ‚inneren' Merkmale vermitteln prozeßhaft und prägend zwischen Bevölkerung und Sozialstruktur:

Unter ‚demographischem Struktureffekt' ist eine Beeinflussung von Geburten- und Sterbeziffern zu verstehen, die sich aus einer bestimmten Struktur der Alterspyramide ergibt. Geburten können steigen, indem mehr Menschen in das heiratsfähige Alter kommen. Steigen die Geburten aber, weil tatsächlich in einer unveränderten Anzahl von Familien oder auch anteilsmäßig mehr Kinder geboren werden, so handelt es sich um einen sozialen Handlungseffekt, d. h. eine Veränderung des generativen Verhaltens. Ebenso ist die rohe Sterbeziffer von der Altersstruktur beeinflußt: ein hoher Anteil alter Jahrgänge, wie in modernen Bevölkerungsstrukturen üblich, verzerrt das Bild der Sterblichkeit nach oben. Das erklärt, warum z. B. Mexiko rein rechnerisch eine niedrigere Sterbeziffer hat (7 a. T.) als die Bundesrepublik Deutschland (ca. 12 a. T.). Die ‚reine Sterbeziffer' geht aus der Sterbetafel hervor.

(1) Die Zusammensetzung nach Alter und Geschlecht ist eine sich ständig wandelnde Struktur. Wachsen oder Schrumpfen von Bevölkerungen sind die Folge von Verstärkung oder Verringerung der Geburtenzahlen, d. h. der Jugendjahrgänge — wenn die Frage der Einwanderung einmal ausgeklammert bleiben soll, die nur bei Besiedlung der Neuen Welt der Hauptwachstumsfaktor gewesen war.

Hohe Geborenenziffern machen eine Bevölkerung ‚jung' — sie bedeuten starke Kinder- und Jugendjahrgänge an der Gesamtbevölkerung. Jede Bevölkerung hat eine Altersstruktur, die in der sogenannten ‚Alterspyramide' dargestellt wird: Sie zeigt den Umfang der einzelnen Jahrgänge von Männern und Frauen an, indem jeder Jahrgang als Sockel auf dem jeweils vorangegangenen aufgetragen wird.

Die Alterspyramiden der Entwicklungsländer haben einen besonders breiten ‚Jugendsockel', während sich in Industriestaaten die Altersklassen fast gleichmäßig verteilen, so daß diese Pyramide eine Glockenform annimmt. Befinden sich Bevölkerungen in der Phase des absoluten Geburtenrückgangs, verengt sich der Jugendsockel, so daß die Pyramide die Urnenform zeigt[43]).

Die charakteristische Altersstruktur (Pyramiden) von Industrie- und Entwicklungsländern soll exemplarisch vorgestellt sein. Unten steht Schweden für eine moderne, ‚post-transitionale' Bevölkerung, Costa Rica für ein Entwicklungsland mit ‚prä-transitionaler' Bevölkerung.

Neben diesem Allgemeinprofil enthüllen genaue Alterspyramiden auch das ‚Schicksal' einer Bevölkerung über die Zeitspanne von nahezu hundert Jahren. So können zwei Etappen deutscher Geschichte in einer Bevölkerungsstruktur veranschaulicht werden: 1910 zeigt einen soliden Jugendsockel mit geringem Anteil an Altersjahrgängen, die für Bevölkerungen im Wachstumsstadium typisch sind. Die starken Jahrgänge der damals 30- bis 40jährigen zeigen noch den Wachstumsschub nach der Reichsgründung von 1871.

Die Alterspyramide des Jahres 1946 benötigt zu ihrer Kommentierung nicht viel Phantasie: Frauenüberschuß in allen Altersjahrgängen, starke Einbußen der männlichen ‚wehrfähigen' Jahrgänge und ein verdünnter Jugendsockel aufgrund der Geburtenausfälle zu Kriegsende.

Die gegenwärtige Alterspyramide der Bundesrepublik Deutschland zeigt ihre charakteristischen Wachstumsphasen und Ausfälle; letztere besonders bei 60- bis 65jährigen (infolge des Ersten Weltkriegs), bei 45- bis 50jährigen (infolge der Weltwirtschaftskrise), bei 35- bis 40jährigen (infolge des Zweiten Weltkriegs) und der abnehmende Jugendsockel infolge der seit 1965 registrierten Geburtenrückgänge[44]).

(2) Die Zusammensetzung nach sozialstatistischen und sozialstrukturellen Merkmalen ist

Abb. 17: Alterspyramiden von Schweden und Costa Rica, 1969

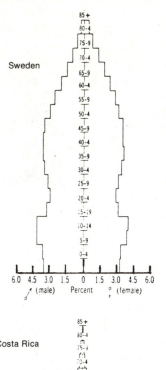

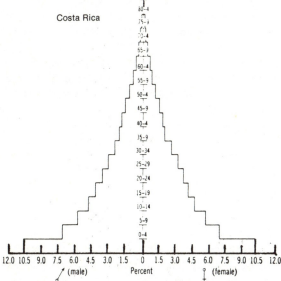

Quelle: *D. Bogue*, a.a.O., S. 151; Reprinted by Permission of *D. Bogue*

von Bedeutung, weil sich in diesen Aggregaten (Berufs-, Schichtungs- und Residenzkategorien) und sozialen Gruppen (Religionen, Rassen, Minderheiten) die Einstellungen und Handlungsmuster von demographischer Relevanz aufbauen.
Bestimmte Berufskategorien oder Standesgruppen haben mehr oder minder festgefügte Vorstellungen von Familiengröße bzw. Kinderzahl, legen ein eigenes ‚Krankheitsverhalten'

Abb. 18: Alterspyramiden für Deutschland, 1910, 1946 und 1970

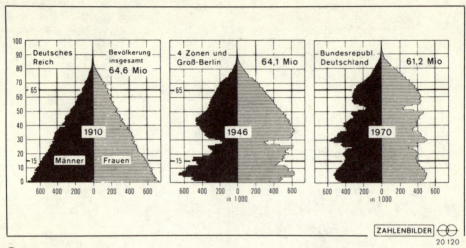

Quelle: *K. M. Bolte; D. Kappe; J. Schmid,* Bevölkerung . . ., a.a.O., S. 197

an den Tag, das ihre Mortalität beeinflußt und befinden sich, traditionell oder strukturell, in einer Lage, die zur Ortsveränderung oder Auswanderung veranlaßt. Die damit verbundenen Problemstellungen bilden den Kern der Bevölkerungssoziologie, nämlich die sozial bedingten Differenzen von Fruchtbarkeit, Sterblichkeit und Migrationsform in einer Bevölkerung.

(3) Das Verhältnis von Migration und Siedlungsstruktur ist von mehrfacher Bedeutung: Es beeinflußt als Dichtephänomen, wenn auch in stets vermittelter und komplexer Form, das Fortpflanzungsverhalten und die Prosperität einer Bevölkerung, besonders wenn es sich um Wanderung im Zuge der Industrialisierung handelt.

Außerdem entscheidet der ,Verstädterungsgrad' über den Entwicklungsstand einer Bevölkerung und damit über die Schnelligkeit, mit der sich generative Verhaltensweisen in Richtung einer Geburtenbeschränkung verbreiten. Sie entstehen zum großen Teil in ,urbaner Mentalität'[45]).

b) Bestimmung des historisch-soziologischen Bevölkerungsbegriffs

Das Bevölkerungswachstum und der Versuch, seine Strukturmerkmale zu ordnen, legen die historisch-soziologische Fassung des Bevölkerungsbegriffs nahe. Das bedeutet eine geschichtlich begründbare Ausklammerung biologischer Erklärungsmuster, die die historischen und sozialen Konturen der Bevölkerung der Gegenwart kaum mehr erklären dürfte. Die Geschichte und gegenwärtige Situation von Bevölkerungen liefern ausreichend Material, aus dem hervorgeht, daß eine moderne Bevölkerungswissenschaft die Idee von ,Naturkonstanten' abstreifen und sich auf die je historische Form der Bevölkerungsvorgänge, wie Fruchtbarkeit, Sterblichkeit und – wo thematisiert – Wanderungen konzentrieren muß.

Den ersten Schritt aus der Vorstellung einer Naturgebundenheit der Bevölkerungsbewegung soll *Malthus* noch selbst getan haben, der bekanntlich nur als ‚Bevölkerungsnaturalist' gegolten hatte.

Der Widerspruch gegen den ‚Naturalismus' seines Erstlingswerks von 1798, in dem er einen konstant hohen Vermehrungstrieb unterstellt, war hell entfacht und hatte *Malthus'* Eigenkorrekturen übertönt. Nach dem Studium des Malthus'schen ‚Bevölkerungsgesetzes' nach Ausgabe letzter Hand (6. Auflage 1826) stellt *H. Linde* fest:

„Die von *Malthus* zusammengetragenen Beobachtungen über die Bevölkerungsbewegungen in den älteren Mischkulturen und in den Staaten West-, Mittel- und Nordeuropas sprechen dagegen fast ausschließlich von charakteristischen Zügen der gesellschaftlichen Verfassung, der Familienstruktur, den unterschiedlichen Sittengesetzen der Religionen, von Herrschaftsverhältnissen und gegebenenfalls spezifischen administrativen Maßnahmen als den Zusammenhängen in denen die ihm zugänglichen demographischen Daten stehen[46])."

Als entschiedener Gegner von naturgesetzlichen Auffassungen vom Sozialen meldete sich *K. Marx,* der sich im übrigen mit Bevölkerungsentwicklung nicht befaßt:

„In der Tat (hat) jede besondere historische Produktionsweise ihre besonderen, historisch gültigen Populationsgesetze ... Ein abstraktes Populationsgesetz existiert nur für Pflanze und Tier, soweit der Mensch nicht geschichtlich eingreift[47])."

Die deutschen Sozialwissenschaftler, u. a. *G. Ipsen, H. Linde* und *G. Mackenroth* sahen in ihren agrarökonomischen und sozialgeschichtlichen Studien vor und nach dem letzten Krieg die soziologischen Ansätze des späten *Malthus* und *Marx* bestätigt. Sterblichkeit und Wanderungen schienen den Weg für eine Erklärung freizugeben. Im Falle der Fruchtbarkeit hatte man noch auf einen spezifischen Handlungsbegriff zu rekurrieren, der das menschliche Fortpflanzungsverhalten zum Ausdruck bringt. Man hat es im sogenannten ‚Generativen Verhalten' zusammengefaßt. *Mackenroth* umreißt diesen Zusammenhang unmißverständlich:

„Vielmehr müssen wir davon ausgehen, daß der Bevölkerungsvorgang in allen wesentlichen Teilen unmittelbar aus menschlichem *Verhalten* hervorgeht ... Erste Erkenntnis und zugleich Voraussetzung alles weiteren Theoretisierens ist also dies: Das generative Verhalten des geschichtlichen und heutigen Menschen ist wie sein soziales Dasein überhaupt vielfältig historisch-soziologisch differenziert, es gibt kein allgemeines Bevölkerungsgesetz, es gibt nur differenzierte Verhaltensweisen[48])."

Die Begriffe ‚Bevölkerungswissenschaft', ‚Bevölkerungssoziologie' und ‚Demographie' werden nicht mehr deutlich voneinander geschieden, wenn nicht schon synonym verwendet. Für *Ipsen, Linde* und *Mackenroth* steht außer Zweifel, daß nur die historisch gerichtete Soziologie die Bevölkerungsvorgänge adäquat erfaßt; denn demographische Daten wurzeln in der Sozialstruktur und Demographie alten Stils und Soziologie könnten sich nur zu einer ‚Bevölkerungssoziologie' verschmelzen:

„Unter Bevölkerungssoziologie wäre demnach eine bewußte Einbettung der demographischen Fragen in eine soziologische Fragestellung zu verstehen, von welcher her der Bevölkerungsvorgang als ein integrierter und in sich strukturierter Teil der gesamten Sozialstruktur begriffen und analysiert wird[49])."

Der Begriff ‚Demographie' taucht erst 1855 im Titel eines Werkes von *A. Guillard* auf: „Eléments de Statistique Humaine ou Démographie Comparée" (Paris) und steht sicher im Zusammenhang mit anderen Arbeiten zur Sozialstatistik, die zu dieser Zeit entstanden, so von *A. Quetelet* („Sur l'Homme et le Dévelopement de ses Facultés", Paris 1835) und ganz sicher mit der neuen ‚positiven' Gesellschaftsphilosophie von *A. Comte* (1798–1857), der auf der Basis von Faktenwissen die Idee der vollkommenen Steuerung der Gesellschaft verwirklichen wollte[50]).

Im deutschen Sprachraum verband sich der Demographiebegriff bis in die Gegenwart mit Technik der demostatistischen Erhebung und Aufbereitung, wie übrigens bis heute in Frankreich. Im angelsächsischen Raum dagegen wurde er schon über längere Zeit mit den üblichen Begriffen für Bevölkerungsstudien („Population Studies") synonym verwendet. Mit steigender Rezeption englisch-sprachiger Literatur hat sich auch allmählich die inhaltliche Bindung von Demographie an besagte ‚Formale Demographie' gelockert. 1969 erschien in den USA das umfangreiche Werk von *D. Bogue* „Principles of Demography"[51]), das inhaltlich den Erwartungen von Sozialwissenschaftlern und Soziologen entspricht. Darin werden Wachstum und Zusammensetzung der Bevölkerung nach Alter und Geschlecht aus einem gesellschaftlich bedingten Reproduktionsmodus erklärt. Der Begriff, der den Bereich der demostatistischen Techniken wie den der Theoriebildung und Anwendung umfassen soll, wäre ‚Bevölkerungswissenschaft'.

Obwohl ihn *Robert von Mohl* schon 1858 vorgeschlagen hat, konnte er sich gegenüber der Bezeichnung ‚Bevölkerungslehre' nicht recht durchsetzen und *Mackenroth* hatte sein Hauptwerk noch 1953 unter diesem Titel herausgebracht. *Linde* bevorzugt dagegen ‚Bevölkerungswissenschaft', weil damit die Autonomie des Gegenstandes zum Ausdruck komme und der „utilitaristisch-normative Beigeschmack", wie er dem Begriff ‚Gesellschaftslehre' in der Zwischenkriegszeit noch angehangen hatte, entfallen würde[52]).

Für eine synonyme Verwendung von Bevölkerungswissenschaft und Demographie, nicht zuletzt zum Zwecke einer demonstrativen Identitätsbildung des Gegenstandes, setzt sich *H. Schubnell* ein. Er verfaßte 1950 zusammen mit *R. von Ungern-Sternberg* einen ‚Grundriß der Bevölkerungswissenschaft (Demographie)'[53]) und führt seitdem die Debatte um eine einheitliche Bezeichnung an. Auf der Weltbevölkerungskonferenz 1965 in Belgrad hatte sich die Ansicht durchgesetzt, daß unter Demographie mehr als nur die Lehre der formalen Ermittlungstechniken von Bevölkerungsvorgängen zu verstehen sei. *H. Schubnell* und *Hilde Wander* haben dort eine Inhaltsdefinition von Bevölkerungswissenschaft/Demographie vorgelegt, die auf den folgenden internationalen Bevölkerungskonferenzen, vor allem des Europarates, nicht mehr bestritten wurde. Sie formulierten folgendermaßen:

„Die Lehre vom *Wesen,* den *Ursachen* und den *Wirkungen* der Bevölkerungsvorgänge. Sie umfaßt die Erforschung der Bevölkerungsprozesse und der aus ihnen resultierenden Bevölkerungsstrukturen in ihrer biologischen, gesellschaftlichen, wirtschaftlichen und sozialen Verknüpfung auf der Grundlage eigener Theorien, Methoden und statistischer Verfahren[54])."

Diese Definition wird weithin akzeptiert. Bevölkerungswissenschaft ist in der Zwischenzeit doch zum Zunftnamen geworden, dem sich statistisch-mathematische, sozialwissenschaftlich-soziologische und biologisch-ökologische Richtungen zuordnen können.

Die angelsächsische Bevölkerungswissenschaft, vor allem in den USA, hat einen traditionellen Zugang zur Bevölkerungssoziologie, die sie neben ‚Demography' und ‚Population Studies' auch noch ‚Social Demography' nennt; ihr Inhalt deckt sich vollkommen mit den Bestimmungen der deutschen Bevölkerungssoziologie[55]).

Kingsley Davis, einer der bedeutendsten Fachsoziologen und Bevölkerungswissenschaftler der USA, der in zahlreichen Beiträgen die Integration von Soziologie und Demographie überzeugend vortrug, konstatiert:

„Die Bevölkerungswissenschaft, manchmal Demographie genannt, stellt einen fundamentalen Ansatz zum Verstehen der menschlichen Gesellschaft dar. Wegen ihres statistischen

Charakters ist sie leider in den Ruf gelangt, eine trostlose und trockene Angelegenheit zu sein. Dennoch können die Daten und Techniken ihrer Erhebung faszinieren. ... Würde der Bevölkerungswissenschaftler hier seine Arbeit beenden, so würde sie wahrlich wenig mit Sozialwissenschaft zu tun haben und nur ein Zweig der Biostatik sein. Was den Gegenstand für den Sozialwissenschaftler interessant macht und umgekehrt, ist in erster Linie die Tatsache, daß Fruchtbarkeit, Sterblichkeit und Wanderung in einem hohen Maße sozial determiniert sind und ihrerseits das Soziale determinieren. ... Sowie der Demograph seine Fragestellung bis zu diesem Punkt vorantreibt, d. h. fragt, warum demographische Prozesse so und nicht anders verlaufen, betritt er das soziale Feld[56])."

Wenn sich die Bevölkerungswissenschaft der Lösung sozialer Probleme verschreibt, verläßt sie die technisch bestimmte, beschreibende Tätigkeit. Für *Judah Matras* hat sie die Aufgabe:

„to inquire about the nature of these relationships: about the circumstances under which population growth enhances or impairs human welfare, dignity, and satisfaction; and about the general nature of relationships between population and social structure[57])."

Nach *Calvin Goldscheider,* einem Schüler von *Kingsley Davis* und wie dieser konsequenter Struktur-Funktionalist, hat die ‚soziologische Demographie' drei Fragen zu klären:

„Erstens: Auf welche Weise sind Bevölkerungsprozesse für Struktur und Funktionen von menschlichen Gesellschaften grundlegend?
Zweitens: Wie lassen sich Abweichungen, Wandlungserscheinungen, gleichmäßige Entwicklungen und Einbrüche in einem systematischen soziologischen Rahmen erklären?
Drittens: Welche Folgen hat die Bevölkerungsbewegung für sozialen Wandel, Sozialstruktur und soziale Prozesse[58])?"

C. Goldscheider kritisiert die deskriptive, messende Demographie, weil sie nicht zum Verständnis von Bevölkerung führt. Sie könne keine soziologischen Antworten geben, weil sie die soziologischen Fragen nicht zu stellen wüßte. Die ‚soziologische Demographie' klärt die Rolle, die die Bevölkerungsprozesse bei Ausprägung einer Gesellschaftsformation spielen. Ohne diese Erkenntnis könne man niemals das ‚Warum' der von der reinen Demographie gemessenen Phänomene verstehen.

Für *Daniel Bogue* besteht die Aufgabe der ‚Demographie' darin, den Bevölkerungsstand und die fünf demographischen Prozesse (Fruchtbarkeit, Sterblichkeit, Heiratsverhältnisse, Wanderung und soziale Mobilität) mit statistischen und mathematischen Methoden deskriptiv und vergleichend zu analysieren; jedoch „its long-run goal is to develop a body of theory to explain the events that it charts and compares[59])."

Damit dürften die markantesten Punkte einer soziologischen Bevölkerungswissenschaft aufgezeigt sein. Sie gehen aus den genannten definitorischen Aufgabenstellungen hervor und stecken gleichzeitig den Rahmen ab, in dem sich jede Form von bevölkerungssoziologischer Analyse zu bewegen hat. Diese Gegenstandsbestimmung bleibt nicht ohne Folgen für den Bevölkerungsbegriff selbst. Danach muß Bevölkerung mehr sein als bloße „Anzahl der Personen in einem bestimmten Gebiet"[60]. Der häufige Zusatz „zu einem bestimmten Zeitpunkt" verweist zwar auf eine bestandsverändernde Dynamik, die jedoch wiederum nur eine statistisch-formale Bedeutung zu haben braucht.

Ursachenforschung auf geschichtlich-gesellschaftlicher Basis benötigt kein formales Verhältnis von Bevölkerungszahl und Raum, sondern ein *soziales Verhältnis* von Bevölkerung und einer geschichtlich gewordenen Gesellschaftsordnung, die Bevölkerung zu einer dynamischen Einheit macht. Gesellschaftsordnung und Bevölkerung verändern und erneuern sich in vielfältigen sozialen Wechselprozessen. Daraus folgt:

Bevölkerung ist nicht Datum, sondern ein Verhältnis der Menschen eines bestimmten Gebietes zu ihren *materiellen Bedingungen*. Letztere bestehen aus den örtlich vorhandenen oder zu beschaffenden natürlichen Produktionsvoraussetzungen (Ressourcen) und der arbeitsteiligen Organisation, mittels derer die Menschen ihre Existenz und die ihres Nachwuchses sichern (Reproduktion). *Ipsen* sprach noch von Bevölkerung als „Geschehen im Raum". Am Beispiel generativen Verhaltens erläutert *Mackenroth*:

„Das generative Verhalten des Menschen *korreliert* auch mit seinem sozialen Dasein, mit seiner sozialen Lebensform, es ist als einer ihrer Bestandteile in das Insgesamt einer sozialen Lebensform, eines Sozialsystems eingebettet[61])."

Sowie sich relativ dauerhafte Lebensformen, Gesellschaftsformationen oder Epochen ausbilden, werden von ihnen Bevölkerungsstrukturen mitgeformt, jedoch nicht mechanisch und einförmig. Im Modell des demographischen Übergangs erscheinen sie als durchgängige „menschliche Reaktionsmuster", die tief im Sozialkörper verankert sind und sein Schicksal teilen.

4. Der Status des demographischen Übergangs in der Bevölkerungssoziologie

a) Die ‚klassische Formel' des demographischen Übergangs nach Landry, Thompson, Blacker und Notestein

Der demographische Übergang wurde zuerst als Gleichförmigkeit der biosozialen Ziffernverläufe entdeckt. Die Aussicht, daß es sich eher um eine gewaltsame Abstraktion handle, ist angesichts des bestätigenden Materials im Schwinden. Das Problem ist jedoch, das Modell im Zusammenhang mit der sozioökonomischen Entwicklung der Gesellschaft zu sehen, von der die Bevölkerungsveränderung ein untrennbarer Teil ist. Das Übergangsmodell läßt optisch und substantiell Stadien erkennen, die jedoch sozialen Strukturen entsprechen müßten. Es sind offensichtlich drei solche Stadien aus dem Modell herauszulesen. Auf der demographisch-deskriptiven Ebene sind das: Das vorindustrielle Stadium mit hohem Bevölkerungsumsatz, dann das Übergangsstadium und schließlich der Zustand der Endphase, d. h. des niedrigen Bevölkerungsumsatzes oder stationären Wachstums. Wenn nun im folgenden der Weg nachgezeichnet bzw. die Ideen geprüft werden, mit denen die demographischen Wachstumsstrukturen des Übergangsmodells mit sozioökonomischen Entwicklungsstadien verknüpft wurden, soll damit nicht der Eindruck erweckt werden, als stünde am Ende dieser Darlegung „die Lösung" jener Rätsel, die die „Übergangstheorie" bis heute aufgibt.

(1) Adolphe Landry

Die erste Beschreibung dieser demographischen Stadien stammt von *Adolphe Landry* aus dem Jahre 1909[62]). Als Ökonom versäumte er nicht, diese auf eine sozioökonomische Basis zu stellen. Entscheidend für die Ausformung der Stadien, die er „Régimes" nennt, sei die Produktivität einer Gesellschaft und deren stufenweise Entwicklung. Danach ließen sich ein (I) primitives, ein (II) intermediäres und (III) ein modernes Regime unterscheiden.

Das primitive Regime entspricht der ökologisch-biologischen Daseinsform aller Lebewesen, der der vorgeschichtliche Mensch noch ausgesetzt war. Darin sei die Fruchtbarkeit maximal, da sie keinen Beschränkungen seitens einer restriktiven Ökonomie unterliege. Die Sterblichkeit wird durch Umwelt und Nahrung beschränkt und außerdem durch das

Bevölkerungswachstum, das beide Subsistenzmittel verknappt. Das Bevölkerungswachstum orientiert sich am Nahrungsspielraum. *Landry* entwirft hier eine malthusianische Vision, um den Urzustand menschlicher Bevölkerungen zu beschreiben.

Das Übergangsstadium oder ‚intermediäre Regime' ist bereits Ausdruck gestiegener Produktivität: Um ein erreichtes Lebensniveau nicht zu gefährden, werden Heiraten aufgeschoben oder unterlassen; dadurch sinkt das Bevölkerungswachstum erstmals unter das naturbedingte Maximum der primitiven Stufe.

Das ‚moderne Regime' verdankt sich einer ‚demographischen Revolution' und bezeichnet folgenden Zustand: Bevölkerungswachstum ist nicht mehr die Funktion ökonomischer Faktoren, wie in den vorangegangenen Stadien. Es basiert auf der Geburtenintensität und dieses ist bereits das Ergebnis einer willentlichen Begrenzung der Familiengröße. Das Verhältnis von Bevölkerung und Wirtschaft wird ein mittelbares, indirektes: Das Bevölkerungswachstum reguliert sich über den Wunsch und die Mittel zur Geburtenkontrolle, da bei den Menschen Einstellungen hervorgerufen wurden, die auf Teilhabe am gestiegenen Lebensstandard gerichtet sind. Nach Landry könne von einem allfälligen Gleichgewicht zwischen Wirtschaft und Bevölkerung nicht mehr ausgegangen werden, weil die untere Grenze des Geburtenrückgangs nicht bestimmbar wäre[63]).

An dieser wahrhaft modernen Sichtweise zeigt sich der Wissensvorsprung, den französische Forscher schon dadurch haben, daß sie um vieles früher als ihre Kollegen in den Nachbarländern ein modernes ‚Regime' in Augenschein nehmen konnten.

(2) W. S. Thompson

Warren S. Thompson unternahm 1929 den Versuch, die drei Stadien demostatistisch zu ordnen und sie einzelnen Ländergruppen – soweit das zu dieser Zeit möglich war – zuzuordnen[64]).

Thompson sortierte in eine ‚Gruppe A' die Länder Nord- und Westeuropas und die USA als jene, die – ausgehend von hohen Ziffern – bei niedrigen angelangt sind und „bald stationär werden und absolut abnehmen werden."

In ‚Gruppe B' sammelt *Thompson* Italien, Spanien und Osteuropa: Dort würden – für eine gewisse Zeit – die Sterbeziffern rascher als die Geborenenziffern fallen – ein Zustand, der die Gruppe A ein halbes Jahrhundert zuvor charakterisiert hatte. ‚Gruppe C' schließlich beherbergte 1929 noch die restliche Bevölkerung der Erde. Dort zeigten sich angeblich keinerlei Hinweise auf eine Sterblichkeits- und Fruchtbarkeitskontrolle. Die frühen Vergleichsstudien sprachen noch von den ‚Kolonialvölkern', deren Bevölkerung sich nach malthusianischen Kontrollmechanismen reguliere: Kriege und Hungersnöte würden Überbevölkerung dezimieren, mehr Nahrung würde bald mehr Münder nach sich ziehen[65]).

Die Leistung *Thompsons* muß in zweierlei Hinsicht geschätzt werden: Einmal sind ihm statistisch untermauerte Muster des Bevölkerungswachstums gelungen, die einen groben Vergleich nationaler Entwicklungsstandards erlauben. In Arbeiten nach dem Zweiten Weltkrieg hat *Thompson* diesen Weg ausgebaut und damit die Internationalisierung des Bevölkerungsproblems eingeleitet. Zum anderen war *Thompson* 1929 insofern ein Pionier wider den Zeitgeist: Als er diese Sicht des Bevölkerungsproblems durchdrückte, befaßte man sich fast ausschließlich mit dem Bevölkerungsrückgang in Europa und das nicht frei von biologistischen Dekadenztheorien[66]).

Mit dem Ende des Zweiten Weltkriegs findet die noch rohe Übergangskonzeption, die mehrere Wissenschaftler unabhängig voneinander entdeckten, starkes Interesse. Der Zerfall der Kolonialreiche, die Entlassung der großen, rasch wachsenden ‚Kolonialvölker' in die Unabhängigkeit ließ Befürchtungen um die Stabilität des jüngst gewonnenen Weltfriedens aufkommen. Mit Japan war schon eine asiatische Rasse auf dem Kriegsschauplatz erschienen und hatte die USA über Jahre in einer Hemisphäre in Schach gehalten. Die Gewißheit nun, daß besonders in Asien Bevölkerungsgiganten entstehen, die noch dazu untereinander verfeindet sind (Indien und Pakistan) oder einer antiwestlichen Ideologie unterstehen (China, Korea) war Gegenstand der Besorgnis der Nachkriegszeit. Die Bevölkerungswissenschaft war aufgerufen, Befürchtungen zu zerstreuen oder auf ihren haltbaren Kern zu reduzieren. Daher kommt es, daß sämtliche Arbeiten zum demographischen Übergang in dieser Zeit auch den Zweck einer weltpolitischen Orientierung verfolgen. Die Titel der Werke von *W. S. Thompson, Kingsley Davis, Philip H. Hauser, Frank W. Notestein* sprechen für sich[67]).

(3) C. P. Blacker

C. P. Blacker äußert im Jahre 1947 folgendes:
„Ein ‚demographischer Zyklus' ist das, was ein Land im Laufe der Industrialisierung und Urbanisierung durchschreitet. Es wird der Versuch gemacht, diesen Zyklus zu beschreiben und die Wachstumsdifferenzen der Völker der Erde zu skizzieren.
Wir sehen den künftigen Frieden ‚langfristig' bedroht. Die Welt kann von einem Krieg wirklich nur verschont bleiben, wenn eine Lösung des demographischen Dilemmas gefunden wird, dem sich besonders der asiatische Kontinent gegenübersieht[68])."
Die Bedrohung des Weltfriedens dauere zumindest so lange an, bis auch die nicht-weißen Völker die ‚demographischen Zyklen' durchschritten und ein industrielles Lebensniveau erreicht haben werden. *Blacker* unterscheidet insgesamt fünf Phasen im demographischen Zyklus:
1. das hohe stationäre Niveau,
2. die frühe Wachstumsphase,
3. die späte Wachstumsphase,
4. das niedrige stationäre Niveau und
5. die Phase der Bevölkerungsabnahme[69]).

Die einzelnen Phasen zeigen folgende Zifferntendenz:

Tab. 4: Weltbevölkerung gegliedert nach den einzelnen Übergangsphasen — Vergleich zwischen 1939 und 1983

	Geborenen-ziffern	Sterbe-ziffern	1939 absolut	%	1983 absolut	%
1. Phase	hoch	hoch	1 347	62	3 519	75
2. Phase	hoch	fallend				
3. Phase	leicht fallend	rasch fallend	831	38		
4. Phase	niedrig	niedrig			1 158	25
5. Phase	niedriger als Sterbef.	höher als Geburtenf.				
			2 178	100	4 677	100

1939 nach *Blacker,* ibid., 1983 nach „1983 World Population Data Sheet" — ed. Population Reference Bureau, Washington, D.C. 1983

Das Phasenmodell eröffnete einen Ausweg aus dem noch näher zu bezeichnenden ‚demographischen Dilemma', obwohl es die brennenden Fragen nach dem realen Wachstum oder der endgültigen Größe der farbigen Bevölkerungen nicht beantworten kann:
„Sie werden aus der frühen Wachstumsphase in die späte treten und die Geborenenziffern werden allmählich sinken. Wie groß aber wird die Bevölkerung Asiens sein, wenn sie das niedrige, stationäre Niveau der westlichen Welt erreicht hat? Und wie lange wird der Übergangsprozeß andauern? Niemand kann im Augenblick diese folgenschweren Fragen beantworten. ... Wird sich der demographische Übergang Asiens friedlich vollziehen können[70])."
Blackers Verdienst war es, die Konzeption verfeinert und über das akademische Interesse hinaus mit weltpolitischer Aktualität versehen zu haben.

(4) F. W. Notestein

Der Durchbruch erfolgte dann endgültig mit den Arbeiten des Bevölkerungswissenschaftlers an der Universität von Princeton, *Frank W. Notestein*. Er hat den Begriff des demographischen Übergangs etabliert und gilt seitdem als ‚Vater' der Konzeption[71]).
Als Experte der Vereinten Nationen hatte er stets die demographische Seite aktueller Weltprobleme der Ernährung und Entwicklung beleuchtet und aus diesem Wirken heraus bekommt der demographische Übergang seine inhaltliche Bestimmung und starke Anwendungsbezogenheit auf die Entwicklung der Dritten Welt.
Notestein gehört zu jenen, die beharrlich auf die hemmende Rolle des rapiden Bevölkerungswachstums für die Entwicklung – auf das ‚Bevölkerungsdilemma' – hinweisen. Es besteht darin, daß das Bevölkerungswachstum jene entscheidenden wirtschaftlichen und sozialen Fortschritte verhindert, die den demographischen Übergang initiieren könnten. Fast allen Arbeiten zu Bevölkerung und Entwicklung der Dritten Welt liegt seitdem hypothetisch dieses ‚Dilemma' des blockierten Übergangs durch das Bevölkerungswachstum selbst zugrunde[72]). Falls es nicht schrittweise gelöst würde, könnte nur der ‚malthusianische' Anstieg der Sterblichkeit für Bevölkerungskontrolle sorgen.
Der demographische Übergang wurde damit nicht nur ein akademisches Ergebnis historischer Bevölkerungsstudien, sondern ein Stück entwicklungspolitischer Hoffnung für die Dritte Welt.
Notestein griff die Vorarbeiten hierzu auf und unterlegte vor allem den einzelnen Übergangsstadien, die *W. S. Thompson* unbenannt gelassen hatte, sinnvolle Begriffe.
Notestein unterscheidet
– die Ländergruppe mit „*high growth potential*" (bei *Thompson* Gruppe C), gekennzeichnet durch hohe Geborenen- und hohe schwankende Sterbeziffern;
– das Stadium des „*transitional growth*" (bei *Tompson* Gruppe B), mit Bevölkerungswachstum aufgrund hoch bleibender Fruchtbarkeit und sinkender Sterblichkeit und schließlich
– die Ländergruppe des „*incipient decline*": das Stadium der Abschwächung des Bevölkerungswachstums durch Einschwenken auf niedrige Geburten- und Sterbewerte.
Es ist bedauerlich, daß diese treffenden Begriffe nur schwer ins Deutsche zu übertragen sind. Die demographische Frühform des hohen Bevölkerungsumsatzes, des „primitiven Regimes" nach *A. Landry* kann jetzt auch als Bevölkerung mit ‚hohem Wachstumspotential' bezeichnet werden. Das Übergangsstadium selbst als ‚transitionales Wachstum' während der sich öffnenden Schere der biosozialen Verlaufskurven wurde von den Angelsachsen

öfters als ‚demographic gap' bezeichnet. Die Gruppe, gekennzeichnet durch ‚incipient decline' als *Notestein* die Konzeption niederschrieb, ist inzwischen in die Schlußphase ‚stationären Wachstums' bzw. Bevölkerung mit niedrigem Bevölkerungsumsatz eingetreten[73]).

Damit war der ‚demographische Übergang' als sozialwissenschaftliche Konzeption geboren. In den vierziger Jahren war sie noch die Abbildung des augenfälligen demographischen Wandels und noch keinesfalls eine ‚Theorie'. Dennoch fügten sich immer mehr Länder in ihrer Entwicklung diesem Bild, so daß offenkundig ein neues, universelles Gesetz des Bevölkerungswachstums – *„an evolutionary scheme"* – entdeckt war[74]).

Laut *Notestein* berechtigt die Untersuchung der wirtschaftlichen Entwicklung und des demographischen Übergangs gewisser außereuropäischer Länder zu der Annahme, daß die Prinzipien des europäischen demographischen Übergangs weltweit anwendbar wären. Als zwischen 1940 und 1960 in den außereuropäischen Kontinenten ein starkes Bevölkerungswachstum einsetzte, das inzwischen auch in der Öffentlichkeit als ‚Weltproblem' erkannt wurde, sah sich die Bevölkerungswissenschaft immer dringlicher auf die Perspektive des demographischen Übergangs verwiesen.

Bei Sichtung der frühen Texte von *Notestein* ist man erstaunt, welchen Weitblick, welchen Grad an Vorhersehbarkeit internationaler sozialer Probleme eine wissenschaftliche Arbeit erringen kann, wenn sie mit jener Umsicht und gebotenen Skepsis, wie sie Notestein auszeichnet, ausgeführt wird. *Notestein* spricht 1950 klar aus:

„The demographic development of the population of the world is divided into the three regions of Incipient Decline, Transitional Growth, and High Growth Potential. For each of these, the factors of changing birth rates, death rates, and family size are considered in their relation to the changes taking place in the social structure and national economy of the countries included in each region[75])."

Nach *Notestein* muß es möglich sein, Aussagen über die Weltbevölkerung als Ganzes zu machen, – trotz der Heterogenität der Bevölkerung und der Situationsgebundenheit der Wirkungsfaktoren. Seine langjährige Forschungs- und Beratertätigkeit für nationale und internationale Organisationen hat ihn zu der Überzeugung gebracht. Im Schema von *W. S. Thompson* sieht er daher den ersten praktikablen Ansatzpunkt zur wissenschaftlichen Durchdringung der Weltbevölkerung. Obwohl *Notestein* nach dem Zweiten Weltkrieg noch nicht die demographischen Strukturen vorausgesehen haben kann, die wir heute vorfinden, so hat er doch mit Hilfe seiner idealtypischen Konzipierung erstaunliche Treffsicherheit erreicht:

Regionen mit hohem Wachstumspotential (High Growth Potential) gehen in den siebziger Jahren merklich zurück, denn dieses Stadium bezeichnet eine Region ohne jede Indikation sinkender Fruchtbarkeit. Hohes Wachstumspotential bedeutet, daß die transitionale Wachstumsphase darin noch involviert bzw. latent vorhanden ist und im Zuge des Übergangs zur Wirkung und Entfaltung kommt. Schwarzafrika und zentralasiatische Länder (Bangladesch) fallen noch heute in diese Gruppe.

Regionen im Übergang (Transitional Growth) sind durch folgendes charakterisiert: Der Prozeß der Modernisierung hat bereits eine Fruchtbarkeitssenkung eingeleitet und die Sterblichkeit ist in einer Weise abgesunken, daß aus dieser Diskrepanz ein rasches Bevölkerungswachstum resultiert. Um 1950 konnte *Notestein* noch Osteuropa und die Sowjetunion, Japan und Regionen Lateinamerikas darunterzählen.

Es handelt sich noch um größtenteils Agrargesellschaften, in denen der Prozeß der Urbanisierung und Industrialisierung eingesetzt hat. Bildungsniveau und Technologie sind in deutlichem Steigen begriffen, die bäuerliche Familie und ihre typischen Einstellungen zur Kinderzeugung sind noch wirksam, werden aber schon einem Wandel unterzogen, der eine zunehmend urbane und diesseits gerichtete (säkulare) Mentalität einleitet.

Das entscheidende Charakteristikum ist hier, daß die Geborenenziffer, die etwas zäher auf einen Abfall der Sterblichkeit reagiert, einem beharrlichen (‚well established') Abwärtstrend unterliegt.

Regionen mit Bevölkerungsrückgang (Incipient Decline) sind auf dem Weg zum stationären Bevölkerungswachstum und werden von *Notestein* folgendermaßen charakterisiert: Dieser Bevölkerungstypus hat den demographischen Übergang von hoher Fruchtbarkeit und Sterblichkeit zu niedrigen Werten praktisch vollzogen. Ihre Netto-Reproduktionsziffer bewegt sich um das stationäre Bevölkerungsniveau, Fruchtbarkeit ist weitgehend unter rationaler Kontrolle (unter Kontrolle rationalen Handelns), die Sterblichkeit bis zum Ende der fruchtbaren Periode der Menschen sehr niedrig. Die gesunkenen Sterbe- und Geburtenziffern haben in der Vergangenheit diesen Bevölkerungen ein hohes Durchschnittsalter bzw. durchschnittlich hohe Lebenserwartung beschert.

Seit den Arbeiten *Notesteins* und seiner Wissenschaftlergeneration steht fest, daß sich die Geborenenziffern langsam und zwingend einem sozialen Wandel anpassen[76]). Führt dieser zur Industrialisierung, so verbindet er sich mit steigendem Lebensstandard, Bildungsniveau und Gesundheitszustand der Menschen.

Dieser Vorgang geht jedoch langsam vor sich. Da wir es jedoch mit ungleich größeren Bevölkerungen und ebenso höherer Wachstumsintensität zu tun haben, müssen die Entwicklungsaussichten von 3 Milliarden Menschen anders aussehen als die von 200 Millionen Europäern um das Jahr 1800[77]).

Die Modellkonzeption des demographischen Übergangs hat in ihrer Entdeckungsphase Weltprobleme in sozialwissenschaftlicher Form definiert und damit in ihrer Tragweite erkennen lassen. Sie konnte die Diskrepanz zwischen den industrialisierten Nationen und den Entwicklungsländern, die zwar jahrzehntelang augenfällig, aber doch erst in den siebziger Jahren unseres Jahrhunderts brisant wurde, vorhersagen, weil sie die Abhängigkeit sozialer Entwicklung vom Schwergewicht einer wachsenden Bevölkerung rechtzeitig erkannte. Zum anderen führte die Konzeption des demographischen Übergangs zum besseren Verständnis von Entwicklungsproblemen unter demographischen Gesichtspunkten: Das Bevölkerungswachstum kann ein Ausmaß annehmen, das selbst eine ‚Kontrolle' (Check) im Malthus'schen Sinne unmöglich machen wird: Kriege und Katastrophen bedeuten für diese Bevölkerungsgrößen keine Dezimierung mehr. Außerdem sind internationale Hilfe und Zurückdrängung von Krankheit und Sterblichkeit so zur Norm geworden, daß auf diese Weise die jungen Nationen gewaltsam auf den Weg des demographischen Übergangs geschickt wurden, ohne über Investitionen, Ressourcen und innere Stabilität zu verfügen, die nötig wären, um ihn beschleunigt im europäischen Sinne zu vollenden.

In diesem Zusammenhang hatte *Notestein* schon die Frage nach der Zeit aufgeworfen, die der demographische Übergang zur Minderung von Entwicklungsproblemen beanspruchen dürfte. Das Problem der Bestimmung von Verzögerungseffekten, die unterentwickelte Strukturen bewirken, gewinnt erst Konturen. *Notestein* warnt die Sozialwissenschaft vor oberflächlichen technischen Lösungsversuchen, wie der Nahrungsmittelversorgung und der Verteilung von Kontrazeptiva. Bevölkerungsprobleme wurzeln in der Sozialstruktur und nur in ihrem Rahmen sind sie zu lösen:

„Uns entgeht allmählich, daß wir schon viel mehr wissen als wir anwenden, und daß wir Wissenschaft und Technik nicht als etwas sehen dürfen, das glatt und reibungslos in ein ökonomisches, soziales und politisches Vakuum verpflanzt werden kann. Es besteht die Gefahr, daß soziale, ökonomische und politische Einbrüche das Werk der Bevölkerungskontrolle auf drastische Weise vollbringen könnten, lange bevor es uns gelingt, von fortgeschrittener Technologie vollen Gebrauch zu machen noch die theoretischen Möglichkeiten einer fortschrittlichen Technologie erschöpft sind. Daher scheinen die Probleme der sozial-ökonomischen Struktur und ihres Wandels die wichtigen zu sein, und weniger die der technologischen Entwicklung[78].''

Die Notestein'sche Fassung und Interpretation des demographischen Übergangs wurde zur bevölkerungswissenschaftlichen Denkfigur und zu einem Ordnungsprinzip für demographische Ereignisse der jüngeren Zeit.

Die Konzeption sorgte für Wissenschaftlichkeit bei der Neuordnung des Weltbildes nach dem letzten Weltkrieg und reduzierte auch die Angst vor einer ‚Explosion' farbiger Bevölkerungen der unterentwickelten Kontinente. Einer ihrer ersten Erfolge bestand sicher darin, die Vorstellung einer ‚Bevölkerungsexplosion' ad absurdum geführt zu haben (wenn sich auch das Wort als solches halten konnte) und die Verbreitung der Erkenntnis, daß eine Gesellschaft vom Bevölkerungsdruck entlastet wird, wenn sie sich nur auf den Weg der Industrialisierung und Modernisierung begibt.

b) Der demographische Übergang im theoretischen, methodischen und empirischen Widerstreit

Die Durchsetzung der Konzeption als heuristisches Instrument im Wissenschaftsprinzip und ihr Ausbau nach jeweiligem Zugewinn an Erkenntnissen hat jedoch nicht sofort und in wünschenswerter Weise stattgefunden. Bemühungen dieser Art sind erst in jüngerer Zeit zu beobachten und sie führten zu einer reinigenden Kontroverse, bei der Inhaltsdefinitionen und ihre Kritik lebhaft ausgetauscht werden. Im Grunde dauert sie bis heute an.

S. F. Hartley liefert folgende Bestimmung des demographischen Übergangs: „Diese Theorie unterstellt Stadien der demographischen Evolution. Nach einem Anfangsstadium mit hohen Geborenen- und Sterbeziffern und geringem oder keinem Wachstum beginnt eine Bevölkerung allmählich ihre Sterblichkeit zu kontrollieren. Während die Sterbeziffer langsam sinkt, wird auch die Geborenenziffer unter Kontrolle gebracht. Mit einer gewissen zeitlichen Verzögerung soll die Geborenenziffer dem Abwärtstrend der Sterblichkeit folgen, bis beide auf niedrigem Niveau und unter fester Kontrolle sich befinden. Der Theorie nach produziert die Bevölkerung wieder ein geringes oder gar kein Wachstum[79].''

Nach J. R. Weeks soll der Übergang nicht ohne Gesellschaftsbezug definiert werden: „Die Theorie des demographischen Überganges ist eine Sichtweise, die die Bedeutung ökonomischen und sozialen Fortschritts betont, der zunächst zu einem Rückgang der Sterblichkeit, und schließlich, mit einer gewissen zeitlichen Verzögerung, auch zu einer entsprechenden Senkung der Fruchtbarkeit führt. Die Theorie des demographischen Übergangs beruht auf der Erfahrung der Industrieländer[80].''

Es wurde schon darauf verwiesen, daß das, was in der Bevölkerungswissenschaft gewöhnlich ‚Theorie' genannt wird, nicht die Erfordernisse wissenschaftlicher Theoriebildung erfüllt. Nachdem das Erfahrungsfeld der Bevölkerungssoziologie die Sozial- und Bevölkerungsgeschichte ist, kann es sich immer nur um mehr oder minder begründete Generalisierungen handeln, d. h. um Induktionsschlüsse aus belegbaren, zeitlich-räumlich eintreffenden Ereignissen. Wir finden in ‚Theorien' zur Bevölkerungsbewegung keine formallogischen Aussagenverknüpfungen, die immer und überall gültig wären; dafür aber

brauchbare Konzepte und falsifizierbare Hypothesen bzw. Konzeptionen (‚conceptual schemes').
Wenn von Theorie gesprochen wird, ist durchwegs diese instrumentelle Vorform logischer Theoriekonstruktion gemeint[81]). ‚Bevölkerungstheorie' heißen begründete Aussagen über die Entwicklung der Bevölkerungsvorgänge und ihres, die gesamte Bevölkerungsentwicklung bestimmenden Zusammenspiels. Für die ‚Theorie' des demographischen Übergangs existiert zwar ein schmalspuriges statistisches Modell; die wahrhaft gesellschaftstheoretische Durchdringung stünde noch aus. Ihre mangelnde Prognosefähigkeit bezeuge dies hinreichend. Im folgenden sollen Äußerungen und Definitionsversuche aus angelsächsichen und deutschen Quellen dokumentiert werden.
In den meisten Köpfen existiert der Übergang als lapidare Formel:
„In traditionellen Gesellschaften sind Fruchtbarkeit und Sterblichkeit hoch. In modernen Gesellschaften befinden sich Sterblichkeit und Fruchtbarkeit auf einem niedrigen Niveau. Dazwischen liegt der demographische Übergang[82]."
Äußerst kritisch über den Zustand der Übergangstheorie läßt sich *Calvin Goldscheider* aus:
„Die verschiedenen und zwingenden Einwände gegen die demographische Übergangstheorie und die entsprechenden Annahmen, die ihr zugrunde liegen, kommen zum Vorschein, sowie wir uns den Modernisierungs- und Bevölkerungsprozessen analytisch nähern . . . die theoretischen, methodischen und empirischen Inadäquanzen, die in diesen hypothetischen Beziehungen stecken, machen die Theorie praktisch wertlos[83]."
Goldscheider stört auch, daß die Theorie nichts über Migration aussagt. Das mag besonders einen Wissenschaftler stören, der in seiner Lehr- und Arbeitstätigkeit in den USA und Israel stark mit Migrationsbevölkerungen befaßt ist[84]).
Die meisten Kritiken zum demographischen Übergang richten sich – wie schon nach *Goldscheider* –
a) gegen die unzureichende Erklärung des Verhältnisses von biosozialem Verlauf auf der einen Seite und der ‚Modernisierung', d. h. Urbanisierung und Industrialisierung auf der anderen[85]);
b) gegen die Unbestimmtheit der Variablen: Es sei unzulässig, von ‚hohem' und ‚niedrigem Niveau' der Bevölkerungsvorgänge zu sprechen, ohne entsprechende quantitative Angaben zu machen[86])
c) gegen das unreflektierte Wechseln der Aggregatsebenen und Abstraktionsniveaus: Es wird regelmäßig von ‚Urbanisierung' oder ‚sozioökonomischer Entwicklung' auf die ‚Wertestruktur' und das generative Verhalten geschlossen und umgekehrt. So wird die Übergangstheorie zu einem Erklärungsschema, in dem Makro- und Mikroebenen unzulässig verquickt sind[87]),
d) gegen die Ansicht, daß ein bloßes Verlaufsschema schon eine Erklärung sei oder eine solche ersetzen könne: „In itself, however, the theory is a model and not an explanation[88])."
Die langanhaltende Kritik, daß der demographische Übergang auch die europäische Entwicklung in gröblicher Weise vereinfache, ist inzwischen verstummt, da die ‚Ausnahmen' – jede regionale Entwicklung stellt praktisch eine solche dar – mit der Konzeption in Einklang gebracht werden konnten. Das Ergebnis dieser Debatte war jedoch die Anerkennung eines gewissen ‚Kulturrelativismus', der sich immer mit der Übergangstheorie verbindet und keinesfalls gegen die Konzeption als solche sprechen muß. Sie könnte eher dazu dienen, die verwirrende Fülle der Kulturspecifica synoptisch zu straffen.

Die deutsche Soziologie in ihrer historischen Ausrichtung den Schematismen grundsätzlich abhold, rezipierte den demographischen Übergang mit der gebotenen Zurückhaltung.
R. Mackensen hält den demographischen Übergang für ein internationales Gemeingut der Bevölkerungswissenschaft, an dem die Entwicklung der westeuropäischen Bevölkerung abzulesen sei. Er betont, daß das Schema nicht dazu verführen dürfe, die demographischen Merkmale gegenüber den soziologischen Merkmalen der Gesellschaft zu verselbständigen:
„Dieses ‚Schema', das sich so eindrucksvoll graphisch darstellen ließ, wurde als die notwendige und typische ‚statistische Indikation' des ... Übergangs von einem vorindustriellen zu einem industriellen Bevölkerungsregime aufgefaßt, und dieser als das Resultat des tiefgreifenden sozialen Wandels, der alle Daseinssektoren durchformt hatte. Diesen Sachverhalt ernstgenommen, erscheint es ganz offensichtlich, daß irgendeine graphische oder statistische Konstellation sehr wohl als Indikation der zugrunde liegenden sozialen Veränderungen gelten kann, aber ganz die gleiche Konstellation kann auch völlig verschiedene soziale Verhältnisse repräsentieren. In anderen Worten: Man vermag wohl zu einer gegebenen Situation auf ihre statistische Indikation zu schließen; nicht aber umgekehrt[89])."
Mackensen besteht hier schon auf dem Gesellschaftsbezug und seiner Validierung, die er erst einseitig gewährleistet sieht.
F.-X. Kaufmann warnt vor der „Verdinglichung" von Entwicklungstrends, zu denen die Übergangstheorie verleite:
„Diese Theorie unterstellt jedoch eine sozusagen natürliche Tendenz entwickelter Industriegesellschaften auf ein Null-Wachstum hin, welche ihrerseits auch zu erklären bleibt ... Bevölkerungsstatistisch erfaßbare Entwicklungen sind das Resultat komplexer gesellschaftlicher Vorgänge, die bis heute nur zum Teil aufgeklärt sind. Inwieweit es den Entwicklungstrend überhaupt gibt, oder ob er bloß eine gedankliche Projektion darstellt, ist solange fragwürdig, als nicht das Andauern einer bestimmten Entwicklung auch in der Zukunft durch theoretische Überlegungen und darauf bezogene empirische Informationen ausreichend glaubhaft gemacht wird[90])."
Die ‚Modernisierungsforschung' rubriziert jedenfalls den demographischen Übergang unter die bedeutenden ‚Trendaussagen':
„Die Beschleunigung des Bevölkerungswachstums ist zweifellos eine der augenfälligsten und folgenschwersten Erscheinungen der Modernisierung, die unmittelbare Auswirkungen auf die Struktur der Familie, den Lebenszyklus der Generationen und den Altersaufbau der Gesellschaft hat ... In der ‚Theorie' des demographischen Übergangs wird das Bevölkerungswachstum der sich modernisierenden Gesellschaften als ein Übergang von einem früheren ‚Gleichgewicht' ... zu einem neuen ‚Gleichgewicht' auf viel niedrigerem Niveau beschrieben ... Die ‚Theorie' des demographischen Übergangs ist in strengerem Sinne keine Theorie, da sie nur eine Beschreibung und keine Erklärung des Bevölkerungswachstums liefert[91])."
Diese repräsentativen Äußerungen seitens deutscher Soziologen zum Problem des demographischen Übergangs sollen die Kritikpunkte und das grundsätzliche Interesse an der Konzeption unterstreichen. Mackensen wünscht „eine Erweiterung und Spezifizierung der Theorie", die in ihrer jetzigen Form nicht ausreiche, „ wenn ganz andere historisch-soziologische Situationen betrachtet werden sollen[92])."
P. Flora verlangt Modernisierungsmodelle, die „allgemeine Probleme (enthalten), die sich in allen Gesellschaften im Laufe der Modernisierung in ähnlicher Weise stellen." Nach Flora

müßte sich besonders auf Bevölkerung ein solches Modell basieren lassen, weil „das Bevölkerungswachstum heute zu den am besten dokumentierten Aspekten der Modernisierung gehört."[93])

Soweit die Kritik seitens der deutschen Soziologie auszumachen ist, erstreckt sie sich auf methodische Probleme der Übergangstheorie, wie wir sie in der Kritik der Westeuropäer auch finden. Aufgrund der starken historischen und bevölkerungssoziologischen Tradition besteht sie darauf, die quantitativen Instrumente und Indikatoren so zu verfeinern, daß aus einer ‚statistischen Indikation' auch eine gesellschaftliche Situation sichtbar wird. Sie bezweifelt verständlicherweise den Theoriestatus und bedauert das Defizit an Erklärungskraft, obwohl die Voraussetzungen, diese zu erhöhen, d. h. die Erklärungslücke zwischen Geburten- und Sterblichkeitsverläufen schrittweise zu schließen, gegeben wären.

In optimistischer Weise äußert sich *G. J. Stolnitz:* Die demographischen Übergänge seien „the best-documented historical trends of modern times."[94])

Der Stanford-Soziologe *S. E. Beaver* hält es für eine unglückliche Entwicklung, daß die Demographen mehr daran interessiert waren, zu jeder Generalisierung der Übergangstheorie eine Ausnahme zu entdecken, anstatt ihre logische Struktur zu verbessern. Aus diesem Grund wäre das Paradigma, das die Übergangstheorie doch vorstellen soll, in einer gewissen Rohfassung geblieben[95]).

Im Zentrum der Auseinandersetzung um die Validität des demographischen Übergangs standen immer vom statistischen Schema ‚abweichende' Entwicklungen in europäischen Bevölkerungen. Würde man von den einzelnen, geschichtlich gebundenen Bewegungen nicht abstrahieren, so würde die Übergangsproblematik nur eine Kollektion von abweichenden Fällen (‚deviant cases') bieten.

So scheint der Zeitpunkt, zu dem in den europäischen Ländern die Geburtenrückgänge beginnen, aufgrund ihrer sozialen Entwicklung nicht vorher bestimmbar zu sein. Der europäische Ländervergleich scheint den festen Zusammenhang zwischen Geburtenrückgang und Industrialisierung geradezu zu lockern. In Frankreich, das um 1875 nicht besonders entwickelt war, sank die Geborenenziffern schon in der Napoleonischen Zeit.

England und Wales, die Niederlande und Deutschland erlebten eine rasche Industrialisierung; Sie unterlagen Mitte des 19. Jahrhunderts einer Urbanisierung, Kommerzialisierung und erlebten eine rasche Steigerung des Bruttosozialprodukts. Der Geburtenrückgang stellte sich jedoch relativ spät ein.

Frankreich dagegen war weitgehend ländlich agrarisch und hatte ein vergleichsweise niedriges Bruttosozialprodukt gegenüber den ebengenannten Ländern. Trotzdem sank in Frankreich die Geborenenziffer ab 1800 konstant bis in die 30er Jahre unseres Jahrhunderts.

In Irland begannen die Geborenenziffern um 1850 zu sinken. Dies ist jedoch nicht auf verändertes generatives Verhalten zurückzuführen, sondern auf Struktureffekte der Alterspyramide, die durch große Hungersnöte und starke Emigrationswellen deformiert wurde.

Die Geborenenziffern von England und Wales und der Niederlande erreichten um 1870 einen Höhepunkt und zeigten erst ab 1875 ein leichtes Sinken an. Ebenso die eheliche Fruchtbarkeit im Deutschen Reich[96]).

Alle diese Befunde scheinen der Theorie des demographischen Übergangs, die eine feste Beziehung zwischen Entwicklungsindikatoren und Fruchtbarkeitstrends behauptet, Substanz zu rauben. Es bleibt jedoch zu bedenken, daß eine spezifische Entwicklung, und zwar die ‚nordische', zuerst entdeckt und sogleich als eine Art Schablone verwendet wurde. Die meisten verläßlichen Daten stammen nämlich aus dem Norden und Nordwesten Europas, so daß die nachfolgenden Dokumentationen der übrigen Regionen des Kontinents nur als Abweichungen vom Übergangsschema gedeutet werden konnten. Sozialgeschichte, Bevölkerungsgeschichte und historische Demographie haben immer mehr Mittel, Material und auch Ergebnisse gefunden, die bei Anwendung der „Theorie" des demographischen Übergangs mitbedacht sein müssen[97]):

Die soziale Entwicklung hat verschiedene Aspekte, die sie nicht in einem einheitlichen Licht erscheinen lassen. Eine Theorie darf nicht besseren Wissens Schlichtheit der Realität unterstellen. Die Kritik an der Idee „linearer Evolution" hat dies zum Ausdruck gebracht. Sie muß auch eine Erklärungsbreite bieten, die sie weder zur Leerformel noch zur Einzelfalldeskription verkommen läßt, sondern die sich an vielgestaltiger Realität bewährt. Dies ist nicht mehr der Fall, wenn sie mehr Ausnahmen als Bestätigungen produziert und damit verworfen werden muß. Es muß also ein Kompromiß zwischen szientifischen Vorstellungen von Theorie und geschichtlich-sozialer Wirklichkeit gefunden werden, die nur idealtypisch erfaßt werden kann und deren konstitutive Phänomene nicht vollständig und gleichzeitig auftreten. Damit ist ein zeitlicher Ablauf bezeichnet, an dem der strenge Theoriebegriff immer scheitert und der am geschichtlich-gesellschaftlichen Vorgang des demographischen Übergangs immer zu kurz greifen wird. Daß er weniger den Sachverhalt selbst erhellt, dafür aber eine stattliche Zahl von „Ausnahmen" schafft, erhärtet die schlechte Erfahrung mit wissenschaftstheoretisch verengten historischen Konstrukten. Die Abneigung gegen den Theoriebegriff bezüglich des demographischen Übergangs wird daher in der Arbeit beibehalten und dafür mit der schwächeren, aber phänomendeckenderen historisch-empirischen „Konzeption" Vorlieb genommen, die sich auch der Denkrichtung eines „historisch-gerichteten Funktionalismus" einfügt[98]).

Damit können Ergebnisse, die in einer einförmigen Evolutionstheorie demographischer Verläufe als Widerspruch aufscheinen würden, dennoch mit ihr im Einklang stehen, denn es kommt in einer geschichtlichen Konzeption darauf an, wie Entwicklung definiert und gemessen wird. So könnten weitere Einwände bezüglich nonkonformer Geburtentrends der ‚Theorie' doch noch einverleibt werden. Hierzu markante Beispiele: So unterstellt die Übergangstheorie einen engen Zusammenhang zwischen Geburtenkontrolle, niedriger Fruchtbarkeit und moderner, industrieller Gesellschaft. Wir kennen aber Regionen mit niedriger Fruchtbarkeit, in denen die Industrialisierung jedoch noch lange nicht eingesetzt hatte. Besonders von westlichen Ländern weiß dies die historische Demographie zu berichten.

Die einseitige geschichtliche Placierung von Geburtenkontrollpraktiken in die moderne Gesellschaft kann aufgrund empirischer Ergebnisse gelockert werden, ohne der Übergangstheorie ernstlich zu schaden. Denn diese Verknüpfung gehört nicht zu den tragenden Aussagen zum Übergangsgeschehen. Entscheidend ist nicht die Tatsache, daß die Geborenenziffern in Europa nicht sonderlich hoch waren (etwas niedriger als heute in der Dritten Welt), sondern daß sie mit sozialer Entwicklung zu fallen beginnen; das heißt, daß die Theorie des demographischen Übergangs nicht gleichzeitig eine globale Theorie der menschlichen Fruchtbarkeit sein kann. Die Tatsache von Empfängnis- und Geburtenkontrolle im vorindustriellen Europa bedeutet, daß es zusätzlich Determinanten der Fruchtbarkeit gab, die mit sozialer Entwicklung „nachgeben" und die die konventionelle Übergangstheorie aufzudecken hat. Ein Hauptgrund für relativ niedrige Fruchtbarkeit waren übrigens die späten Heiraten und Heiratsbeschränkungen, deren Ursachen doch wiederum auf agrarökonomische Bedingungen im vorindustriellen Europa zurückzuführen sind[99]).

Ein weiterer Einwand betrifft immer den allfälligen Geburtenanstieg im Zuge soziöokonomischer Entwicklung. Hier ist zu sagen, daß eine Verbesserung der Ernährungslage die physische Konstitution der Schwangeren verbessert und damit die medizinischen Aborte verringert, so daß wir in gewisser Hinsicht von einem Anstieg ‚natürlicher' Fruchtbarkeit sprechen können. Doch hat der Geburtenanstieg während der Industrialisierungsphase z. B. von England und Wales und in den Niederlanden auch soziale Ursachen, die der Übergangstheorie konform sind, nämlich im Wegfall von Schranken, die die Fruchtbarkeit eingedämmt hatten: So der Mangel an bebaubarem Land, der ein restriktives generatives Verhalten erfordert hatte. Das Aufkommen von Industriestädten konnte auch diesen beschränkenden Effekt, den unzureichender Grund und Boden ausgeübt hatten, wettmachen und eine Sozialstruktur, die sich im Sinne der Geburtenbeschränkung auswirkte, beseitigen[100]).

In einigen Fällen soll die Fruchtbarkeit vor der Sterblichkeit gefallen sein; selbst diese Fälle scheinen im Sinne der Übergangstheorie erklärbar, wenn die argumentative Basis entsprechend erweitert wird:

Urbanisierung, Bruttosozialprodukt und Entwicklung des Handels sind nicht die einzigen Aspekte der Entwicklung und die Theorie betont besonders die Wichtigkeit der Sterblichkeitsentwicklung. Letztere scheinen den Fall Frankreich und, bis zu einem gewissen Grad, Irland zu erklären. In den wichtigen Entwicklungsindikatoren Erziehung und Bildung war Frankreich auch im nichtindustrialisierten Zustand weiter voran als England und Wales und die Niederlande um 1900. Die Einschulungsrate der Jugendjahrgänge zwischen fünf und fünfzehn Jahre lag in Frankreich und sogar in Irland höher als in England, Wales und den Niederlanden. Der Vergleich auf der Basis dieses wichtigen Modernisierungsindikators läßt die Anomalien der europäischen Entwicklung, die die Übergangstheorie widerlegen sollten, weniger dramatisch erscheinen.

Besondere Beachtung verdient die Zeitspanne, die in der ganzen Konzeption des demographischen Übergangs angelegt ist. Wenn Geburtenrückgänge von der sozioökonomischen Entwicklung und Sterblichkeitssenkungen ausgelöst werden, so muß man den Datenvergleich wesentlich früher ansetzen und auch die Entwicklung verfolgen, die dazu geführt hat. Der Geburtenrückgang setzt in Frankreich um 1800 sicher zu Recht ein, weil es sich dabei um die fortgeschrittenste Nation ihrer Zeit gehandelt hat (vgl. S. 31 f.): Wenn wir den Begriff ‚modern' oder ‚Modernisierung' unter berechtigten Umständen auch historisch definieren, dann ist selbst der ‚Sonderfall Frankreich' der Übergangstheorie konform: Das modernste Staatswesen Europas, lange Tradition der Geburtenkontrolle in Paris, aber auch in den Landregionen aufgrund von Erbteilungsgesetzen, – dies alles macht das frühe Zurückgehen der Geburten weniger rätselhaft.

Man könnte grundsätzlich in Abrede stellen, daß eine historisch-soziologische Konzeption jede gelegentliche Trendumkehr rechtfertigen müsse. Dennoch muß sie sich offensichtlichen Widersprüchen zuwenden; sie erweisen sich jedoch nicht so dramatisch, daß die Grundlagen der Konzeption angezweifelt werden müßten.

So war schließlich auch der Baby-Boom nach dem Zweiten Weltkrieg ein Wiederanknüpfen an das generative Verhalten der Vorkriegszeit und eine Nachholphase für Heiraten und Geburten für die Zeit von 1939 bis 1950 und weniger ein echter Geburtenanstieg, der allen Vorhersagen des Übergangsmodells widerspräche.

Nach Prüfung der kritischen Literatur zum demographischen Übergang läßt sich getrost feststellen:

(1) Es gibt kein Land, dessen Entwicklung eine Verwerfung der Konzeption eindeutig rechtfertigen könnte.

(2) Im Zeitablauf ist stets eine enge Verbindung zwischen Fruchtbarkeit auf der einen und Entwicklung und Sterblichkeit auf der anderen Seite zu erkennen, sowohl im Längs- wie im Querschnitt.

(3) Sterblichkeitsrückgang und Absinken der Fruchtbarkeit stehen in einem zeitlichen Abstimmungsverhältnis mit sozialer Entwicklung.

In jedem Fall haben sich europäische Bevölkerungen modernisiert: sie haben die Sterblichkeit gesenkt und bald darauf einen Geburtenrückgang vollzogen. Im großen und ganzen konnte das Übergangsmodell – ursprünglich eine Ex-post-facto-Analyse europäischer Bevölkerungen – auch seine Vorhersagen bestätigt finden:

Der Geburtenrückgang selbst folgt einem differentiellen Muster, das die ganze Gesellschaft im Laufe eines Diffusionsprozesses ergreift[101]. Dennoch folgt dieses Muster dem Trend allgemeiner Entwicklung und der mit ihr verbundenen Sterblichkeitssenkung.

Der soziale und demographische Wandel durchzog ganz Europa. Je später er einsetzte, um so rascher ging er vor sich: in Mitteleuropa rascher als in Nordwesteuropa und in Rußland und Osteuropa war die Beschleunigung noch deutlicher. In allen Fällen war die Verbindung zwischen den Raten der sozialen Entwicklung und denen der Sterblichkeits- und Fruchtbarkeitssenkung dem Übergangsmodell konform[102].

Die europäische Regionalgeschichte birgt für die Übergangstheorie zweifellos Schwierigkeiten, bestätigt jedoch ihre generellen Aussagen. Die Schwierigkeiten können theoretischer, methodischer und empirischer Art sein. Wenn genug Angaben darüber vorliegen, woran „Entwicklung" gemessen werden soll, und wie lange eine solche in Anspruch nehmen könnte, kann sie als sinnvolle – wenn nicht gar einzige – Forschungsanleitung für den Zusammenhang von Bevölkerung und Gesellschaft dienen.

Daniel Bogue findet folgende Bestätigungsformel:

„It is this uniformity that makes it seem highly plausible that the hypothesis of the demographic transition is valid[103]."

Zu ‚Bevölkerungspolitik' steht der demographische Übergang in einem besonderen Verhältnis. Unter dem Aspekt bevölkerungspolitischer Maßnahmen in Entwicklungsländern scheint es auch aus Gründen praktischer Entwicklungspolitik dringlich, das beschreibend und deterministisch anmutende Modell des demographischen Übergangs in ein flexibles und explanatorisches umzuarbeiten. Dieses Vorhaben dürfte nie endgültig zu lösen sein – ja eine geschlossene und hermetische Konzeption würde der Wirklichkeit, auf die sie angewendet werden soll, nicht entsprechen und instrumentell versagen.

Das Ziel ist also, die Erklärungskapazität des demographischen Übergangs zu erhöhen; dazu wird folgende Vorgehensweise gewählt: Aus der Bevölkerungsgeschichte im allgemeinen und der europäischen im besonderen wird der Entdeckungszusammenhang dargestellt. Dieser leitet über zu den ersten Begründungen des demographischen Übergangs, die den alten Malthusianismus, der noch für die Idee des linear-exponentiellen Bevölkerungswachstums stand, erfolgreich als Paradigma abgelöst hatten.

Besonderes Augenmerk verdient der Übergangsprozeß selbst, der allgemein noch als ‚black box' gilt und daher systematisch und faktoriell erhellt werden soll. Erst dann können die Fragen der Anwendung des demographischen Übergangs auf jene Bevölkerungen, die den Entwicklungsweg noch vor sich haben, angeschnitten werden.

II. Der demographische Übergang als neues Erklärungsmodell (Paradigma) der Bevölkerungssoziologie

1. Ende des Malthusianismus als herrschende Lehre

Mit Entdeckung und Formulierung des demographischen Übergangs wurde das Bevölkerungsdenken auf eine neue Basis gestellt. So sehr Kritik und Einwände vorgebracht wurden, die Grundannahme war zu evident: Mit der sozioökonomischen Entwicklung sinkt die Sterblichkeit einer Bevölkerung; dieses Absinken führt zu einem Wachstum des Bevölkerungsstandes, der damit Gesellschaft und Familien unter Anpassungsdruck setzt. Sie lösen diesen Anpassungsdruck durch bewußte Geburtenbeschränkung, so daß einem erhöhten industriellen Lebensniveau ein niedriges, stationäres Wachstumsniveau der Bevölkerung entspricht.

Der ‚demographische Übergang' hat damit frühere Formen des Bevölkerungsdenkens abgelöst, nach dem Bevölkerung als einheitliche Größe galt, deren Wachsen und Schrumpfen sich aus Naturgesetzen erklärt.

Das typische Erklärungsschema dieser Art war der *Malthusianismus.* Um genauer zu sein, war es eine verkürzte Interpretation früher Gedanken von *Malthus,* die er im Laufe seines arbeitsreichen Lebens revidierte. Wegen ihrer Bündigkeit waren seine ersten, 1798 niedergelegten Gedanken so erfolgreich, daß sie in Wissenschaft und Politik des 19. Jahrhunderts und darüber hinaus sich durchsetzen konnten[104]):

„Meiner Ansicht nach kann ich mit Recht zwei Postulate aufstellen. Erstens: Die Nahrung ist für die Existenz des Menschen notwendig.

Zweitens: Die Leidenschaft zwischen den Geschlechtern ist notwendig und wird in ihrem gegenwärtigen Zustand bleiben.

Diese beiden Gesetze scheinen, seit wir überhaupt etwas über die Menschheit wissen, festgefügte Bestandteile unserer Natur zu sein. Da wir bisher keinerlei Veränderungen an ihnen wahrnehmen konnten, haben wir keinen Anlaß zu der Folgerung, daß sie jemals aufhören, das zu sein, was sie jetzt sind. . . .

Indem ich meine Postulate als gesichert voraussetze, behaupte ich, daß die Vermehrungskraft der Bevölkerung unbegrenzt größer ist als die Kraft der Erde, Unterhaltsmittel für den Menschen hervorzubringen . . .

Muß demnach von einem aufmerksamen Beobachter der Menschheitsgeschichte nicht anerkannt werden, daß in jedem Zeitalter und in jedem Zustand, in dem sich der Mensch befunden hat oder heute befindet,
– die Zunahme der Bevölkerung zwangsläufig durch die Unterhaltsmittel begrenzt wird,
– die Bevölkerung unabänderlich zunimmt, sobald die Unterhaltsmittel zunehmen,
– durch Elend und Laster die überlegene Kraft der Bevölkerungsvermehrung unterdrückt sowie die vorhandene Bevölkerungszahl der Nahrungsmenge angepaßt wird[105])?"

Malthus sagt im Grunde, daß Bevölkerung eine elastische Größe ist, die sich nach dem Nahrungsspielraum richtet. Kann dieser ausgedehnt werden, so wird eine Bevölkerung wachsen, verengt sich dieser, so tun Hungersnöte, Kriege und Seuchen ihr todbringendes Werk. Diese einsetzenden Kontrollen – von *Malthus* positive Checks genannt – bringen Bevölkerung und Unterhaltsmittel wieder in eine Art Gleichgewicht.

Abb. 19: Bevölkerungswachstum und Tragfähigkeitsgrenze

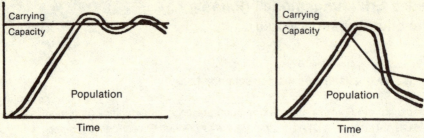

Quelle: *D. F. Owen,* What is Ecology? London – Oxford – New York 1974, S. 45

Dieses ‚Gleichgewicht' von Nahrungsspielraum oder Subsistenz- bzw. Ernährungsbasis und Bevölkerungswachstum läßt nach dem Malthus'schen Schema nur zwei Formen der Stabilisierung zu, wobei die Sterblichkeit zum Kontrollfaktor wird.
Exponentielles Bevölkerungswachstum muß bald an den Nahrungsspielraum stoßen und innerhalb dieser Grenze gehalten werden.
Katastrophen und Klimaverschlechterung können den Nahrungsspielraum bzw. die Ressourcenlage drastisch verringern und den Bevölkerungsstand entsprechend herabdrücken. Die historische Demographie fand zahlreiche solcher „Subsistenzkrisen"[106].
Außerdem kann der Bevölkerungsdruck gegen die Ressourcenlage in einem Maße zunehmen, daß diese zusammenbricht. Ähnliche Versionen wurden erst in der Gegenwart erneut aufgegriffen[107].
Es war schon immer schwierig, Nahrungsspielraum bzw. Ressourcenlage eindeutig zu bestimmen. Man behilft sich daher mit einer fiktiven Größe, die die ‚Fähigkeit' einer Umwelt, eine bestimmte Menschenzahl zu ernähren, ausdrückt. *Malthus* selbst hatte bekanntlich Probleme, sein Gedankengebäude in der Wirklichkeit vorzufinden. Es tut aber seine Dienste als historisch-typologisches Modell.
Diese ‚Malthusianische Vision', wie wir sie genannt haben, begegnete uns schon als jenes Stadium, von dem der demographische Übergang seinen Ausgang nimmt. Das ‚primitive Regime' bei *A. Landry,* die Ländergruppe A bei *Thompson* und *F. W. Notesteins* Stadium des ‚hohen Wachstumspotentials' entsprechen dem von *Malthus* vorgestellten Zustand.
Warum mit *Malthus'* Erstlingswerk von 1798 ein ziemlich dauerhaftes Paradigma entstand, ist an mehreren Punkten verständlich. Das um 1800 in Europa nachweisliche Bevölkerungswachstum erforderte eine Erklärung und die frühen Wirtschaftslehren (‚Ertragsgesetz') konnten sie liefern: Mehr Hände bedeuten auf einer begrenzten bebaubaren Bodenfläche nur bis zu einem optimalen Punkt einen entsprechend höheren Ertrag; ab dann müssen sich diesen immer mehr Menschen bis zur Erschöpfung der Unterhaltsmittel teilen. Die Idee, daß es ‚zu viele' Menschen geben könne und daß die Natur – wenn auch mit grausamen Mitteln – das Verhältnis von Menschen zu Nahrung wieder ins Lot brächte, war von durchschlagender Wirkung.
Eine wissenschaftliche Produktion setzte in diesem Sinne ein, die Parlamente diskutierten auf dieser Grundlage und die ‚Gemeinde' der Malthusianer oder ‚Pessimisten', wie sie in der Geschichte der Nationalökonomie bezeichnet wurden, war geboren[108]. Zu ihnen zählten alle namhaften Wirtschaftswissenschaftler und Sozialpolitiker[109]:
„Lange Phasen eines Bevölkerungsgleichgewichtes können mit Hilfe der malthusianischen Hypothese am eindrucksvollsten erklärt werden; die verhältnismäßig kurzen Perioden

starken Bevölkerungswachstums lassen sich besser mit den bedeutenden technologischen oder umweltbedingten Veränderungen erklären[110].“

In diesem rohen Malthusianismus wurden folgende Tatsachen nicht gesehen:

– daß Bevölkerungswachstum kein einheitlich monokausaler Vorgang ist, sondern aus dem Zusammenspiel von Sterbefällen und Geburten hervorgeht;

– daß der Mensch die Fähigkeit besaß, den Nahrungsmittelspielraum mit Hilfe neuer Produktivkräfte ungeahnt auszudehnen;

– daß mit Steigerung der Einkommen eine zu große Familie eine erfahrbare Beeinträchtigung der Lebenschancen bedeutet, der die Menschen eher durch Beschränkung der Kinderzahl auszuweichen trachten.

Man muß betonen, daß *Malthus* keinesfalls der engstirnige Konzeptor war, als der er seit Generationen erscheint[111].

Die späten umfangreichen Ausgaben seines Werks enthalten Erkenntnisse, die über die Streitschrift von 1798 hinausweisen und die sich erst in der Übergangstheorie konsequent formuliert finden: z. B. die Tatsache der Geburtenkontrolle, die den Menschen erlaubt, durch Verzicht auf Heirat oder innereheliche Askese innerhalb des Nahrungsspielraums zu bleiben; er nennt sie die ‚präventiven Checks'.

Malthus entdeckte ebenfalls differentielles Fortpflanzungsverhalten am Beispiel geringerer Kinderzahlen der englischen Aristokratie und hatte irgendwie das Muster europäischer Heiratsverhältnisse, das erst später im ganzen Umfang klar wurde, vorausgeahnt: hohes Heiratsalter und bedeutender Anteil Unverheirateter an der Bevölkerung:

„Mit ziemlicher Sicherheit kann gesagt werden, daß in nahezu allen weiterentwickelten Ländern des modernen Europa das hauptsächlichste Hemmnis, das gegenwärtig die Bevölkerung unter dem Nahrungsspielraum hält, die vorausschauende Beschränkung der Heiraten ist[112].“

Die Revision, die *Malthus* an seinem Frühwerk noch angebracht hatte und die ihm den Ruf eines Begründers des modernen Bevölkerungsdenkens hätten eintragen können, wurden kaum zur Kenntnis genommen. Es bleibt sicher eine wissenschaftssoziologische Frage, warum das so gekommen ist. Vermutungen gehen in folgende Richtung:

Malthus hielt die Beschwörung von Naturgesetzen für die geeignete Waffe, um gegen ‚Träume' von der Vervollkommnung des Menschen und der Gesellschaft, die sich in den Werken französischer Revolutionsphilosophen finden, anzugehen. Er fand dabei die platte und wirksame Formel von der unheilbringenden, unterschiedlichen Vermehrungskraft von Menschen auf der einen Seite und von Naturprodukten auf der anderen.

Im politischen Bereich wurde die Malthus'sche Formel vom ‚sozialkonservativen Liberalismus' – so *Mackenroth* – aufgegriffen, um Armensteuern abzuschaffen und die Unerläßlichkeit individueller Eigenleistungen zu propagieren. Diese landläufige und verkürzte Verwendung erlaubt es, von einem ‚Vulgär-Malthusianismus' zu sprechen.

Für die Darstellung des Auftauchens, der Geltung und des Abdankens von ‚Theorien' ist die wissenschaftssoziologische Konzeption des Themen- oder Paradigmenwandels hilfreich[113]. Wissenschaftliche Erklärungszusammenhänge („Covering thaught models") erleben nach einer Phase der Konstitution einen Aufschwung. Durch steigende Publikationen und Anwendungen sichern sie sich den Rang einer ‚herrschenden Lehre'. Konkurrierende Denkmodelle treten in den Hintergrund. Nach einer gewissen Problemlösungsphase tauchen im Zuge der sozialen Entwicklung Ereignisse und Probleme auf, die das noch herrschende Paradigma nicht mehr bewältigen kann und ihm als periphere ‚Anomalien' erscheinen. Daraufhin tauchen neue Erklärungsmuster auf, die die neuen Erscheinungen als zentrale Zeitströmung behandeln und die damit verbundenen Probleme zu lösen versprechen.

Der Paradigmenwechsel vom Malthusianismus zum demographischen Übergang scheint sich exemplarisch nach diesem Muster vollzogen zu haben:

Die Stellung des Malthusianismus war während des ganzen 19. Jahrhunderts in den deutschen Ländern unangefochten. In der Frühphase der Industrialisierung und nach der Reichsgründung kann man sogar von Kampagnen der Malthusianer sprechen, um Behörden und Staat hinsichtlich des zu erwartenden Bevölkerungswachstums wachzurütteln[114]. Die wichtigsten Funktionen des Malthusianismus bestanden darin, den grundsätzlichen Zusammenhang von Bevölkerung und Subsistenz herausgestellt und den Gedanken der Geburtenkontrolle verbreitet zu haben. Wenn dies auch nicht immer in der geeigneten Form geschah, so sind die ‚Malthusian League' und ähnliche Organisationen als die Pioniere der Familienplanung und bewußten Elternschaft anzusehen.

Die ersten Berichte über sinkende Geburtenzahlen, die als neuer zentraler gesellschaftlicher Trend interpretiert werden mußten, führten zu massiven Angriffen gegen die vulgär-malthusianische ‚Naturlehre' der Bevölkerungsentwicklung, u. a. von *Werner Sombart*:

„Was *Malthus* schuf, war die erste ausgebaute allgemeine Bevölkerungstheorie, oder besser: Überbevölkerungstheorie auf naturalistischer Grundlage ...

Die plumpe These, daß überall dieselbe ‚Tendenz' zur Bevölkerungsvermehrung herrsche, mußte aber auch alle die Ansätze zu einer ursächlichen Erklärung der Bevölkerungsbewegung ... im Keime ersticken. Ein Jahrhundert lang hat die Malthus'sche ‚Theorie' ... (das) Gedankengewirre dieses Erzkonfusionarius ... jede sinnvolle Erklärung des Bevölkerungsproblems hintangehalten[115]."

Zur gleichen Zeit äußert sich der Wirtschaftswissenschaftler *C. Clark*:

„Vielen Malthusianern fehlt es an den simpelsten Vorstellungen über die Bevölkerungsbewegung. Ihr Standpunkt, so sagen sie, sei rein wissenschaftlich. Wenn dem so ist, dann gibt es keine einzige Gruppe von Wissenschaftlern, die so schlecht über die Tatsachen Bescheid weiß, mit denen sie sich, wie man annehmen sollte, nun einmal beschäftigt[116]."

Diese Zitate sollen eine klassische Paradigma-Vernichtung illustrieren: Mit der Entdeckung und Erforschung der sozialen Ursachen der Bevölkerungsvorgänge, vor allem der Fruchtbarkeit, setzte eine Umstellung der Bevölkerungswissenschaft ein, die den alten Malthusianismus beseitigte. Das alte Bevölkerungsparadigma war noch weitgehend vom Faktor Sterblichkeit geprägt, das Gestalt gewinnende neue dagegen trägt einer geschichtlichen und gesellschaftlichen Entwicklung Rechnung, in deren Verlauf nicht mehr die Sterblichkeit, sondern die Fruchtbarkeit und ihre Kontrolle zum Problem von Gesellschaft und Wissenschaft werden.

2. Genese der Theorie des Geburtenrückgangs

a) Die ‚Wohlstandstheorie'

Der Prozeß der Neuformulierung des Bevölkerungsproblems bzw. der Bevölkerungswissenschaft läuft in der deutschen Soziologie und ‚Sozialökonomik' exemplarisch ab. Die dogmatische Geschlechtstriebtheorie konstanter Bevölkerungsvermehrung, wie sie *Malthus* letztlich zugeschrieben wurde, konnte jene Bevölkerungsbewegung nicht mehr erklären, die gegen Ende des 19. Jahrhunderts einsetzte. Diese Bewegung mußte auf den fundamentalen

Eingriff des Industriekapitalismus und des sozialen Fortschritts zurückgeführt werden. Die Pionierarbeit auf diesem Gebiet leisteten die damals aktuellen Richtungen der Nationalökonomie wie (a) der ökonomische Subjektivismus oder die ‚Grenznutzenschule' und die (b) ‚Jüngere historische Schule'.

Man könnte alle diese Richtungen unter den Begriff der ‚Wohlstandstheorie' fassen, weil sie alle auf einem zentralen Gedanken basieren: Steigende ‚Wohlhabenheit' in allen Bereichen der Gesellschaft sei die Ursache des Geburtenrückgangs.

Man kann – um den verschiedenen Akzenten Rechnung zu tragen – auch von ‚Lebensstandardtheorien' sprechen.

(a) Die ‚Grenznutzenschule', vertreten durch *Lujo Brentano,* beruht auf individuellen Verhaltensgesetzen des *H. H. Gossen* (1810–1858), die besagen, daß die fortgesetzte Befriedigung eines Bedürfnisses an einem bestimmten Punkt zur Sättigung führt und einem Konkurrenzbedürfnis Platz macht. *L. Brentano* sieht nun die Kinderzeugung im Rahmen der ‚Konkurrenz der Genüsse' und nicht mehr als biologisches Triebschicksal des Menschen:

„Was mit zunehmendem Wohlstand abgenommen hat ist vielmehr der Zeugungswille. Das, was die Abnahme des Zeugungswillens hervorgerufen hat, sind die Zunahme der Konkurrenz der Genüsse und eine Verfeinerung im Gefühl der Kinderliebe[117]."

Bei steigender Anzahl von Genüssen, wie sie die industrielle Produktionsweise bietet, wird das Bedürfnis nach einem oder einem weiteren Kind immer früher abgebrochen.

So sehr die ‚subjektivistische Ökonomik' der Grenznutzentheoretiker wegen ihrer unhistorischen Denkweise kritisiert wurde, so drückt sie doch die neue Geisteshaltung aus, wonach die spürbar steigenden Lohneinkommen zur genaueren Kalkulation und Planung nötig werden, um den sozialen Aufstieg mitmachen zu können. Das führt zu einem Bewußtsein der Verantwortung dafür, ob und wie viele Kinder in die Welt gesetzt werden.

(b) Die ‚Jüngere historische Nationalökonomie', die mit den meisten ihrer Vertreter wie *Max Weber, W. Sombart, P. Mombert, F. Tönnies* mit der klassischen deutschen Soziologie identisch ist, setzt umfassender an: Gesellschaftliche Zustände sind historisch gewordene Konstellationen. In diesem historischen Prozeß kristallisieren sich Strukturen oder Typen, in denen sich gestaltende Prinzipien in bestimmter, unverwechselbarer Weise kombinieren: Weisen des Wirtschaftens, des Regierens, Verwaltens und auch des Denkens formen sich zu einer ‚Gesinnung', die die Gesellschaftsmitglieder in ihren Handlungen und Erwartungen steuert.

Mit ‚Rationalisierung' und ‚Bürokratisierung' *(Max Weber)* wurden die neuen Tendenzen, die dem kapitalistischen Geiste entspringen, bezeichnet. Überschaubare ‚Gemeinschaften' verwandeln sich in funktionale Beziehungen in einer zu Massenproduktion und Massenkommunikation übergegangenen ‚Gesellschaft' *(F. Tönnies).* Diese historischen Tendenzen beruhen auf einer kalkulatorischen, ‚rechenhaften Gesinnung', die das soziale Handeln und den Lebensstil der Einzelmenschen prägt.

Im Zusammenwirken von steigendem Wohlstand und vermehrter Bildung entsteht eine ökonomisch-rationale Denkweise ‚als Massenerscheinung'.

Dazu *Paul Mombert:*

„Indem der Mensch wirtschaftlich und sozial in die Höhe kommt, wachsen Besonnenheit und Selbstbeherrschung, die Sorge für die eigene Bequemlichkeit und die Zukunft der Kinder[118]."

Wenn diese Denkweise in einer Gesellschaft einmal Platz gegriffen hat, zeigt sie sich irreversibel: Eine Erschwerung der Lebensumstände würde nicht wieder zu einem

Zeugungsfatalismus der bäuerlichen, vorindustriellen Kulturstufe zurückführen, sondern – im Gegenteil – die Idee der Planung und der Familienbeschränkung noch verstärken[119].

Für die gesamte Sozialwissenschaft und auch Sozialphilosophie stand fest, daß der ‚kapitalistische Geist' diese Revolution der Bevölkerungsbewegung verursacht haben muß. Einige markante Äußerungen seitens der Philosophie *(Max Scheler)*, der Theorie des Wertwandels in der Sexualität *(Julius Wolf)* und der historischen Soziologie und Sozialökonomik *(R. von Ungern-Sternberg)* sollen diese Denkweise erläutern:

„Die Menschen werden im kapitalistischen Wirtschaftssystem durch dieselbe psychologische Triebfeder wohlhabend, durch die sie auch ihre Kinderzahl beschränken[120]."

Anstelle des reflexionslosen Zeugungsaktes tritt der verantwortungsbewußte Zeugungswille, die ‚rationalisierte Geschlechtsliebe':

„Die Rationalisierung der Zeugung ist aber conditio sine qua non für die Emanzipation der Geschlechtsliebe ...

In der Rationalisierung manifestiert sich die neue Sexualmoral. Es gibt nichts Bedeutsameres für die Geburtlichkeit als die neue Sexualmoral. Von ihr hängt auch ab, wie die meisten übrigen auf die Natalität einwirkenden Faktoren (mit Einschluß des Fortschritts der Präventivtechnik) sich jeweils ändern[121]."

Die ‚einseitig voluntaristisch-intellektualistisch ausgebildeten Menschen' setzten statt unbefragter religiöser und seelischer Werte die Verstandestätigkeit und ‚streberische Gesinnung', nach der auch die Kinderzahl festgelegt wird:

„Mithin ist die causa causans des Geburtenrückgangs im westeuropäischen Kulturkreis die streberische Gesinnung, ein Derivat des kapitalistischen Geistes[122])."

So zuletzt *v. Ungern-Sternberg,* der alle anderen Begleitumstände der neuen Bevölkerungsbewegung dieser ‚Ursache' unterordnet, wie Urbanisierung, Wohlstand, Geburtenkontrolle, Entkirchlichung, Konkurrenz der Genüsse, Wohnungsnot und wirtschaftliche Notlagen.

Auch wenn uns die Sprache der Sozialwissenschaft zur Jahrhundertwende in ihrer psychologisierenden und historisierenden Ausdrucksform etwas fremd geworden sein mag, und wenn es aufgegeben wurde, in den Sozialwissenschaften nach ‚letzten Ursachen' bestimmter Erscheinungen zu suchen, so sind diese Gedanken doch richtunggebend für die ganze Disziplin geworden.

Wenn sich ein neues Paradigma durchzusetzen beginnt, werden auch Traditionen neu belebt, die während der Herrschaft des alten Paradigmas in den Hintergrund gedrängt waren[123].

W. Sombart hatte schon dem Malthusianismus gegenüber eingewandt, daß durch ihn verdunkelt wurde, was schon zu seiner Zeit allgemeines Wissensgut hätte werden können. So wären die Thesen der französischen Staatslehrer des 18. Jahrhunderts zur Bevölkerungsbewegung differenzierter und realistischer gewesen. *Montesquieu* schreibt z. B. schon im Jahre 1748:

„Die Weibchen der Tiere sind von nahezu konstanter Fruchtbarkeit; beim Menschengeschlecht aber wird die Fortpflanzung auf tausenderlei Weise gestört, durch die Denkungsart, den Charakter, die Leidenschaften, die Stimmung, die Launen, durch den Wunsch, die eigene Schönheit zu bewahren, durch die Unbequemlichkeit der Schwangerschaft und die Last seiner zu zahlreichen Familie[124])."

Es existierte also eine Denktradition, an die angeknüpft werden konnte und die als Vorläufer des neuen Paradigmas angesehen werden konnte.

b) Theorie des ‚logistischen' Bevölkerungswachstums

Zu den bedeutendsten Wiederentdeckungen zählte das sogenannte logistische Bevölkerungswachstum. Es weicht vom ‚exponentiellen' Wachstumsverlauf, den *Malthus* noch angenommen hatte, ab. Für *Malthus* schreitet das Bevölkerungswachstum in geometrischer, ‚exponentieller' Progression voran, d. h. entlang einer Verlaufskurve, die anfangs leicht und dann immer steiler ansteigt. Nach der logistischen Kurve tritt nach einer leichten Anstiegsphase ein starkes Wachstum ein, das sich jedoch anschließend abschwächt und der Wachstumskurve die charakteristische S-Form verleiht.

Diese S-Kurve des Bevölkerungswachstums soll für alle Lebewesen gelten, da bei allen eine bestimmte Wachstumsintensität zu territorialer Enge, Nahrungsmittelknappheit, Umweltwiderstand usw. führt, die ein ungehemmtes (exponentielles) Wachstum in seine Schranken weisen. Das Bevölkerungswachstum wird so in eine logistische Abschwächung überführt.

In diesem Zusammenhang tauchen neue antimalthusianische Prämissen auf:

(1) Alle ‚Bevölkerungsexplosionen' enden in einer S-Kurve und werden automatisch stationär.

(2) Für Bevölkerungen, die ihr Wachstum automatisch kontrollieren, existieren keine besonderen Bevölkerungsprobleme.

(3) Auch die menschliche Bevölkerung reguliere sich automatisch, es besteht kein Anlaß zu irgendwelcher Besorgnis.

Offenbar wurde hier nur ein Naturalismus durch einen anderen ersetzt – vor allem die These der ‚automatischen' Bevölkerungsregulierung dürfte bald neue Kontroversen ausgelöst haben. Dennoch hat dieser neu präsentierte Kurvenverlauf der neuen demographischen Realität entsprochen.

Die erste Version der logistischen Kurve der Bevölkerungsentwicklung stammt von den belgischen Mathematikern und Statistikern *F. P. Verhulst* und *A. Quetelet* in der ersten Hälfte des vorigen Jahrhunderts[125]. Sie war während der Herrschaft des Malthusianismus und der Idee des exponentiellen Wachstums in Vergessenheit geraten. Hundert Jahre später formulierten die Biomathematiker *R. Pearl* und *R. Reed* die logistische Kurve neu und räumten ihr erst damit einen endgültigen Platz im Bevölkerungsdenken ein[126].

Der erste Soziologe von Rang, der darauf aufmerksam machte, war *P. Sorokin* im Jahre 1928. Er pries das ‚logistische Bevölkerungswachstum' als eine der größten Entdeckungen seit *Malthus*[127].

Von diesem korrigierten Wachstumstrend aus opponierten die sogenannten ‚Biologisten' gegen *Malthus*. Ihrer Erfahrung nach sind alle Lebensräume begrenzt und daher müsse auch das Populationswachstum aller Lebewesen an eine obere Grenze gelangen. Dieser oberen Grenze näherten sich die Arten in ihrem Wachstum jedoch nicht vehement, wie *Malthus* noch angenommen hatte, sondern in einer Abschwächungskurve, die sich zur Horizontale neigt.

Die Sozialwissenschaft hat die Argumentation der Biologisten widerstrebend zur Kenntnis genommen. Zum einen störten die merkwürdigen Analogieschlüsse vom Wachstum in Bakterienkulturen und Kleintiergehegen auf das Wachstum der menschlichen Bevölkerung. Es schien ein Verstoß gegen die inzwischen allgemein anerkannte Marx'sche Feststellung, daß es ein ‚abstraktes Populationsgesetz nur für Pflanze und Tier' geben könne.

Zum anderen schien das im biologisch-zoologischen Versuch mit Erfolg nachgewiesene Phänomen des Populationsrückgangs durch den Dichtestreß auf die menschliche Gesell-

Abb. 20: Logistisches und exponentielles Bevölkerungswachstum

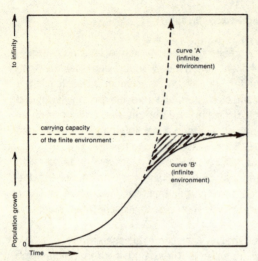

‚A' = Kurve des exponentiellen Wachstums
‚B' = Kurve des logistischen Wachstums
/// = Bereich der Umweltresistenz, der Produktions- und Reproduktionswiderstände

Quelle: *J. Parsons,* Population Fallacies, London 1977 (vom Verf. bearbeitet); Reprinted by Permission of the Rationalist Press Association Ltd., London N1 8EW

Abb. 21: Die logistische Kurve des Bevölkerungswachstums nach *PEARL* und ihre empirische Realität im demographischen Übergang

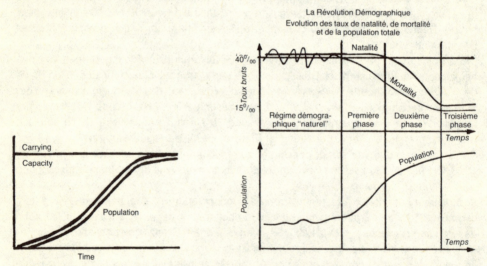

Quellen: *D. F. Owen,* a.a.O., S. 45; *J.-M. Poursin,* La Population Mondiale, Paris 1976, S. 86

schaft kaum anwendbar, denn eine Extremsituation wie in überfüllten Rattenkäfigen war gerade dort nie zu finden, wo sich der Geburtenrückgang eingestellt hatte. Daraus eine Analogie zur Verstädterung zu konstruieren, galt den Soziologen immer als abenteuerlich[128]).

Dennoch war nicht zu leugnen, daß die logistische Kurve eine verblüffende Ähnlichkeit mit der europäischen Entwicklung aufweist und besonders mit dem Wachstumstrend, wie er im Modell des demographischen Übergangs zum Ausdruck kommt (vgl. Abb. 21).

Nach sozialwissenschaftlicher Erkenntnis geht der Druck auf die Prokreation (Nachwuchserzeugung) nicht von natürlichen Umweltbedingungen aus, sondern von der sozioökonomischen Entwicklung, die die familialen Ressourcen als beschränkt erfahrbar macht, sobald die Menschen andere als der Fortpflanzung dienende Lebensziele und Optionen wahrnehmen wollen. Trotzdem hat die Entdeckung der logistischen Kurve durch die Bevölkerungsmathematik den demographischen Übergang in seiner Verlaufsform auch von anderer Seite bestätigt und ihn für Nebendisziplinen wie der Biomathematik und formalen Demographie akzeptabel und bekannt gemacht.

In der Wachstumsphase, die sich im Steilstück der Kurve abbildet, erlebt der Malthusianismus regelmäßig eine – sicher verständliche – Scheinblüte; er kann sich aber gegenüber den stärkeren Konzepten des demographischen Übergangs nicht dauerhaft behaupten.

c) Die Theorie der generativen Struktur

Mit der ‚Theorie der generativen Struktur' konnte die soziale Erklärung der Bevölkerungsvorgänge eine disziplinierte Form finden. Die Leistungen der Wohlstandstheoretiker stellen sich als bedeutende Einzelbeiträge dar, die ihren Rahmen aber noch nicht gefunden haben. Die biologisch gerichtete Theorie des ‚logistischen Bevölkerungswachstums' war auch mit ihren Erklärungsmöglichkeiten an eine Grenze gestoßen, ab der sie das Feld den Sozialwissenschaften überließ.

So hatte *R. Pearl* schon 1936 festgestellt, daß die Fruchtbarkeitsdifferenzen zwischen den Gruppen und sozialen Schichten in Europa auf kumulative zivilisatorische Prozesse zurückzuführen wären; biologisch-genetische Faktoren spielen – „wenn überhaupt in diesen Bevölkerungen" – nur eine geringe Rolle[129]).

A. M. Carr-Saunders konnte den Schluß ziehen, daß das Umsichgreifen der Geburtenkontrolle mit der Entwicklung der Zivilisation zu tun haben müsse, wie sie sich in Europa augenfällig vollzogen habe[130]), so daß – um mit *W. C. Robinson* zu sprechen –

„... eine ‚sozialwissenschaftliche' Theorie eher angebracht schien als eine ‚naturwissenschaftliche' ... Der letzte Schritt hin zur rein sozialwissenschaftlich orientierten Theorie wurde mit der Entwicklung dessen, was allgemein als Theorie des demographischen Überganges bezeichnet wird, vollzogen[131])."

A. J. Coale und *E. M. Hoover* betonen in ihrem Standardwerk, das übrigens nahezu zwei Jahrzehnte die Diskussion beherrschte, daß der Bevölkerungsübergang auf wirtschaftliche Entwicklung (economic development) zurückzuführen sei[132]).

Mit dieser Äußerung ist nicht notwendigerweise eine Einschränkung der Ursachen verbunden, die schon in der ‚klassischen Formel' nach *Blacker, Thompson* und *Notestein* gefaßt worden waren. Entscheidend ist, daß die Präponderanz der Wirtschaftsentwicklung herausgestellt und dadurch die Möglichkeit gegeben war, die vereinzelten Trendaussagen unter einem strengeren sozioökonomischen Prinzip zu ordnen.

Wie bereits dargelegt, konnte das neue bevölkerungssoziologische Paradigma den für ‚naturalistisch' gehaltenen Malthusianismus und dadurch die Anerkennung von Trends, die sich nur aus gesellschaftlichen Makroprozessen herleiten lassen, ablösen. Der Schritt vom Naturalismus zur sozialen Theorie der Bevölkerung konnte vollzogen werden, als die Durchbrechung des Malthus'schen Armutszirkels durch gesellschaftliche Entwicklung offenkundig geworden war und die ersten Erklärungsansätze zum Rückgang der Fruchtbarkeit aus Wohlstandsdenken, kapitalistisch-streberischer Gesinnung usw. vorlagen.

Die sozioökonomische Entwicklung mit ihren spezifischen Ausprägungen in Produktion, Verstädterung, Arbeitsform, Bildung und Einkommen rückt in den Mittelpunkt der Analyse von Fruchtbarkeits- und Sterblichkeitsniveaus. Bevölkerung ist nicht länger ein Monolith, der über äußere Naturereignisse seinen Bestand reguliert, sondern das Ergebnis eines Zusammenspiels elementarer Bevölkerungsvorgänge.

Auf der Suche nach einem Gerüst, in dem diese Prozesse lokalisiert werden können, gibt es nicht viel Auswahl. Der demographische Übergang setzt einen soziologischen und demographischen Strukturbegriff voraus, wenn nicht gar die Integration beider.

In solchen Strukturen müssen die Verhältnisse von Gesellschaft und Bevölkerung so abgebildet sein, wie sie sich epochal ausformen. Eine solche Konzeption, die diesem Erfordernis Rechnung trägt, liegt in der historisch-soziologischen Bevölkerungstheorie nach *Gerhard Mackenroth* vor, nach der Bevölkerung jeweils ‚Bevölkerungsweisen' sind, die in der Sozialstruktur der Epoche wurzeln. Bevölkerung ist als historisch-soziologische ‚Bevölkerungsweise', oder treffender: ‚generative Struktur' zu erfassen[133]).

In einem klassischen Werk der historischen und entwicklungsorientierten Sozialwissenschaft legt *Gerhard Mackenroth* dar, wie der Gang der Gesellschaftsgeschichte durch menschliche Produktion und die daraus resultierende Praxis zwischenmenschlicher Verhältnisse an zwei Dimensionen zu verstehen ist:

a) der Dimension der Entfaltung der Bevölkerungsentwicklung und
b) derjenigen der Wirtschaftsentwicklung.

Was die Menschen produzieren und welche Bewußtseinsschritte sie dabei machen, geht nicht nur als vermehrter Reichtum in die Gesellschaftsgeschichte ein, sondern auch in den Reproduktionsbereich der Bevölkerung. Beide Bereiche geben in der jeweiligen Ausprägung einen Begriff davon inwieweit sie sich von einer naturabhängigen Produktion und der unkontrollierten menschlichen Reproduktion entfernt haben. Beide Bereiche greifen als epochenbestimmende Bevölkerungsweise und Wirtschaftsweise eigentümlich ineinander. Dieses ‚eigentümliche Ineinandergreifen' will *Mackenroth* nicht kausal-analytisch auflösen:

„Der Bevölkerungsvorgang verläuft in historisch-soziologischen Bevölkerungsweisen, das sind soziologische Strukturen des generativen Verhaltens, die mit dem Insgesamt des Sozialprozesses abgestimmt sind . . .

. . . Zwischen Bevölkerungsweise und Wirtschaftsweise besteht grundsätzlich kein Ursache-Folge-Verhältnis, sondern eine Ausdrucksanalogie . . . (Beide) wachsen aus dem Sozialstil der Zeit heraus und sind auch untereinander strukturanalog[134])."

Jede Veränderung in einer Bevölkerung muß aber auf Handeln oder Verhalten der Individuen beruhen. Die Gesamtheit des menschlichen prokreativen Verhaltens, die die Geburtenentwicklung einer Bevölkerung bestimmt und einer generativen Struktur ein spezielles Profil gibt, ist das generative Verhalten. Die Handlungsweisen, die Geburten fördern oder auch verhindern, können alle Bewußtseins- und Freiheitsgrade aufweisen. Die menschlichen Kulturen würden in ihrer Vielfalt das ganze Spektrum *Max Weber*'scher und *Parsons*'scher Handlungsalternativen der Fortpflanzung enthalten[135]).

Mackenroth läßt den Strom generativen Verhaltens drei Schleusen passieren:
(1) das biologische Können, (2) das psychologische Wollen und (3) das soziale Dürfen.
Es ist damit eingespannt in den gesamten biosozialen Zusammenhang und trägt auch alle Züge der *Max Weber*'schen Konzeption des sozialen Handelns, d. h. es ist sinnorientiert und

auf andere bezogen. Es besteht nicht aus Entscheidungen im sozialen Vakuum, sondern unterliegt gesellschaftlichen Veränderungen, indem sich die Handlungsmuster nach denselben ausrichten. So ist im Zuge fortschreitender Industrialisierung auch in den Handlungsmustern eine fortschreitende Rationalisierung und ein Planungsverhalten zu beobachten.

Die generativen Verhaltensweisen umfassen den Gesamtbereich der menschlichen Reproduktion: Das Heiratsverhalten (die Partnerwahl und das Einhalten gewisser sozialer und rechtlicher Normen), und das Verhältnis von Sexualität und Zeugungswillen. Der Begriff des generativen Verhaltens wird nicht eindeutig verwendet. Manche wollen darunter nur das ‚Ergebnis' von sexuellen Beziehungen, d. h. die Geburten gezählt wissen. Die Soziologie möchte diesen Komplex jedoch nicht in dieser Weise verkürzen.

Das Verhältnis von Zeugung und Kontrazeption ist ein Strukturmerkmal von Epochen; man kann behaupten, daß sich das Verhältnis im Laufe der Industrialisierung umgekehrt habe: Schwangerschaft und Geburt waren ein Normalfall des vorindustriellen Frauenlebens und weitgehend durch die biologisch-zyklisch bedingten Empfängnisbarrieren des weiblichen Organismus reguliert. Die industrielle niedrige Fruchtbarkeit bedeutet ein weitverbreitetes Kontrazeptionsverhalten in der Bevölkerung, wobei sich die Nachwuchszeugung als mehr oder minder kalkulierte Ausnahmehandlung darstellt. Generatives Verhalten umfaßt im soziologischen Sinne das gesamte Handlungs- und Einstellungsfeld im Umkreis der menschlichen Fruchtbarkeit.

Das kontrazeptive und abortive Verhalten scheint eine Epoche oder einen ‚Zeitgeist' besser zu charakterisieren als die Geburtenzahl. Denn dieses unterliegt ebenfalls der ‚sozialen Überformung', der ‚Ausrichtung' und ‚Abstimmung' mit einer historischen ‚Gestalt':

„Alle generativen Verhaltensweisen stehen untereinander mit dem Sozialsystem, in das sie eingebettet sind, in einer sinnvollen Beziehung, sie sind aufeinander abgestimmt ... (und) bilden ein in sich gefügtes Ganzes, haben eine Gestalt. Das ist es, was wir die Struktur der generativen Verhaltensweisen oder kurz die *generative Struktur* ... nennen[136])."

Mackenroth spricht sogar vom ‚Sinnzusammenhang', in dem die Elemente oder Variablen einer generativen Struktur stehen, denn:

„Nicht jede Heiratshäufigkeit kann mit jeder Fruchtbarkeit und Sterblichkeit einhergehen."

Die Elemente der generativen Struktur selbst teilt *Mackenroth* in drei Klassen:
(1) solche der Heiratsstruktur
(2) der Fruchtbarkeit und
(3) der Sterblichkeit[137]):

Jedes dieser Strukturelemente erhält im sinnhaften Bezug zu anderen einen Stellenwert innerhalb eines historisch-soziologischen Sinnzusammenhangs. Er läßt sich erschließen, wenn die Geschichtlichkeit und die Funktionalität dieser Sinnstruktur für die Fortentwicklung der Menschheit und der Gesellschaft nachweisbar sind[138]).

Dazu kommt, daß solche sinnhaften generativen Strukturen nur für ‚relativ homogene' zeitlich-räumliche Einheiten konstruiert werden können. Sie können nur jeweils Gruppen umfassen, die gleiche soziale Standards und entsprechende demostatistische Merkmale aufweisen. So zeigen soziale Minderheiten gewöhnlich ein besonderes generatives Verhalten und eine von der Mehrheitsbevölkerung abweichende generative Struktur. Für Regionen mit deutlichem ökonomischen Entwicklungsgefälle müssen gesonderte generative Strukturen erstellt werden. Denn nur so kann das Verhältnis von Bevölkerung und Gesellschaft als geschichts-typologische ‚Analogie' beschrieben werden[139]).

Will man die Behauptung von *G. Mackenroth* ernst nehmen, daß „das letzte Wort in der Bevölkerungslehre immer die Soziologie" hat[140]) dann sollten auch die Forderungen der amerikanischen Sozialdemographie[141]) an die deutsche Bevölkerungssoziologie herangetragen werden, die noch stark von Volkskunde, Agrargeschichte und ‚ethischer Nationalökonomie' (so nennt sie *H. Linde*) durchsetzt ist. Damit könnte eine Bevölkerungssoziologie folgendes gewinnen:

a) einen schärferen Begriff von Struktur, vor allem generativer Struktur zu fassen, der bei *Mackenroth* phänomenologisch ‚Ausdrucksanalogie' bleibt,

b) eine bessere Integration der handelnden Gesellschaftsmitglieder in Sozialstruktur und generative Struktur,

c) eine neue Klarstellung des Verhältnisses von Gesellschaft und Bevölkerung anhand von Strukturkategorien funktionaler Systeme[142]),

d) Erfassung von Typen des sozioökonomischen und des demographischen Übergangs auf breiterer gesellschaftlicher Grundlage.

Die Feststellung des ‚Abgestimmtseins' und der ‚Analogie' von Strukturvariablen würde auch dem strukturell-funktionalen Gesellschaftsmodell entsprechen: Partnerschaft, Familie und generatives Verhalten sind Institutionen, die aus dem Gesellschaftszusammenhang verständliche Zwecke (Funktionen) erfüllen. Vor allem bei dem Versuch, den Strukturwandel zu erklären, scheint man auf die strukturell-funktionale Theorie und Modernisierungsmodelle desselben Typus angewiesen[143]).

Der Wandel der Bevölkerungsstruktur während des demographischen Übergangs wurde als Auflösung langer, stabiler Strukturen gedeutet, die sich im Zuge der Neuformung der Gesellschaft auf differenzierterem Niveau wieder konstituieren. Dieser Wandel verändert dabei alle Strukturmerkmale und setzt sie in ein neues Verhältnis zur ebenfalls veränderten Sozialstruktur.

Hier wäre sicher ein ‚Gleichgewichts-' oder ‚Äquivalentenfunktionalismus' angebracht, um den Übergang von vorindustrieller zu industrieller generativer Struktur zu markieren. Da aus Funktionen selbst die Richtung nicht hervorgeht, in welche sie wirken, müssen die Strukturvariablen besonders spezifiziert werden. Die Bevölkerungswissenschaft mit ihrem generativen Strukturkonzept ist in der glücklichen Lage, Wandlungsprozesse demostatistisch untermauern zu können.

In theoretischen Analysen des Wandels könnte zwischen Prozessen unterschieden werden, die ein Systemgleichgewicht halten und solchen, die ein System zur Transformation veranlassen.

Strukturwandel stellt sich ein, wenn die Wandlungskräfte in einem System (oft unglücklich als ‚Störkräfte' gedeutet) über Kräfte des Gleichgewichts die Oberhand gewinnen[144]).

Die Ablösung des Malthusianismus als Erklärungsmodell und damit der demographische Übergang, könnten nach der *Parsons'*schen Wandlungsformel gedeutet werden: Der „Malthus'sche Armutszirkel", jenes brutale demoökonomische Gleichgewichtskonzept, nach dem die Ernährungsengpässe mit Hilfe einer „sozialen Guillotine" beseitigt würden, könnte im Entwicklungsgedanken historisch evolutionär aufgelöst und als Gedankengebäude für neue soziale Zustände nutzbar gemacht werden. *Kingsley Davis* behauptet jedoch, „daß nur eine Vorstellung von Gleichgewicht die meisten soziologischen Konzepte sinnvoll erscheinen läßt. Wer über Gesellschaft nachdenke, setzt sie insgeheim oder offen voraus. Der strukturell-funktionale Ansatz in der Soziologie ist im Grunde eine Gleichgewichtstheorie[145])."

Dieser Gleichgewichtsbegriff soll hier für nichts anderes als die ‚relative Stabilität' stehen, ohne die der Begriff der Struktur unfaßbar bleibt. Es scheint unnötig, hier auf die bekannte Kritik am funktionalen Gleichgewichtsgedanken einzugehen. Es handelt sich um eine heuristische Annahme der Strukturidentität, die sicher für einen strengen Empirismus nicht einlösbar ist und auf der praktischen Ebene als Unterstellung stabiler politischer Ordnung ausgelegt wird. Es geht hier um die Explikation makrosoziologischer Entwicklungsstadien, die ohne Gleichgewichtsvorstellung nicht geleistet werden kann.

Eine Leistung des Strukturfunktionalismus, die für eine soziale Theorie der Bevölkerung bedeutsam ist und die im demographischen Übergang ein umfassendes Paradigma finden muß, ist die Integration von Makrostrukturen und Mikrostrukturen der Gruppe und Persönlichkeit, von Handeln, Handlungsfunktionen und ihre Einbettung in Zusammenhänge sozialer Systeme. Die Analogie von Bevölkerungs- und Sozialstruktur ist nur *ein* Problem des demographischen Übergangs. Ein tieferliegendes Problem ist, wie beide Makrostrukturen auf die Handlungsmotivation der Individuen, hier auf das generative Verhalten, durchschlagen und rückwirkend neue Strukturbildungen erleichtern oder einleiten.

Der Grund, warum der demographische Übergang öfter beschworen als bearbeitet wird, mag darin liegen, daß zu wenig Anstrengungen unternommen werden, die Wissenslücke zwischen generativem Verhalten und deren objektive Struktureffekte zu verringern oder zumindest überschaubar zu machen. Daher muß die Integration sozialen Handelns in übergeordnete soziale Strukturen und Systeme als wertvolle Vorleistung des Strukturfunktionalismus erkannt werden.

3. Zur Typologie soziökonomischer und demographischer Übergangsstufen

Die Typologie dient in erster Linie dazu, einen geschichtlichen Vorgang zu registrieren, der sich im Zeitraum von ca. 150 Jahren oder von drei bis fünf Generationen vollendet hatte: Die Industrialisierung und Modernisierung der europäischen bzw. ‚weißen' Bevölkerungen, die mit einer quantitativen Entfaltung der Bevölkerungspotenz (*F. W. Notestein*) begann und im Erreichen eines neuen ‚sparsamen' biosozialen Reproduktionsmodus ihr vorläufiges Ende fand.

Nach Ausschaltung des historisch Einmaligen und Zufälligen kristallisiert sich ein quasi-gesetzmäßiger Ablauf einer Entwicklung, der eine typologische Fassung erlaubt. Im Grunde handelt es sich um eine Nachordnung von Gesellschafts-Typen und generativen Strukturen, die einem soziökonomischen Entwicklungsstadium entsprechen.

a) Zu den Stufen soziökonomischer Entwicklung

Obwohl schon brüchig geworden und in ihrer Grobschlächtigkeit nicht immer von Nutzen, ist die Entgegensetzung von unterentwickeltem, vorindustriellem Zustand und modernem, industriellem Zustand noch immer Gemeingut der Sozialwissenschaft. Der alte Evolutions- und Typisierungsgedanke hatte nahegelegt, die Entwicklung und Entfaltung von Gesellschaften und Institutionen stufenartig zu gliedern, um sie auf diese Weise faßbar zu machen. So entstanden ‚Stufenlehren' in der Nationalökonomie des 19. Jahrhunderts und nicht zuletzt auch in der Soziologie, wo bereits einer ihrer Gründer, *A. Comte,* dem Geist seiner Zeit entsprechend, eine Menschheitsentwicklung vom magisch-metaphysischen Weltbild bis hin zum wissenschaftlichen Weltverständnis annahm. Seitdem gibt es kaum eine Makrosoziologie, die nicht auf der Gegenüberstellung von traditionalen und modernen Strukturen beruht.

Zur typologischen Darstellung des demographischen Übergangs müssen vorindustrielle und industrielle Gesellschaft in ausgewählten Merkmalen gegenübergestellt werden, d. h. in Form jener Entwicklungsstadien, mit denen sich der Bevölkerungsübergang in abgestimmter Weise vorantreibt. Die Zwischenstufen der Entwicklung sind in der geschichtlichen Wirklichkeit keine graduell ausgewogenen Interpolationen zwischen dem Anfangs- und Endzustand. Sie müssen aber mit historisch typischen Merkmalen belegt werden. Eine Schwierigkeit besteht noch darin, daß dem Moment der Beschleunigung, wie es jeder Industrialisierungsprozeß auch zeigt in einer Typologie nicht Rechnung zu tragen ist. Ein weiteres Problem besteht darin, daß der vorindustrielle Zustand durch Indikatoren bezeichnet wird, die für industrielle Gesellschaften entwickelt wurden und dieser daher im retrospektiven Vorurteil industrieller Gesellschaften gesehen wird. Bildung, Qualifikation, Arbeitsproduktivität und Freizeit haben in vorindustriellen Gesellschaften nicht nur andere Meßwerte, sondern auch einen anderen Sinn und praktisch unvergleichbare Merkmale. Sie müssen aber in Strukturindikatoren verwandelt und im historischen Längsschnitt konstant verwendet werden, wenn sie eine Vergleichsbasis abgeben sollen. Die Merkmale industrieller Gesellschaften tauchen in der Rückprojektion in unterentwickelten Zuständen immer als ‚nicht vorhanden' oder defizitär auf. Dies bleibt höchst interpretationsbedürftig. So entspricht dem hohen Bildungsgrad industrieller Gesellschaften der Grad der Alphabetisierung in vorindustriellen Zuständen. Das Pro-Kopf-Einkommen, eine nicht unproblematische, aber doch gebräuchliche Vergleichsgröße, ist für vorindustrielle Zustände nur mit Gewalt zu konstruieren. Selbst die Feststellung einer vergleichsweisen ‚Armut' vergangener Epochen dürfte nicht unproblematisch sein.

Auch die Entgegensetzung von ‚städtisch' und ‚ländlich' ist mit Vorsicht zu genießen, da wir bereits in vorindustriellen Gesellschaften ausgeprägte Stadtkulturen finden. ‚Städtisch' und ‚ländlich' müssen demnach in Kriterien der Lebensformen und Chancen des Zugangs zu sozialen Neuerungen definiert werden, um einen korrekten Gesellschaftsvergleich zu gestatten.

Von größerer zeitlicher Konstanz zeigen sich die folgenden Merkmale, weil sie sozialgeschichtlich besser zu belegen sind:

Der Wandel der Beschäftigungsstruktur zeigt auf der ganzen Linie den Bedeutungsverlust der Landwirtschaft, die steigende Qualifikation der Arbeitskraft, die Entstehung von Verwaltung in Industrie und Staat und die steigende Bedeutung des Dienstleistungssektors. Es ist auffällig, daß die entfaltete Beschäftigungs- und Qualifikationsstruktur moderner Gesellschaften aus der vorindustriellen familialen Produktion hervorgegangen war.

Infrastruktur und regionale Mobilität stehen in einem engen Verhältnis zueinander, wobei von einem vorindustriellen ‚Weniger' zu einem industriellen ‚Mehr' keine simple Linie gezogen werden darf. Die vorindustriellen Wanderungsströme wurden häufig unterschätzt, dabei hatten sie das Gesicht ihrer Epoche genauso geprägt, wie die Agglomerationen das Industriezeitalter. Am Energieverbrauch und am Wandel der Energieformen ist der Industrialisierungsprozeß am deutlichsten abzulesen. Der Grad der medizinischen Versorgung zeigt an, welchen Standard soziale Dienste in Industriegesellschaften aufweisen, die einst Gegenstand der Fürsorge von Familienmitgliedern gewesen waren.

Die Zwischenstadien der Entwicklung – als Frühphase, mittlere Phase und Spätphase und nicht ohne Seitenblick auf das Muster des demographischen Übergangs konstruiert – unterliegen dem Entwicklungstempo einer Gesellschaft. Die Frühphase der Entwicklung dauert gewöhnlich lange und geht allmählich in die mittlere Entwicklungsphase über, während die Spätphase der Entwicklung relativ rasch auf die vorhergehende mittlere Phase folgt.

Zur besonderen Charakterisierung der Wirtschaftsentwicklung wurde auf Begriffe der ökonomischen Stufenlehre von *W. W. Rostow* zurückgegriffen, obwohl sie als allgemeine Theorie der ökonomischen Entwicklung inzwischen diskreditiert ist: der Aufbruch zur maschinellen Fabrikation und zur Marktwirtschaft wird als ‚take-off' bezeichnet. Dieser ökonomische ‚take-off' fällt in die mittlere Entwicklungsphase. Die Spätphase ist vor allem durch die technische Reifung des Produktionsprozesses gekennzeichnet, worunter hoher technischer Standard, eine differenzierte Form der Arbeitsteilung und deren wissenschaftliche Leitung und Verwaltung zu verstehen ist. In diese Phase fallen außerdem der Ausbau sozialer Sicherung (Wohlfahrtsstaat und der sozialen Dienste. Auf seiten der Bevölkerungsentwicklung entspricht diese Phase dem raschen Abfall der Geburtenhäufigkeit bei gleichzeitiger Ausbreitung des Familienplanungsgedankens.

Die Entwicklungsforschung und -politik bedient sich seit langem gewisser Indikatoren, die die quantitativen ‚Schwellenwerte' zwischen Unterentwicklung und Entwicklung angeben. Sie sind, einzeln genommen, nicht durchwegs aufschlußreich; auch differieren sie nach ihrem Einfluß auf den Entwicklungsprozeß und die Bevölkerungsvorgänge. In gebündelter Form geben sie jedoch eine Tendenz zur gesellschaftlichen Entwicklung und zum Bevölkerungsübergang an.

Nachstehende Tabelle gibt einen Überblick über die quantitativen Kriterien, die für Unterentwicklung und die Schwelle zu einem entwickelten Zustand hin angenommen werden und grobe Erfahrungswerte darstellen: Hohe Fruchtbarkeit (Geborenenziffer von 35‰) steht für Entwicklungsländer, während niedrige Fruchtbarkeit, für die Schwelle zur Industriegesellschaft steht, die bei einer im Sinken begriffenen Geborenenziffer von 20‰ angenommen wird. Die Tabelle gibt ein Verhältnis von sozialem Entwicklungsstand und Bevölkerungsvorgängen wieder und ermöglicht die Darstellung der stufenweisen Entwicklung der modernen generativen Struktur.

Tab. 5: **Ausgewählte soziale, ökonomische und demographische Indikatoren für niedrige und hohe Geborenenziffern**

Soziale Indikatoren ('Social Setting')	Schwellenwert für Geborenenziffer von 35	Schwellenwert für Geborenenziffer von 20
Alphabetisierungsgrad	70%	93%
Anteil der eingeschulten 5–19jährigen	55%	69%
Lebenserwartung	60 Jahre	69 Jahre
Kindersterblichkeit	65 a. T.	32 a. T.
Beschäftigung außerhalb der Landwirtschaft	55%	80%
Pro-Kopf-Einkommen	$ 450	$ 1.080
Unverheiratete 15–19jährige weibliche Bevölkerung	80%	–
Bruttoreproduktionsziffer	2,5	1,5
Anteil der Bevölkerung unter 15 Jahren	40%	30%
Urbanisierungsgrad	$\leq$ 50%	$\geq$ 50%
Anteil der Frauen 15–44, die Kontrazeptive verwenden	35%	50%
Studenten auf 100 000 Einwohner	1 000	1 250
Bevölkerung pro Arzt	2 000	1 000

b) Generative Strukturen im Übergang

Die Übergangsstadien, ursprünglich durch *F. W. Notestein* und *C. P. Blacker* klassifiziert, werden inzwischen in fünf demostatistische Phasen geteilt, wobei die erste und letzte Phase der *Notestein*'schen inhaltlichen Bestimmung entsprechen, die Klassifikation der Übergangsphasen jedoch *Blacker* entlehnt ist:

(1) Die *Vorbereitungsphase* ist charakterisiert durch hohen, nur unvollkommen und im Rahmen vorindustrieller Möglichkeiten kontrollierten Bevölkerungsumsatz. Die eigentliche Übergangsphase wird aufgrund der historischen Erfahrungen in drei Stadien unterteilt:

(2) die frühe Übergangsphase oder *Einleitungsphase,* in der die Sterbeziffern langsam zu sinken beginnen und wegen des verbesserten Gesundheitszustandes der reproduktiven Generation die Geborenenziffern sogar noch etwas ansteigen (Wirkung der Fekundität);

Abb. 22: Bevölkerungspyramiden für Österreich, 1900 und 1961

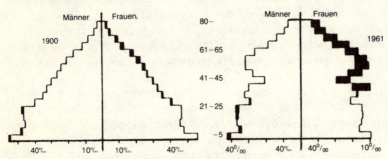

Quelle: *C. Gaspari/H. Millenhofer,* Konturen einer Wende a.a.O., S. 24

Abb. 23: Einfluß des Fruchtbarkeitsniveaus auf Alters- und Geschlechtsstruktur

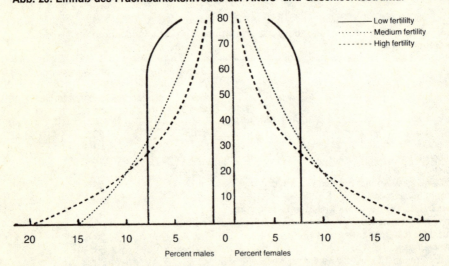

Quelle: *J. R. Weeks,* Population – An Introduction to Concepts and Issues, 2nd edition, Belmont © 1981, S. 179; Reprinted by Permission of Waldsworth Publishing Company, Belmont California 92002

(3) eine mittlere Übergangsphase oder *Umschwungphase,* in der die Sterbeziffern rasch sinken und die Geborenenziffern langsam im Abwärtstrend folgen und

(4) eine späte Übergangsphase oder *Einlenkungsphase,* in der die Sterbeziffern inzwischen auf ein niedriges Niveau abgesunken sind oder nur noch leicht fallen, während die Geborenenziffern einem relativ raschen Abfall unterliegen. In dieser Phase fällt auch die verstärkte Verwendung der Kontrazeption in einer Bevölkerung an.

(5) Die letzte, ‚post-transitionale' Phase oder Phase des *Ausklingens* ist eine Phase mit niedrigem Niveau von Geborenen- und Sterbeziffern, d. h. niedrigem Bevölkerungsumsatz. Kontrazeption ist allgemeine gesellschaftliche Norm geworden und hält die Bevölkerungsvorgänge im neuen, niedrigen Gleichgewicht. Das Wachstum pendelt um Null.

Die vorindustrielle generative Struktur ist gekennzeichnet durch geringe Motivation und

Abb. 24: Typologie sozioökonomischer und demographischer Übergangsstufen

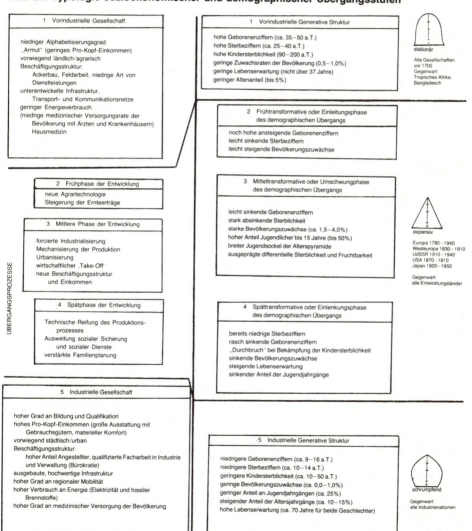

Mittel zur Geburtenkontrolle und noch weniger Möglichkeiten, die hohe Sterblichkeit zurückzudrängen.

Der Wandel von der Agrarwirtschaft zur industriellen Produktion und Beschäftigung läßt kein soziales Subsystem unberührt. Sterbeziffern sinken und ziehen mit zeitlicher Verzögerung die Fruchtbarkeit nach. Die ‚Großfamilie', oder besser: ‚das ganze Haus', – eine Form der Existenzsicherung durch eine Gemeinschaft von Verwandten und Gesinde –, zerfällt allmählich zur Kleinfamilie, die sich durch kommerzielle selbständige Arbeit oder industrielle, nichtselbständige Lohnarbeit erhält.

Die eigentliche Phase des Übergangs ist nicht nur durch starke Differenzen zwischen Sterblichkeit und Fruchtbarkeit gekennzeichnet, sondern auch durch starke Differenzen von Sterblichkeit und Fruchtbarkeit entlang der sozialen Klassenschichtung der Gesellschaft[146]).
Eine vorindustrielle Bevölkerung ist stationär, da die durchschnittliche Lebenserwartung niedrig ist, bei gleichzeitig hohen Geburtenzahlen. Für die Übergangsstruktur ist der breite Sockel der Alterspyramide typisch, was auf immer mehr überlebende Neugeborene verweist.

In der Einlenkungsphase des demographischen Übergangs, wo die Sterbeziffern bereits gefallen sind und die Geborenenziffern sich im steilen Abwärtstrend befinden, beginnt eine Bevölkerung im demographischen Sinne zu „altern", d. h. der Jugendsockel verengt sich wieder, Altenjahrgänge nehmen anteilsmäßig zu.

Die moderne Struktur zeigt eine demographisch gealterte Bevölkerung und wegen der Übersterblichkeit des männlichen Geschlechts einen Frauenüberschuß in den oberen Jahrgängen. Die obigen Alterspyramiden der österreichischen Bevölkerung zeigen die typische Struktur der Phase des starken Übergangswachstums (Umschwungphase) um 1900 und der stationären Endphase (hier von 1961).

Die Bevölkerungsbewegung, die die Altersstruktur am nachhaltigsten beeinflußt ist die Fruchtbarkeit; ihre Trends geben der Alterspyramide ihre jeweilige Gestalt.

In der nun folgenden Typologie werden sozioökonomische und demographische Übergangsstufen gegenübergestellt; sie enthalten ihre jeweils charakteristischen Merkmale.

Eine Typologie von Entwicklungsstufen nachgeordneter Gesellschaftsbereiche, wie Gesellschaft und Bevölkerung, kann Anlaß zu Fehleinschätzungen sein: Sie könnte suggerieren, daß sich Strukturen mit einem geschlossenen Variablenkomplex gegenüberstehen, die sich wechselseitig und mechanisch produzieren.

Demgegenüber ist folgendes festzuhalten:

Eine Typologie des gesellschaftlichen und demographischen Übergangsgeschehens muß von allen historisch-empirischen Besonderheiten abstrahieren. Die Beziehungen zwischen der Sozialstruktur und der generativen Struktur sind durch komplexe zeitliche Wirkungs- und Reaktionsformen (‚Verzögerungszeiten' in beiden Richtungen) gekennzeichnet.

Diese Komplexität ergibt sich aus den verschieden starken Beziehungen zwischen einzelnen soziologischen und demographischen Variablen innerhalb von Makrostrukturen und der unterschiedlichen Wirkungskapazität von Variablenverknüpfungen auf Gesellschaft und Bevölkerung. Daraus folgt, daß das Modell des demographischen Übergangs nur dann Einsichten vermittelt, wenn es auf eine besondere Gesellschaft oder eine relativ homogene Entwicklungsregion angewendet, geradezu ‚rückübersetzt' wird.

Der demographische Übergang ist also ein Entwicklungsmuster, das die sozial fortgeschrittenste Erdregion mit zeitlichen Verzögerungen und unterschiedlichen Ausgangslagen ihrer Einzelbevölkerungen durchschritten hat.

III. Der Übergangsprozeß

1. Probleme der Modernisierungstheorie bei Erfassung des Demographischen Übergangs

Der demographische Übergang hatte sich also als neue Konzeption, ja als ‚Quasi-Gesetzlichkeit' der Bevölkerungsentwicklung durchsetzen können. Das bedeutet aber nicht, daß damit die Probleme seiner Anwendung gelöst wären. Er ist als mögliches Instrument der Prognose hinsichtlich des Entwicklungsweges einer Bevölkerung nach wie vor umstritten.

Es schien, als ob die letzten Fassungen zum versteinerten Denkmal oder gar zur ‚Bausünde' der Bevölkerungswissenschaft werden würden. Angesichts des anhaltenden Bevölkerungswachstums in den Entwicklungsländern muß sich der beschwichtigende Hinweis auf den Bevölkerungsübergang Europas wie ein unwissenschaftliches Urvertrauen in die Diffusionskraft der europäischen Kultur ausnehmen. Trotzdem konnte man nur auf die Abstraktion des europäischen Trends verweisen.

Nur zögernd und vereinzelt begannen Bevölkerungssoziologen und -ökonomen die Annahmen des demographischen Übergangs an konkreten Bevölkerungsentwicklungen zu überprüfen und erste Befunde über sozioökonomischen Gehalt der Übergangstheorie konnten vorgelegt werden[147].

Auch die Soziologie hat vom demographischen Übergang Kenntnis nehmen müssen, wie schon ausführlich gezeigt wurde. Sie sah sich sogar gezwungen, sie in ihre Theorien des sozialen Wandels einzupassen. Das geschah in einer Periode, in der die Soziologie noch zur Gänze von der strukturell-funktionalen Theorie beherrscht war. *W. E. Moore, T. Parsons, N. J. Smelser, S. N. Eisenstadt, M. Levy jr.* nahmen in irgendeiner Form darauf Bezug oder bauten den Bevölkerungswandel in ihre Variablen-Kataloge zum sozialen Wandlungsgeschehen ein[148].

Das Austauschverhältnis zwischen Bevölkerungssoziologie und soziologischer Strukturtheorie war einer Belastungsprobe ausgesetzt, als die Wandlungskonzeptionen beider Bereiche, nämlich demographischer Übergang und sozialer Wandel zu einem Erklärungsschema verschmolzen werden sollten. Bei ihrer typologischen Anordnung schien dies noch unproblematisch, weil der statische Strukturgesichtspunkt dort im Mittelpunkt steht.

Die Schulsoziologie unterscheidet jedoch mehrere theoretische Ansätze zum sozialen Wandel, die entweder einem Evolutionsmodell oder einem Konfliktmodell zuzuordnen sind. Sie beinhalten immer Beginn und Fortgang der ‚Industrialisierung'. Dies ergibt sich zwangsläufig aus einer Rückschau auf die europäische Entwicklung der letzten zwei Jahrhunderte und es dürfte kaum soziale Probleme und Fragestellungen geben, die nicht unter diesem Aspekt zu betrachten wären.

Da jedoch zwei Drittel der Menschheit erst an der Schwelle dieses Prozesses stehen, oder erst vor kurzem in denselben eingetreten sind, hielt es die Soziologie für ratsam, für den Entwicklungsvorgang den Sonderbegriff ‚Modernisierung' zu prägen, um künftige Entwicklungen in der Welt mit einem neutralen und (angeblich) wertfreien Begriff zu benennen; es wird noch zu zeigen sein, daß die Modernisierungstheorie dieses Versprechen nicht einlösen konnte.

Dabei hat die Modernisierungstheorie ein ehrgeiziges Programm[149]. *W. E. Moore* definiert

Modernisierung als „eine ‚totale' Umwandlung der Gesellschaft aus einer traditionsbestimmten oder ‚vormodernen' Form in diejenige, die in ihrer technischen Ausrüstung und den damit verbundenen sozialen Organisationsformen dem entspricht, was für die ‚fortgeschrittenen', wirtschaftlich wohlhabenden und politisch verhältnismäßig stabilen Nationen der westlichen Welt kennzeichnend ist[150])."

Modernisierung umfaßt damit Prozesse des Wirtschaftswachstums und des technischen Fortschritts, den Wandel der politischen Ordnung und der Gesellschaftsstruktur, die Entstehung adäquater Persönlichkeitsstrukturen und den Wandel der kulturellen und religiösen Wert- und Glaubenshaltungen. Ihr Kern ist nach wie vor die ‚Industrialisierung': Sie wird gewöhnlich nach folgenden Prinzipien klassifiziert:

Als zentrale Bestimmungsgröße gilt das Bruttosozialprodukt (BSP), seine Höhe, seine Entstehung aus der bestimmten Kombination von Produktionfaktoren und -sektoren[151]) und seine Verteilung auf bestimmte Bevölkerungsgruppen[152]).

Organisatorische und gesellschaftliche Faktoren begünstigen einen sozialen Fortschritt, der wiederum eine politische Ordnung braucht, um sich effizient durchsetzen zu können. Dazu gehört offenbar eine liberale ‚Massendemokratie', die wiederum Ausdruck einer ‚Massengesellschaft' sei, in der eine Diskrepanz zwischen der Partizipation der Gesamtbevölkerung an den Entscheidungen (Wahl) und auf der anderen Seite der hohen Konzentration an administrativer und exekutiver Macht (Bürokratisierung) entsteht[153]). Diese Kluft, die sich in einer Massengesellschaft auftut, wird durch ‚integrative Mechanismen der generalisierten Medien' überbrückt: Geld, Markt, Wahlmechanismus, bürokratische und anonymisierte Ausübung von Herrschaft[154]). Formale Freiheit und Gleichheit der Individuen garantiert die für den Industrialisierungsprozeß notwendige Mobilität und Freiheit der Entscheidungen. Die Gesellschaftsmitglieder werden durch Massenkommunikation miteinander verbunden.

Diese soziale Umstrukturierung macht auch vor den Persönlichkeitsstrukturen der Individuen nicht halt: Die industrielle Gesellschaft braucht einen bestimmten Sozialcharakter: die ‚leistungsorientierte Persönlichkeit', die aus ihrer Traditionsbestimmtheit herausgetreten ist und nur noch rational legitimierte Herrschaft anerkennt.

Makro- und Mikroebene der Gesellschaft wären auf diese Art vermittelt: Der leistungsorientierte Sozialcharakter ist zum rationalen Wirtschaftshandeln und zur Akzeptanz der technisch-wissenschaftlichen Zivilisation fähig.

Theorien des sozialen Wandels und der Modernisierung im besonderen hatten immer schon Schwierigkeiten mit der Phase des ‚Übergangs': Die Theorien sind nicht erfolglos, wenn es darum geht, die Grundschemata von ‚traditioneller' und ‚moderner' Gesellschaft einander gegenüberzustellen. Es gibt drei übliche Modelle des ‚Übergangs': Als erstes wäre das Modell der linear-kontinuierlichen Modernisierung (‚Evolutionsmodell') zu nennen. Hauptvertreter ist *M. J. Levy jr.,* der seine Modernisierungstheorie um den Kernbegriff der Spezialisierung baut, und damit des in den sich spezialisierenden Organisationen institutionalisierten Handelns. *Levys* These ähnelt stark der der Massengesellschaftstheorie: Modernisierung ist unweigerlich an steigende Zentralisierung gebunden; die moderne Gesellschaft ist eine Kombination von Spezialisierung und Zentralisierung, die durch den Tausch von Gütern und Dienstleistungen ermöglicht wird[155]).

Ein zweites Modell konstruiert Entwicklungsstufen, die alle Gesellschaften auf einen Endzustand hin durchlaufen (‚Konversionsmodell'). Mit *Max Webers* Idealtypen werden Gesellschaften ‚klassifiziert' und nicht mehr auf Variablen-Konstellationen basiert[156]).

Das dritte Modell wird als ‚Rückkopplungsmodell' bezeichnet: Vertreter sind die Theoretiker der ‚Politischen Kultur'[157]). In diesem dritten Modell geht es nicht wie beim Evolutionsmodell um den Fortschritt oder wie bei den Konversionstheoretikern um Stufen der Entwicklung, sondern um die komplexe Verwobenheit von modernen mit traditionellen Strukturelementen. Sie bleiben längere Zeit nebeneinander stehen; traditionelle Strukturen sind sogar für Modernisierungsprozesse bedeutsam; sie werden nur schrittweise durch kommunikative Rückkopplungsprozesse transformiert und beseitigt. Es geht hier also um eine gewisse Versöhnung von Modernisierung und Tradition, die sich nicht notwendigerweise ausschließen.

Der demographische Übergang gilt allgemein als *Teilprozeß der Modernisierung*. Die Modernisierungstheorie müßte demnach die theoretische Leitfigur für den demographischen Übergang abgeben können.

Diese Hoffnungen haben leider wegen der Unzulänglichkeiten und Fehlkonstruktionen der Modernisierungsansätze getrogen. Die empirische ‚Modernisierungsforschung' und Methoden des Kultur- und Gesellschaftsvergleichs könnten inzwischen weiterhelfen; doch haben sie die Modernisierungstheorie noch nicht sonderlich beeinflußt.

An folgenden Punkten kann die Modernisierungstheorie in ihrer unzulänglichen und einseitigen Form beim Studium des demographischen Übergangsprozesses zu Fehlschlüssen verleiten[158]).

(1) Die Modernisierungstheorie, wie sie in den drei Modellen vorangestellt wurde, definiert den sozialen Übergangsprozeß vom traditionalen zum ‚modernen' immer von einem existierenden modernen Endzustand her. Daher durchzieht das gesamte Modernisierungsdenken ein Ethnozentrismus, der europäische und nordamerikanische Gesellschaftsbilder auf Fremdkulturen überträgt. Für den demographischen Übergang würde das bedeuten, daß mit dem höchstwahrscheinlichen statistischen Verlauf des Übergangs auch die ihm zugrunde liegenden sozialen Prozesse nach ‚nordwestlichem' Vorbild hinzugedacht würden.

(2) Die Übergangsphasen sind stark in der alten Dichotomie ‚Gemeinschaft/Gesellschaft' *(F. Tönnies)* bzw. ‚organischer/mechanischer Solidarität' *(E. Durkheim)* befangen. Damit würden Positionen europäischer Kulturkritik in unangebrachter Weise auf Entwicklungen in anderen Kulturräumen, so der Dritten Welt, übertragen werden.

(3) Die Modernisierungstheorien setzen ein ‚fortgeschrittenstes System' fest, worauf sich alle rückständigen Systeme hinentwickeln würden. So gesehen ist die Modernisierung eine Vision von der unausweichlichen ‚Westernisierung' oder ‚Amerikanisierung' der Welt. Diese Angleichungsthese teilt die Menschheit in ‚Angekommene' und ‚Nachzügler' (Late comers); – eine Idee, die für einen unreflektierten Verfechter der Übergangstheorie verführerisch wirkt.

(4) Fast alle Modernisierungstheoretiker sind irgendwie Strukturfunktionalisten; das heißt, daß für sie Modernisierung und sozialer Wandel überhaupt nur als ‚Störung des Systemzustandes' begreifbar ist. Da Modernisierung automatisch zur Instabilität führe, wird sie immer zum Problem der bestehenden Ordnung.

Wenn der demographische Übergang als notwendiger Vorgang erkannt wurde, ist die Behauptung eines stabilen ‚Regimes' *(A. Landry)* ein Widerspruch in sich. Hier wäre an den bekannten Vorwurf des Konservativismus der Funtionalanalyse zu erinnern und an die Gefahr des ‚Apriori-Funktionalismus', der sich auf nicht-falsifizierbare Bestandsaussagen stützt[159]). Die Bestandskataloge als Variablen der Aufrechterhaltung von Gesellschaft haben zweifellos einen didaktischen Wert, sie können jedoch den Erklärungsgehalt des Funktionalismus für Wandlungsprozesse schmälern.

(5) Die Modernisierungsdebatte war nicht verschont von der Streitfrage, ob der Wandel vom

Wertesystem, d. h. den Aspirationen und Einstellungen ausginge, oder nicht doch vom ökonomisch-technischen Bereich, d. h. der materiellen Kultur, die die Veränderung der Leitideen und Normen nach sich zöge.

Für den demographischen Übergang wäre eine Festlegung in der einen oder anderen Richtung verhängnisvoll, weil die Kombination von materiellen und immateriellen Kulturfaktoren in den Entwicklungsregionen sehr unterschiedlich und sogar unbekannt ist.

Es ist bis jetzt nicht möglich, den demographischen Übergang als makrosoziales Geschehen mit dem Wandel einer gesamtgesellschaftlichen Wertestruktur valide zu verknüpfen. Es ist bisher allenfalls möglich, sie mikrosoziologisch zu placieren, d. h. als sich wandelnde Handlungsorientierung zwischen Familie, Einstellung zu Ehe und Partnerschaft und generativem Verhalten.

(6) Dieser Streit fällt hinein in den Glauben an eine gewisse Automatik der Handlungsabläufe, der zu den bekanntesten Fehlschlüssen gehört, die sich mit dem demographischen Übergang verbinden. Der demographische Übergang in Europa würde so zur Alibi-Formel für Automatismus und Laissez-Faire in der Entwicklung der Dritten Welt, obwohl es sich hier um induzierte Abläufe handelt, die eine regional- und kulturspezifische Lösung werden finden müssen.

(7) Problematisch ist die Verwendung von universellen Bewegungsbegriffen, wie Zentralisierung, Destabilisierung und Urbanisierung, weil ihr historischer Stellenwert und die davon betroffenen sozialen Gruppen nicht klargestellt sind[160]).

Für den demographischen Übergang ist vor allem die Globalformel von der ‚Urbanisierung' wertlos, weil diese sich selbst aus einem Bündel unterschiedlichster Variablen zusammensetzt, die in verschiedener Richtung wirken können und je einzeln einen entscheidenden Wirkungsfaktor im Übergangsgeschehen darstellen können. Urbanisierung ist selbst Ausdruck fast aller Modernisierungsfaktoren: Verlust traditioneller Verwandtschaftsbindungen, steigende Beschäftigungs- und Einkommenschancen, Karrieredenken und leichter Zugang zu Geburtenkontrollwissen und seiner Anwendung, dichte ärztliche Versorgung, hohe Bildungschancen und Bereitschaft zu Mobilität.

Daraus resultiert auch der Fehler, aus den globalen Zustandsbestimmungen der modernen Gesellschaft auf den Modernisierungsprozeß zu schließen, der zu diesem Zustand geführt hätte. Für die Modernisierungstheoretiker ist auch ein blindes Vertrauen in ein ehernes Gesetz der Evolution kennzeichnend, das der kontinuierlichen Entwicklung einer Weltkultur oder ‚Industriekultur' entgegentreibt.

So bleibt von der Theorie des sozialen Wandels und der Modernisierungstheorie wenig übrig, was den demographischen Übergang besonders im Hinblick auf seine Zukunft in den Entwicklungsländern spezifizieren könnte. Man wird an den umfassenden Katalog der Variablen des Strukturwandels denken, wie ihn *W. E. Moore* vorgelegt hat[161]), den man besser als Interdependenzkatalog bezeichnet und der gesellschaftlichen Wandel und Bevölkerungswandel auflistet.

Neben dieser Variablenhäufung, von der man wohl sprechen kann, besteht das Problem, daß ein erheblicher Teil der Variablen nicht operationalisierbar und indizierbar ist. Außerdem kann ein Katalog praktisch wertlos sein, weil darauf eine gezielte politische Strategie nicht zu gründen ist. Mit Hilfe solcher Variablenkataloge dürfte auch kaum ein funktionales Erklärungsmodell, dem man die Vermittlung von Makro- und Mikroebene in einer Struktur noch zugute halten kann, erstellt werden können, denn es dürfte nicht gelingen, die erklärungsrelevanten ‚Äquivalente' zu begrenzen und unter einem bestimmten Problembezug in eine logische und empirische Ordnung zu bringen:

„Wissenschaftlicher Fortschritt ist nicht von der Segmentierung der Untersuchungseinheiten zu erwarten, sondern nur von einer Spezifizierung der Probleme[162])."

Die erste Konsequenz, die aus dieser Problematik gezogen werden kann, ist die Forderung, Variablen und Indikatoren eines Wandlungsprozesses problemorientiert zu selegieren. Die Frage bleibt nun, wie mit ihnen weiterhin verfahren werden soll.

Es sind zwei Wege sichtbar:

— Einmal der Versuch der interkorrelativen Stückwerktechnik *(R. Popper):* Ausgewählte und valide Indizes des sozialen Wandels mit solchen der biosozialen Bewegung und des Wandels der generativen Struktur zu korrelieren. Bei Problemen, die sich mit Datenbeschaffung, -verarbeitung, der Festlegung des Problemhorizonts und der allfälligen Indexierung von Variablenbündeln ergeben, wird diese Methode bereits heute für überschaubare regionale Einheiten und Zeitspannen angewandt. Das Vorwissen, das der demographische Übergang liefert, hilft hier bereits, sinnvolle Variablenbeziehungen herzustellen: So die Beziehung auf der Aggregatebene von Fruchtbarkeit und sozioökonomischem Niveau, und sinkender Geborenenzahlen u. a. mit steigender Erwerbstätigkeit und Bildungsgrad der Frau und Familien- bzw. Haushaltseinkommen[163]).

— Die zweite Möglichkeit, die die erstgenannte keineswegs ausschließt oder ergänzen kann, besteht im Rückgriff auf den Systemgedanken und den demographischen Übergang als das Ergebnis systemgebundener regulatorischer Prozesse, in dem sich Strukturvariablen einem System adaptiv und reaktiv fügen.

Diese Methode hat den Vorteil, Evolutionsdenken und Konfliktdenken in anschaulicher Weise zu vereinen. Da der Systemansatz die Übergangsprozesse in ihrer Gesamtheit abbildet und nicht nur aus Einzelergebnissen induziert, soll der demographische Übergang als Resultat von sozialen Wirkungssträngen gesehen werden, in denen Bevölkerung als ‚regulatives System' aufscheint.

2. Bevölkerung als regulatives System

Aus den bisherigen Ausführungen geht hervor, daß im Zentrum der Bevölkerungssoziologie der Begriff der Bevölkerungsstruktur steht. Sie ist als historisch gewordener Typus nach den konventionellen Strukturmerkmalen, wie sie die allgemeine soziologische Kategorienlehre und die besondere Bevölkerungssoziologie bietet, zusammengesetzt (vgl. Kap. I, 3. a) und Kap. II, 2. c)). Die deutsche Richtung der Bevölkerungssoziologie füllt diese Struktur noch mit Kategorien der historischen Schule der Sozialökonomik und der empirischen Agrarsoziologie *(Ipsen, Linde, Mackenroth),* die Angelsachsen kategorisieren nach dem Muster des Strukturfunktionalismus *(W. E. Moore, K. Davis, Ford/De Jong).*

Beide Formen der Strukturierung haben Schwierigkeiten, den Wandlungsprozeß ebenfalls so gründlich zu gliedern wie die Anfangs- und Endstadien gesellschaftlicher, d. h. industrieller Entwicklung. Für *Mackenroth* besteht zwischen Gesellschaft und Bevölkerung — wie bereits dargelegt — eine ‚Ausdrucksanalogie'. Hier sei daran erinnert, daß *Max Weber* ähnlich von einer ‚Wahlverwandtschaft' von Strukturmerkmalen gesprochen hatte, um historische Konstellationen klarzustellen. Diese phänomenologische Methode, gesellschaftliche Typensequenzen zu erstellen, liefert nur post-hoc-Erklärungen für abgeschlossene Prozesse. Die Probleme des Strukturfunktionalismus mit dem sozialen Wandel, hier besonders mit ‚Übergangsprozessen', ist notorisch; seine ausgefeilteren Variablenkataloge führen zu zahlreichen, divergierenden Tendenzaussagen.

Um die Übergangsprozesse jedoch selbst in den Griff zu bekommen, scheint es geboten, auf die Arbeit *Mackenroths* zum Wandel generativer Strukturen oder diejenige von *Kingsley Davis* zur ‚demographischen Reaktion' (Response) zu rekurrieren. Am Anfang der Übergangsprozesse findet sich jeweils eine Struktur in Auflösung, und am anderen Ende wiederum eine Struktur, die im Begriffe ist, sich auf differenzierterem Niveau neu zu konstituieren. Das heißt, daß auf eine relativ statische Strukturkategorie nicht verzichtet werden kann. Sie ist im Werk *Mackenroths* vorgezeichnet, aber ebenso in der strukturfunktionalistischen Konzeption des ‚demographischen Gleichgewichts', wie es *Kingsley Davis* für die Bevölkerungssoziologie nutzbar gemacht hat. *Davis* hat die Hypothese der demographischen Balance 1963 als ‚Theorie des demographischen Respons' mit einem dynamischen Aspekt versehen[164]). Daneben gebührt der von *Daniel Bogue* entwickelten und ähnlich konstruierten ‚Theorie der demographischen Regulation' große Beachtung. *Bogue* sieht das gesamte Übergangsgeschehen unter diesem Aspekt. Es handelt sich in jedem Fall um eine spezifisch angelsächsische Variante des Strukturwandlungskonzepts der deutschen Bevölkerungssoziologie. Man erkennt in ihr, wie gewisse *Darwin*'sche Ideen, wie die vom Gleichgewicht und der Überlebensstrategie in der Natur eine soziologische Version erfahren[165]).

Von ‚Bevölkerungsgleichgewicht' war im Grunde genommen schon die Rede, als von relativ dauerhaften Bevölkerungsstrukturen mit hohem Bevölkerungsumsatz und solchen mit niedrigem, stationären Wachstumsniveau gesprochen wurde. Die Frage in diesem Zusammenhang lautet, wie gestaltet sich das ‚demographische Schicksal' einer Bevölkerung vor, während und nach ihrem demographischen Übergang. Alle (relativ homogenen) Bevölkerungen der Erde befinden sich in irgendeiner Phase des Übergangs. Entweder sind Bevölkerungen in den Übergang eingetreten, befinden sich in den Frühstadien des Prozesses oder haben ihn bereits abgeschlossen – letzteres ist nur von den weißen Bevölkerungen europäischen Ursprungs zu behaupten. Zwei Drittel der Menschheit haben diesen Weg noch vor sich.

Für eine systemtheoretische Version des demographischen Übergangs wären also zwei Prämissen der beiden Schulen zu verwenden:

(1) Bevölkerungen suchen sich in einem – gesellschaftsbezogenen – Gleichgewicht zu halten, das sich in einer relativ dauerhaften Struktur verwirklicht.

(2) Bevölkerungen sind aber – zur Gesellschaft hin – ‚offene, adaptive Systeme', d. h. sie bilden über den bestimmten generativen Strukturzusammenhang hinaus noch eine dauerhafte Einheit, die ihre Fortexistenz inneren Wandlungsvorgängen verdankt:

„Für die Dauerhaftigkeit eines adaptiven Systems kann zur notwendigen Bedingung ein Strukturwandel werden ... Der höher entwickelte Organismus, der aufgrund von Erfahrungen lernt, behauptet sich in seiner Umwelt als lebensfähiges System, indem es seine Struktur verändert[166]).

So zeigt auch Bevölkerung Bestandserhaltung und Funktionserfüllung im sozialen Wandel auf exemplarische Weise, indem sie ihre Struktur umbaut. Ein regulatives System der Bevölkerung, in dem die biosozialen Vorgänge einem Reaktions- und Anpassungsprozeß unterliegen, wäre wie folgt darzustellen:

Die Senkung der Sterblichkeit, die Vermeidung von Krankheit und Tod sind internationale Norm geworden. Damit verbleiben als ‚anpassungselastische' Bevölkerungsvorgänge nur noch Fruchtbarkeit und Wanderung. Besonders die Wanderungen waren ein bedeutendes Ventil zur Minderung des Bevölkerungsdrucks im Europa des 19. Jahrhunderts. Da in der Gegenwart jedoch keine leeren Siedlungsräume mehr zur Verfügung stehen, um einen

Bevölkerungsdruck im derzeitigen Ausmaß zu entlasten, soll Wanderung als Regulativ des demographischen Gleichgewichts ausgespart bleiben. Es dürfte außer Frage stehen, daß der Kampf um ein solches Gleichgewicht, d. h. um ein stationäres Wachstumsniveau, im Bereich menschlicher Fruchtbarkeit geführt und gewonnen werden muß.

In den Entwicklungsregionen können wir von einer ‚exogenen' Senkung der Sterblichkeit sprechen, weil sie über eine frühe Form von ‚Technologietransfer', d. h. abendländischer Medizin, eingeleitet worden war. Die Erkenntnis, die aus dem demographischen Übergang gewonnen werden kann, ist, daß Bevölkerungen nicht so sehr dadurch wachsen, daß mehr geboren werden, sondern daß mehr Geborene am Leben bleiben. Das führt zu einem Bevölkerungsdruck auf alle sozialen Systeme und Institutionen, vor allem die Familien, der strategisch gelöst werden muß und die ‚endogenen' Ressourcen der betroffenen Nationen übersteigt.

Die zweite Erkenntnis aus den demographischen Übergangsprozessen besagt, daß das Absinken der Fruchtbarkeit dem der Sterblichkeit mit einer zeitlichen Verzögerung folgt. Daraus ist zu schließen,

(1) daß gesunkene Sterblichkeit zum Stimulus für Reaktionen (Respons) im Bereich der Fruchtbarkeit bzw. des generativen Verhaltens werden muß. Diese erfolgen nicht unmittelbar, so daß mit einer ‚demographischen Reaktionszeit' gerechnet werden muß;

(2) daß die Anpassung der Fruchtbarkeit auf gesunkene Sterblichkeit kein automatischer Reflex ist, sondern sich nur in einem umfassenden Prozeß des sozialen und kulturellen Wandels vollzieht.

Es muß der Gesellschaft insgesamt zum Bewußtsein gelangen, daß die durchschnittliche Kinderzahl in den Familien ständig steigt. Dies allein dauert seine Zeit – vor allem in Regionen, in denen keine demographische Forschung existiert, die in Zusammenarbeit mit den Behörden den Aufklärungsprozeß beschleunigen könnte.

In einem nächsten Schritt müßte dieser Wandel der Sterblichkeitsverhältnisse den Individuen und Gruppen so zum Bewußtsein kommen, daß sie die wachsenden Kinderzahlen in ihren Familien als Bedrohung ihres greifbaren sozialen Aufstiegs und Lebensniveaus erfahren.

Schließlich müßten ‚sozial gebilligte' Lösungen dieses Problems in Angriff genommen werden, d. h. solche, die den Familien, den einzelnen Paaren und vor allem den Frauen akzeptabel erscheinen.

Selbst unter günstigsten Bedingungen würde ein beträchtlicher Zeitraum verstreichen, bis eine Bevölkerung diese Stufen der demographischen Erkenntnis absolviert hat und imstande ist, ihr generatives Verhalten daraufhin wirksam zu ändern. Sollte es in einer Gesellschaft kulturspezifische Barrieren der Fruchtbarkeitskontrolle geben, so verlangsamt sich dieser Prozeß um so mehr. Die Barrieren können in verschiedener Form vorhanden sein: So in offener Opposition zum Geburtenkontrollgedanken oder auch in sublimer Form der kulturellen Tradition[167]).

Zusammenfassend sei festgestellt: Bevölkerungen wachsen aufgrund der Diskrepanz zwischen Geburten und Sterbefällen, wobei die Größe der Kluft und der Zeitraum, in dem diese offen bleibt, über das Wachstumsvolumen und die endgültige Größe einer Bevölkerung entscheidet.

Der systemtheoretische Gesichtspunkt ist jedoch immer Anpassung durch Wandel.

Die Anpassung des generativen Verhaltens an gesunkene Sterblichkeit kann jedoch nicht unmittelbar erfolgen, – nicht einmal innerhalb einer Generation. Man glaubt, daß sie über den zeitraubenden Prozeß von ‚Versuch und Irrtum' im Generationenmaßstab laufen muß,

Abb. 25: Die Ursachen gesellschaftlichen Fortschritts

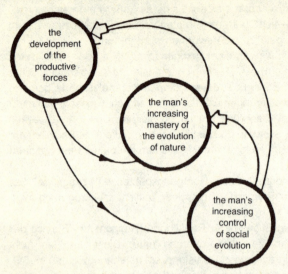

Quelle: *J. L. Elohim* et al., Searching out the Rational Performance of Mexico City Government, in: R. F. Ericson (ed.), Improving the Human Condition: Quality and Stability in Social Systems, Berlin, Heidelberg, New York (Springer) 1979, S. 1042

um ideale Kinderzahl und Geburten zum Ausgleich des Sterberisikos langsam aber irreversibel zu senken.

Das scheint nur mit einer Änderung der Sitten und Gebräuche, der Einstellungen und Lebensperspektiven möglich zu sein, die einen Wandel der gesamten Sozialstruktur bedeutet.

Die Schnelligkeit, mit der dieser Wandel sich einstellt, hängt von vielen Faktoren ab. Nicht zuletzt von der Zähigkeit und Einheitlichkeit, mit der Familiengrößen-Normen in einer Gesellschaft verwurzelt sind, und mit welchen Mitteln und Aussichten auf Erfolg diese aufgebrochen werden können. Der heuristische Wert einer Konzeption, in welcher Bevölkerung als regulatives System aufgefaßt ist, liegt darin, einigen wohlbegründeten Tatsachen Rechnung zu tragen, die außerhalb des Systemdenkens nur sehr mühevoll beschrieben und einsichtig gemacht werden könnten:

(1) Um den Bevölkerungsdruck der Übergangsphase abzubauen, unterzieht sich die Bevölkerung einem gründlichen sozialen Wandel.

(2) Die Gesellschaft aktiviert im Verlauf dessen alte Formen der Fruchtbarkeitskontrolle und entwickelt neue.

Die Konzeption der demographischen Regulierung basiert auf der Idee der Wiederherstellung des Gleichgewichts im Laufe des allgemeinen Strukturwandels und des demographischen Übergangs, und unterstellt, daß der Mensch immer fähiger wird, Natureinflüssen und Sterblichkeit auszuweichen und diese Erfolge über wirksame Anpassungsprozesse im Bereich des generativen Verhaltens komplettiert.

Folgende Prinzipien liegen einem regulativen System menschlicher Bevölkerungen zugrunde:

(1) Die ersten Systemvoraussetzungen betreffen die Antriebskräfte des gesellschaftlichen Fortschritts. Sie statuieren eine steigende Kapazität des Menschen, Natur und Gesellschaft zu beherrschen. Wir können von einer steigenden Beherrschung der ‚Produktivkräfte' sprechen oder von einem ‚Stoffwechselprozeß' zwischen Mensch und Natur, der über Arbeit bzw. eine arbeitsteilige Gesellschaft vorangetrieben und kontrolliert wird.

Steigende Naturbeherrschung ist gleichbedeutend mit Vergesellschaftung. Für den Bereich der Bevölkerung ist dieser Ansatz geeignet, das zunehmende Kontrollpotential zu erklären, welches im Zuge der gesellschaftlichen Entwicklung die biosozialen Bevölkerungsvorgänge nach dem Muster des Übergangs in Bewegung bringt.

Systeme kontrollieren sich über Rückkoppelungsströme (Feedback Control), wobei die positive Rückkoppelung das forttreibende Element des Wandels ist, die negative dagegen einen Ausgangszustand oder ein neues Gleichgewicht wiederherstellt. Nur negative Rückkoppelung kann einem System Ruhe und Dauer verleihen, wie der Preismechanismus dem Markt. Im demographischen Übergang wird jeder Modernisierungsschritt, den die Bevölkerungsstruktur vollzieht, zum Beschleuniger der sozialen Entwicklung, die ihrerseits die Bevölkerungsstruktur unter einen erneuten Anpassungsdruck setzt. Die geschichtliche Situation bestimmt, ob positive Rückkoppelungsströme wie im 19. Jahrhundert oder negative wie Jahrtausende vorher oder im Europa der Gegenwart eine Chance haben[168]).

(2) Die nächsten Systemvoraussetzungen betreffen die subjektiven Bestrebungen der Gesellschaftsmitglieder, für die der Fortschritt materieller und immaterieller Kultur zu steigenden Lebensansprüchen und Spannungen führt, die sie organisatorisch und arbeitsintensiv bewältigen müssen.

Soziologische Systemtheorien beziehen aus dem Konzept der menschlichen Strebungen ihre Bewegungsenergie: so auch diejenigen von *W. Buckley* u. a., der sie seinem ‚soziokulturellen adaptiven System' zugrunde legt. Er benutzt die Thesen von *H. A. Thelen*, die im Kern besagen: „Life is a sequence of reactions to stress[169]."

1. Der Mensch strebt über seine Mittel hinaus und ist dadurch ständig Situationen ausgesetzt, denen er nicht ganz gewachsen ist.
2. In Stress-Situationen wird Energie mobilisiert, die immer zu Spannungszuständen führt.
3. Der Mensch versucht, diese Spannungen zu lösen, zumindest zu reduzieren.
4. Der Mensch ergreift zu diesem Zweck Handlungsinitiativen.

Biologische Systeme lassen sich noch in *Darwin*'schem Sinne durch den Kampf ums Überleben (struggle for life/survival) kennzeichnen, soziale Systeme eher durch einen Kampf um Bedürfnisbefriedigung und Wunscherfüllung (struggle for satisfaction)[170].

Der Entwicklungsprozeß zeigt sich auch in einem steigenden Angebot von ‚Optionen', die in der Präferenzhierarchie der Individuen untereinander konkurrieren. Die Wohlstandstheoretiker hatten diesen Umstand entdeckt und den ersten Geburtenrückgang nach der Jahrhundertwende damit in Verbindung gebracht: Immer mehr ‚Konkurrenzgenüsse' stehen dem traditionellen Muster der ‚Prokreation' entgegen.

(3) Die allgemeinen Prinzipien über die Antriebskräfte sozialer Systeme erfordern noch eine kulturelle bzw. räumlich-zeitliche Spezifikation, um einen bestimmten Problemzug aufnehmen zu können. Da Bevölkerung unter dem Aspekt des demographischen Übergangs analysiert wird, soll diese kulturelle Spezifikation jenen Gesellschaften entnommen werden, die den Übergangsprozeß abgeschlossen haben, d. h. der entwickelten Welt. Das besagte Spannungspotential, das fortwährend Lösungen verlangt, läßt sich an der Verfolgung

‚dominanter Werte' oder des ‚Wünschenswerten' ablesen, wofür sich Gesellschaft und Individuen auf allen Ebenen engagieren. Hierunter wären zu nennen: Wachstum in allen Produktionssektoren, der Eigenwert des Individuums als Leistungseinheit, eine Konsumhaltung als Statussymbol, ein hohes Technikvertrauen[171]).

Abb. 26: Demographischer Übergang im Rahmen sozioökonomischer Entwicklung

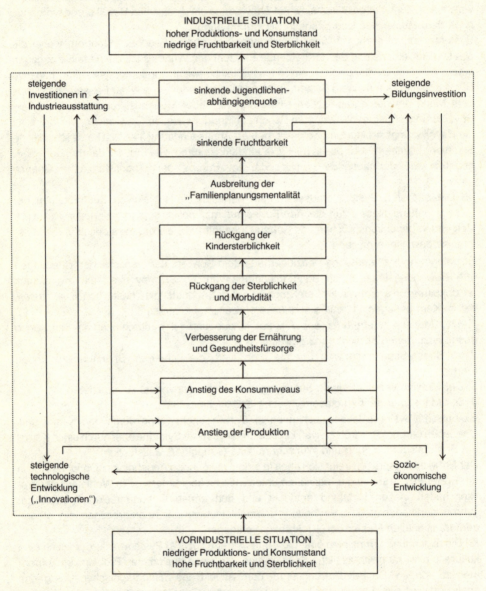

Quelle: In Anlehnung an *H. Frederiksen,* Feedbacks in Economic and Demographic Transition; in: *P. Reining; J. Trinker* (eds.), Population: Dynamics, Ethics and Policy, Washington D.C., 1975, S. 103–113, hier 104 f; Copyright 1983, by AAAS.

Der demographische Übergang von vorindustrieller Situation mit hoher Fruchtbarkeit und Sterblichkeit zur industriellen mit geringer Fruchtbarkeit und Sterblichkeit vollzieht sich aufgrund des historisch-evolutionären Impetus zu maximaler und rationaler Produktion. ‚Sozioökonomische Entwicklung' bedeutet steigende Effizienz der Produktion und entsprechende Formierung der Bevölkerungsstruktur, um jenen industriellen Standard zu steigern, an dem die Gesellschaftsmitglieder (in Familien und Haushalten) durch ihre Arbeitsergebnisse partizipieren:

Im folgenden Flußdiagramm werden die Etappen des demographischen Übergangsgeschehens an die sozioökonomische und technologische Entwicklung einer Gesellschaft gebunden. Die steigende Kontrolle der Bevölkerungsvorgänge äußert sich in ihrem Absinken. Durch den Wandel der Bevölkerungsstruktur wird die Investitionskapazität (Technologie, Qualifikation und Industrieausstattung) erhöht. Sinkende Fruchtbarkeit entlastet zuletzt vom Druck auf Produktion und Konsum im öffentlichen und privaten Bereich.

Eine Schwäche der Idee der demographischen Regulation mag sein, daß sie zu stark auf Absinken der Sterblichkeit als dem primum movens des Übergangsprozesses abhebt und dadurch Gefahr läuft, als einseitige mechanistische Konzeption mißverstanden zu werden. Zu oberflächlichen Schlußfolgerungen kann der rasch einsichtige Anpassungsmechanismus innerhalb des „Systems Bevölkerung" verleiten:

– Die veränderten Sterblichkeitsbedingungen bestimmen Umfang und Richtung des generativen Verhaltens.
– Dem generativen Verhalten liegt ein Anpassungsvorgang zugrunde, der Einstellungen und Handlungskonsequenzen umfaßt.
– Wenn die Sterblichkeit sinkt, muß auch in der Vorstellungswelt der Paare die für ideal gehaltene Kinderzahl sinken, um dem häufigeren Überleben von Kindern Rechnung zu tragen.
– ‚Ersatzproduktion' von Kindern – wie unschön dies immer klingen mag – wird in dem Maß überflüssig, als sich das Sterblichkeitsrisiko der Kinder und Jugendlichen verringert.

Es wird offenbar, daß diese Aussagekette eine bestimmte soziale und geschichtliche Situation zur Voraussetzung hat, d. h. zu ihrer Demonstration einen unterentwickelten Gesellschaftszustand und die Ausklammerung staatlicher Alterssicherung benötigt.

J. C. Caldwell wendet sich vehement gegen diese einseitige Bindung des Fruchtbarkeitsrückgangs an sinkende Sterblichkeit, die ‚Definitionen' hervorbringen, wonach nichts weiter geschah, als daß die Sterbeziffer sank und ebenso die Geborenenziffer, wobei die Zahl der überlebenden Familienmitglieder schließlich gleichblieb[172].

Es steht fest, daß nur eine Wandlungstheorie genügen kann, die am Systemzusammenhang demographischer Größen zwar festhält, die aber „gleichzeitig das gesamte Ausmaß sozialer, ökonomischer und demographischer Wandlungserscheinungen erklärt, oder zumindest den Rahmen hierfür liefert[173]."

Nach gegenwärtigem Kenntnisstand müssen zu einer derartigen Rahmenkonstruktion folgende Überlegungen angestellt werden:

Die industrielle Situation zeigt äußerst komplexe Beziehungen zwischen Bevölkerung und Gesellschaft, zumindest wenn man sie mit dem einfachen ‚Regime' der Agrargesellschaft vergleicht. Das niedrige Niveau von Fruchtbarkeit und Sterblichkeit stellt sich also aus Systembezügen her, die einen hohen Standard der Produktion und des allgemeinen Lebensniveaus garantieren.

Der Bevölkerungsstand, der sich – Wanderungen ausgenommen – aus Fruchtbarkeit und

Sterblichkeit speist, stellt für die Produktion das aktive Erwerbspotential, mit dessen Einkommen nach Gütern und Dienstleistungen nachgefragt wird. Die Einkommen werden zum Teil konsumiert, zum Teil als Sparrücklagen oder Investitionen der Produktion wieder zur Verfügung gestellt.

Für die Einheiten menschlicher Reproduktion (Familien, Partnerschaften) steht ein differenziertes Spektrum an Gütern (Investitionsgüter, Konsumgüter und soziale Dienste) bereit, aus dem sie nach kultur- und schichtspezifischen Entscheidungsmodi ihre Wahl treffen.

Der hohe Standard der sozialen Dienstleistungen verbürgt eine niedrige Sterblichkeit, während sich die niedrige Fruchtbarkeit über Prozesse — wie das Rechnen mit knappen Mitteln (familialen Ressourcen) und die Entscheidung aus ‚konkurrierenden Optionen' — vermittelt.

Es kann nicht oft genug betont werden, daß die simple Idee der Konsumalternative, wie sie im Schlagwort von ‚Baby oder Auto' zum Ausdruck kommt, die niedrige Fruchtbarkeit nicht korrekt erklärt. Es ist vielmehr die Notwendigkeit, familiale Ressourcen mit (mehr oder minder) bewußten Lebensplänen abzustimmen. Die steigende Zahl ‚konkurrierender Optionen' beeinflußt Lebenspläne und setzt Ressourcen der Partnerschaften im reproduktionsfähigen Alter unter Druck. In der technisch-rationalen Zivilisation verliert die Zeugung von Nachwuchs ihre traditionelle Selbstverständlichkeit, sie wird Gegenstand des Kalküls.

Diese Fragen leiten über zu den Determinanten der Bevölkerungsvorgänge, die im demographischen Übergang im Verlauf sozioökonomischer Innovation und demographischer Anpassung absinken.

Abb. 27: Materielle Produktion und physische Reproduktion in der industriellen Gesellschaft (Faktoren des niedrigen Bevölkerungsumsatzes)

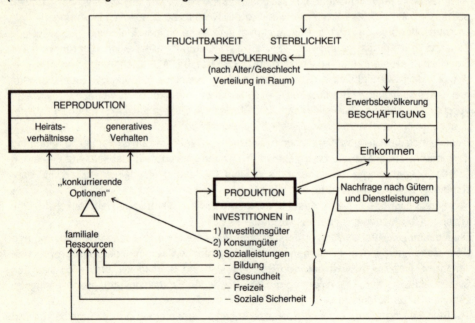

3. Der epidemiologische Übergang

Unter epidemiologischem Übergang versteht man den allmählichen Wandel der Krankheitsformen und Sterbeursachen während des demographischen Übergangs. Er bildet das langfristige, aber stetige Absinken der Sterbewerte ab. Er konnte konzipiert werden, als eine Verschiebung in der Häufigkeit gewisser Todesursachen festgestellt wurde: Infektionskrankheiten wurden zurückgedrängt, während sogenannte ‚degenerative' und in der modernen Lebensweise begründete Formen der Morbidität und Mortalität in der Rangliste der Todesursachen aufrücken. Diese Beobachtung rechtfertigt, von einem ‚epidemiologischen Übergang' zu sprechen.

Das statistische Modell des demographischen Übergangs, die Typologie generativer Entwicklungsstufen und selbst die regulativen Bevölkerungsprozesse, die zum demographischen Übergang führen, machen nur pauschale Aussagen über die Bewegungsfaktoren und die Bewegungsformen der einzelnen Bevölkerungsvorgänge.

Die Erklärung des Rückgangs der Sterblichkeit scheint unproblematisch, denn alle Kulturen tendieren dazu, das menschliche Leben hoch einzuschätzen und nach Möglichkeit zu verlängern. Es gibt kaum Barrieren der Anwendung von kultureigenen Techniken und sanitären Praktiken, um die menschliche Gesundheit wieder herzustellen, zu fördern und den Tod hinauszuschieben. Es liegt auch im Wesen menschlicher Arbeit, den Nahrungsspielraum ständig zu erweitern. Die Sterblichkeitssenkung wird auf die Verbesserung der Lebensbedingungen und der öffentlichen Gesundheitsfürsorge zurückgeführt. *A. M. Carr-Saunders,* der zu den Entdeckern des Übergangsgeschehens gehört, meinte 1925, daß der Fall der Sterblichkeitssenkung geklärt sei:

„There is no mystery about the fall in the death rate. . . . It was due to improved sanitary conditions and to advances in the study of medicine[174])."

Diese Bündigkeit wird heute nicht mehr akzeptiert. Die historische Demographie ist in die Erforschung vorindustrieller Sterbeursachen eingestiegen und konnte auf der einen Seite Ernährungskrisen (oder Subsistenzkrisen), auf der anderen Seite Epidemien (oder Mortalitätskrisen) feststellen; oft bedingten sich Hungertod und Seuchentod gegenseitig[175]).

Die Frage, was nun zur ersten Sterblichkeitssenkung den Ausschlag gegeben habe, wird bis in die Gegenwart diskutiert; sie ist Streitgegenstand unter Sozialgeschichtlern und Demographen. Denn selbst die steigende Zahl von Bekämpfungsmitteln infektiöser Krankheiten gestatte keine gesicherte Aussage, solange der Anteil der betreffenden Krankheit an der Gesamtheit der Todesursachen nicht restlos geklärt sei. So wird die Einführung der Pockenimpfung nach Ansicht von Medizinhistorikern überschätzt, weil der Anteil der Pocken an der vorindustriellen Sterblichkeit sehr unterschiedlich ins Gewicht falle[176]).

Es würde zu weit führen, diese Debatte ins Detail zu verfolgen. Es soll stattdessen auf die

a) sozialen Determinanten der Sterblichkeit und
b) den eigentlichen epidemiologischen Übergang,

d. h. jene Sterblichkeitsmuster oder Mortalitätsstrukturen, die den demographischen Übergang prägen, eingegangen werden.

a) Soziale Determinanten der Sterblichkeit (Mortalität)

Zum Problem der Sterblichkeit im demographischen Übergang sind schon grundsätzliche Bemerkungen gemacht worden. Über den langen, vorindustriellen Zeitraum in der Menschheitsgeschichte waren es die mitunter plötzlichen Einbrüche der Sterblichkeit, die über die Größe und das Anwachsen der Bevölkerungen letztlich bestimmten. Die Bevölkerungsgeschichte lehrt außerdem, daß die verschiedenen Wachstumsschübe auf ein langsames aber stetiges Sinken der Sterblichkeit zurückzuführen sind. Ein Blick auf die gegenwärtigen Entwicklungsländer bestätigt die sinkende Sterblichkeit als einen primären Wachstumsfaktor der Bevölkerung: Über das Ausmaß der Sterblichkeit wurden schon Feststellungen getroffen. Die Sterbeziffern (Anzahl der Sterbefälle eines Jahres auf tausend der Bevölkerung zur Mitte des Jahres) wiesen eine Schwankungsbreite zwischen 25 und 40 auf; Katastrophen jedweder Art ließen sie kurzfristig noch höher emporschnellen.

Die Sterbeziffer für das Jahr 1880, das Jahr des letzten Höchststandes der Sterblichkeit im Deutschen Reich, hatte noch 26,0 a. T. ergeben und 1 137 000 Gestorbene auf 45 093 000 bedeutet. In der Bundesrepublik Deutschland wie in den meisten übrigen Industrienationen schwankt sie gegenwärtig zwischen 11 und 12 a. T. und das bedeutet eine Gestorbenenzahl von ca. 700 000 auf ca. 62 Millionen Einwohner.

Bei Betrachtung der Sterblichkeit der gegenwärtigen Weltbevölkerung fällt auf, daß die Sterblichkeit der derzeitigen Entwicklungsländer erheblich unter dem europäischen Sterblichkeitsniveau in vorindustrieller Zeit liegt. 1984 lag die Sterbeziffer für die Weltbevölkerung insgesamt bei 11 a. T., für die Industrienationen wurde 1984 die Ziffer mit 9 a. T. angegeben, für die Entwicklungsländer gleichfalls mit nur 11 a. T.. Das ist weniger als die Hälfte der vorindustriellen Sterblichkeit in Europa.

Im Falle der Sterblichkeit verschränken sich Biologisches und Soziales auf eigentümliche Weise:

„The complicated interplay of various biological, economic, social and cultural factors has an impact on the health of individuals and hence on the mortality levels of population[177])."

Mag der Eintritt des Todes eine biologische Tatsache sein, die alle Lebewesen gleichermaßen trifft, so sind doch ‚Sterben in der Gesellschaft', d. h. Sterben in einem bestimmten Alter unter allgemeinen Lebensbedingungen und epochalen Standards soziologische Mortalitätsfaktoren.

Biologisches setzt sich noch dahingehend durch, daß Sterblichkeit eine Funktion des Alters ist und Bevölkerungs- und Medizinalstatistik und auch Bevölkerungssoziologie die Sterblichkeit nach ihrer Gewöhnlichkeit oder ihrer Ungewöhnlichkeit kategorisieren: Kindersterblichkeit, Erwachsenensterblichkeit und Greisensterblichkeit stehen hier für den ‚natürlichen Lebenszyklus', der jedoch gesellschaftsspezifisch, sozial und kulturell überformt wird. Zur Bestimmung dieser lebenszyklisch bedingten Sterblichkeit bedient man sich einer verfeinerten Methode, nämlich der ‚altersspezifischen Sterbeziffer' (Gestorbene eines Jahrgangs/Bevölkerung dieses Jahrgangs × 1000).

Charakteristische Häufigkeit von Sterbefällen findet sich bis zur Vollendung des ersten Lebensjahres, wobei in allen Gesellschaften die sich anschließende Jugendsterblichkeit und Erwachsenensterblichkeit merklich sinkt. Je nach Entwicklung der Gesellschaft setzt anschließend die Greisensterblichkeit früher oder später ein. In Entwicklungsländern kann der Zeitpunkt hierfür zwischen dem 40. und 45. Lebensjahr liegen, in entwickelten Gesellschaften ist er kaum unter dem 55. Lebensjahr festzustellen.

Sozialer und technischer Fortschritt wirkt sich grundsätzlich auf die Sterblichkeit aller Altersklassen aus; zuerst jedoch in der Erwachsenensterblichkeit, die die Schwelle zur Greisensterblichkeit deutlich hinausschiebt. Den größten Umfang an Ressourcen und sozialen Investitionen benötigt die Zurückdrängung der Kindersterblichkeit und es ist kein Zufall, daß der Durchbruch zur drastischen Senkung immer erst in den letzten Etappen der Entwicklung einer Gesellschaft gelingt. Für die deutsche Bevölkerung ist er erst in den zwanziger Jahren gelungen; im Deutschen Reich der Jahrhundertwende hatten wir eine Säuglingssterblichkeit um 200 für Knaben und um 170 für Mädchen. Während die Bundesrepublik Deutschland gegenwärtig auf den Stand von 16 Säuglingssterbefällen auf tausend Neugeborene eines Jahres kommen konnte[178]).

Der Stand der Säuglings- und Kindersterblichkeit liefert ein gültigeres Bild von den wahren Sterbeverhältnissen in einer Bevölkerung als die rohe Sterbeziffer; sie wird in höchst sensible und valide Indikatoren der Modernisierung eingereiht. Lateinamerika besitzt eine niedrige rohe Sterbeziffer von 8 a. T. seiner Bevölkerung (1984), während seine Säuglingssterblichkeit um 65 auf tausend Geburtenfälle für 1984 festgestellt wurde. Die Säuglingssterblichkeit afrikanischer und asiatischer Bevölkerungen liegt durchwegs zwischen 50 und 200, während Westeuropa inzwischen einen Durchschnitt von nur 10 erreicht hat.

Ein weiterer wichtiger Indikator, der aus den Sterbeverhältnissen hervorgeht, ist die Lebenserwartung bei Geburt (e_0). Sie errechnet sich nach der Sterbetafel und kann als ein Wert angesehen werden, der entsteht, indem alle Sterblichkeiten der einzelnen Altersstufen auf den Lebensbeginn diskontiert werden. Sie drückt keinesfalls ein durchschnittliches Sterbealter aus, sondern den demostatistischen Durchschnitt, wielange ein Mensch eines bestimmten Alters (hier mit Alter 0) unter bestehenden Sterbeverhältnissen zu leben hat[179]). Für vorindustrielle Bevölkerungen und bis zur Mitte des vergangenen Jahrhunderts betrug die Lebenserwartung für beide Geschlechter nicht mehr als 35 Jahre. Von der historischen Demographie wird ein ähnlicher Wert für einige Provinzen des Römischen Reiches errechnet. Für das vorindustrielle Deutschland werden nicht mehr als 37 Jahre angenommen[180]).

Für die Gegenwart haben sich unterschiedliche Lebenserwartungen für Männer und Frauen ergeben. Sie liegen in Industrienationen bei Männern um 69 Jahre, bei Frauen um 75.

Geringe und für beide Geschlechter schwer differenzierbare Lebenserwartung signalisiert einen unterentwickelten Gesellschaftszustand. Im Weltmaßstab liegt die durchschnittliche Lebenserwartung für beide Geschlechter bei 61 Jahren, wobei auf die Industrienationen eine von 73, auf die Entwicklungsländer eine von 58 Jahren entfällt. Die niedrigste Lebenserwartung haben afrikanische Bevölkerungen der tropischen Zone: Sie wird auf 46 Jahre geschätzt.

Die folgende Tabelle gibt einen Überblick über die Entwicklung der Lebenserwartung in europäischen Bevölkerungen in diesem Jahrhundert. Mit der Steigerung der Lebenserwartung erhöhen sich gleichzeitig die Differenzen in der Lebenserwartung zwischen den Geschlechtern: die hohe Lebenserwartung der Frauen hat sich von 1900 bis 1965 nahezu verdoppelt:

Tab. 6: Geschlechtsspezifische durchschnittliche Lebenserwartung bei Geburt (e_0) für ausgewählte Länder, 1900 und 1965

Land	Um 1900*			Um 1965*		
	*e_0 (in Jahren)		Überschuß e_0 Frauen über e_0 Männer (In Jahren)	*e_0 (in Jahren)		Überschuß e_0 Frauen über e_0 Männer (In Jahren)
	Männer	Frauen		Männer	Frauen	
Australien	55,2	58,8	3,6	67,9	74,2	6,3
Österreich	39,1	41,1	2,0	66,8	73,5	6,7
Belgien	45,4	48,8	3,4	67,7	73,5	5,8
Bulgarien	40,0	40,3	0,3	67,8	71,4	3,6
Tschechoslowakei	38,9	41,7	2,8	67,8	73,6	5,8
Dänemark	52,9	56,2	3,3	70,2	74,7	4,5
England und Wales	48,5	52,4	3,9	68,3	74,4	6,1
Finnland	45,3	48,1	2,8	65,5	72,7	7,2
Frankreich	45,3	48,7	3,4	67,8	75,0	7,2
BR Deutschland	44,8	48,3	3,5	67,6	73,4	5,8
Ungarn	37,1	37,9	0,8	67,0	71,8	4,8
Italien	44,2	44,8	0,6	67,2	72,3	5,1
Niederlande	51,0	53,4	2,4	71,1	75,9	4,8
Neuseeland	58,1	60,6	2,5	68,4	73,8	5,4
Norwegen	54,8	57,7	2,9	71,0	76,0	5,0
Spanien	33,8	35,7	1,9	67,3	71,9	4,6
Schweden	54,3	57,0	2,7	71,6	75,7	4,1
Schweiz	49,2	52,2	3,0	68,7	74,1	5,4

Quelle: United Nations, The Determinants and Consequences ... a.a.O., S. 116

Die sozialen Faktoren der Sterblichkeit werden unter dem Begriff der ‚sozialen Mortalität' oder der ‚differentiellen Sterblichkeit' zusammengefaßt und sind innerhalb der Bevölkerungen durch folgende Gegebenheiten verursacht[181]):

1. nach Organisation des Gesundheitswesens und der medizinischen Betreuung;

2. nach den materiellen und immateriellen Ressourcen einer Gesellschaft, vorhandene medizinische und sanitäre Möglichkeiten zu nutzen und auszubauen;

3. nach der Chance, die persönliche Motivation der Gesellschaftsmitglieder hinsichtlich eines gesundheitsbewußten Verhaltens zu stärken;

4. nach allgemeinen Faktoren der Umwelt, des Klimas und des Lebensstils, vor allem der Ernährungsgewohnheiten.

Grundsätzliche Mortalitätsdifferenzen stellen wir in regionaler Hinsicht (nach Stadt – Land), in ethnisch-rassischer, religiöser und in sozialstruktureller Hinsicht (Status und Beruf) fest.

Jeder Mensch hat Anteil an diesen allgemeinen Mortalitätsbedingungen; er ist ihnen dort schicksalhaft ausgeliefert, wo die individuelle Autonomie die eigene physische Konstitution zu schaffen endet.

b) Wandel der Sterblichkeitsstrukturen im Übergang

Der Wandel in der Häufigkeit der Todesursachen wurde eingangs skizziert: Die in vorindustriellen Zuständen dominierenden Infektionskrankheiten: Typhus, Tuberkulose, Cholera, Diphterie usw. werden im Laufe der Entwicklung durch ein Krankheitsbild ersetzt, das der hohen Lebenserwartung und den industriellen Lebens- und Arbeitsformen entspricht: Herz- und Kreislaufkrankheiten, bösartige Neubildungen (Krebs), Schlaganfall, Diabetes, Gastritis, usw. Im Schema des demographischen Übergangs würde die von Ernährungskrisen und Infektionskrankheiten heimgesuchte Bevölkerung das vorindustrielle Ausgangsstadium und die Einleitungsphase markieren. Während der gesamten Übergangsphase ist ein Rückgang der Epidemien zu beobachten, der jedoch immer noch zu Einbrüchen, seien es Typhus oder Cholera, führt[182].

In der Einlenkungsphase des Übergangs, in der der Durchbruch in der Bekämpfung der Kindersterblichkeit bekanntlich zu verzeichnen ist und die allgemeinen Sterblichkeitsziffern sich auf niedrigem Niveau einzupendeln beginnen und die Lebenserwartung signifikant ansteigt, bildet sich jenes Krankheitsbild (Morbiditätsstruktur) aus, das für fortgeschrittene industrielle Zivilisation typisch ist.

Das Absinken der Sterblichkeitsziffer ist verantwortlich für die Bevölkerungszuwächse während der demographischen Übergangsphase. Das Tempo, mit dem sich der epidemiologische Übergang vollzieht, bestimmt die Intensität des Anwachsens der Bevölkerung und erlaubt es, historische Typen dieses Wandels analog dem demographischen Übergang zu erstellen.

Wir können auch hier hinsichtlich der Veränderungen der Sterblichkeitsstruktur von einem europäischen oder ‚westlichen Modell' ausgehen. Das allmähliche und erst gegen Schluß der Übergangsphasen sich beschleunigende Absinken der Sterbewerte ist zur Gänze auf soziale Innovationen während des gesamten Entwicklungsprozesses zurückzuführen. Der epidemiologische Übergang war die Folge ‚endogener' Entwicklungsprozesse und beanspruchte dafür den gesamten Zeitraum des demographischen Übergangs, der durchschnittlich mit 150 Jahren oder drei bis fünf Generationen angegeben werden kann. Das führte auch zu den bekannten schwachen Zuwachsraten in Europa von nur 0,5 bis 0,7% jährlich.

Wir können außerdem ein ‚beschleunigtes Modell' des Sterblichkeitsübergangs feststellen, in dem die europäische Entwicklung nachvollzogen wurde, jedoch mit ungleich größerem Tempo. Das Musterbeispiel hierfür wäre die Entwicklung in Osteuropa und Japan. Japan hatte den demographischen Übergang – nicht zuletzt unter Folgen des verlorenen Krieges – nach 1945 beschleunigt und insgesamt nur eine Zeitspanne von dreißig Jahren dazu benötigt.

Gemessen an diesen beiden Modellen ist es berechtigt, im Falle der Entwicklungsländer von einem ‚verzögerten Modell' zu sprechen, da es ihnen bis zur Mitte unseres Jahrhunderts nicht möglich war, ihre Sterblichkeit (von Fruchtbarkeit ganz zu schweigen) deutlich zu senken. Erst ab 1940 macht sich eine solche bemerkbar, die als Folge europäischer und japanischer Kolonisierung erscheinen muß[183].

Abb. 28: Westliche, beschleunigte und verzögerte epidemiologische Übergangsmodelle

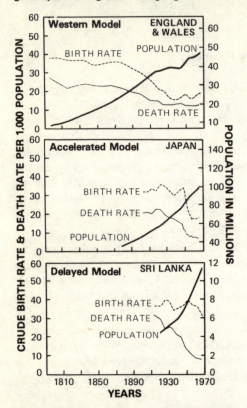

Quelle: A. R. Omram, The Epidemiologic Transition: A Theory of the Epidemiology of Population Change, In: Population Bulletin, Vol. 32, May 1977, No. 2 ("May 1980 updated reprint"); Reprinted by Permission of Population Reference Bureau, Washington D. C., 20037

Nach Ende des Zweiten Weltkrieges wurden die Bemühungen um die Sterblichkeitssenkung in den ‚jungen Nationen' mit internationaler Hilfe, vor allem der inzwischen gegründeten Weltgesundheitsorganisation der Vereinten Nationen, verstärkt. Durch die Entdeckung wirksamer Insektizide konnten Krankheitsherde sogar flächendeckend beseitigt werden. In Regionen, die traditionell von Malaria heimgesucht wurden, konnte mit Hilfe von DDT die Sterblichkeit dramatisch gesenkt werden, so auf Ceylon (Sri Lanka). Der rasche Anstieg der Bevölkerungszahlen war die unmittelbare Folge.

Im europäischen Fall können wir von einem ‚sozial bestimmten' (endogenen) Sterblichkeitsrückgang sprechen, im Fall der Entwicklungsländer von einem ‚medizinisch-induzierten' (exogenen) Sterblichkeitsrückgang. Letzterer Fall verdient den Namen eines verzögerten Modells schon deshalb, weil die Fruchtbarkeitsverläufe einen entsprechenden Abwärtstrend nicht vollführen.

Die medizinisch-induzierte Sterblichkeitssenkung ist – im Gegensatz zu Europa – für die

Entwicklungsländer auch ohne ‚Entwicklung', d. h. sozialen Fortschritt und Steigerung des Lebensstandards verfügbar. Die Fruchtbarkeitssenkung muß sich über Lernprozesse, wie sie das regulative System des Bevölkerungswandels abbildet, einstellen.
Die Sterblichkeit und ihre Senkung sind nicht mehr das zentrale Problem der Sozialwissenschaft. Zum Hauptproblem der Bevölkerungsforschung ist die Fruchtbarkeit geworden. Sie gibt in Industriegesellschaften und Entwicklungsländern unterschiedliche, aber gleichermaßen große Rätsel auf, die zu den Herausforderungen der gegenwärtigen Bevölkerungssoziologie und der übrigen sozialwissenschaftlichen Disziplinen gehören.

4. Fruchtbarkeit im Übergang

a) Rückgang der Fruchtbarkeit in Europa

Das Studium der Fruchtbarkeit bringt die letzte entscheidende Korrektur in alle Fassungen des demographischen Übergangs. Die empirisch-sozialgeschichtliche Analyse der Fruchtbarkeitsrückgänge verweist alle Aussagen, die in den einzelnen Konzeptionen des Übergangs zum Fruchtbarkeitsverlauf impliziert sind, in den Bereich der vorläufigen Annahme, der unzureichend fundierten Quasi-Theorie, des Vorurteils aufgrund schwacher Indizien und bloßer systemtheoretischer Evidenz. Dem Verlauf der Fruchtbarkeit kommt im demographischen Übergangsgeschehen, nachdem die Sterblichkeit sich bereits in der Phase der Zurückdrängung befindet, eine Schlüsselrolle zu. Beide Verläufe erscheinen in einem Modell gleichrangig, wodurch ihre Wesensverschiedenheit verdeckt zu werden droht:
Fruchtbarkeit ist jener Bevölkerungsvorgang mit dem größten Komplexitätsgrad; in ihr finden sich sämtliche soziale Strukturen in mehr oder weniger vermittelter Form. Aufgrund ihrer starken Verankerung in der individuellen Willenshaltung der Gesellschaftsmitglieder kann sie sich am besten vor gesellschaftlichen und staatlichen Beeinflussungsinstanzen abschirmen. Durch den unerläßlichen Anteil aktiver menschlicher Willensentscheidung – der je nach Gesellschaftsform als hoch oder niedrig angenommen werden muß – entzieht sich Fruchtbarkeit in viel höherem Maße als Sterblichkeit eines Eingriffs seitens sozialer Entwicklung oder technischer Manipulation.
Fruchtbarkeit und Sterblichkeit verhalten sich wie Aktivum zu Passivum und diese Tendenz ist in den vorindustriellen Gesellschaften schon angelegt. Auf die Frage, warum es ungleich mehr Theorieansätze zur Fruchtbarkeit gäbe als zur Sterblichkeit, meinte ein amerikanischer Kollege scherzhaft: weil der Tod so ‚damned unmotivated' wäre.
Der Erkenntnisstand der zur typologischen „Stufenlehre" des Übergangsgeschehens wie zur Systemkonzeption geführt hat, muß mit den Ergebnissen (historischer) Fruchtbarkeitsforschung konfrontiert und einer Revision und Klarstellung geöffnet werden:
Die Konstruktion abgeschlossener historischer Typen im Übergangsprozeß setzt voraus, daß jede Gesellschaft versucht, Fruchtbarkeit und Sterblichkeit im Gleichgewicht zu halten. Kollektive Normen legen das wünschenswerte Maß fest, nach dem eine Gesellschaft ihre Gestorbenen ersetzt und insgesamt wächst. Diese Normen sind flexibel; sie wandeln und richten sich relativ rasch nach den ökonomischen Möglichkeiten der Existenzerhaltung einer Bevölkerung. Während die „vormoderne", von *Malthus* beschriebene Bevölkerung nur von der unerbittlichen Natur, d. h. durch die Sterbefälle reguliert wurde, sind menschliche Gesellschaften ‚im Laufe ihrer Entwicklung' immer weniger auf Todeskontrolle angewiesen.

Sie müssen sich allmählich im Bereich der Fruchtbarkeit nach korrigierenden Dämpfungsmechanismen umsehen. Die Kulturökologie berichtet über eine Fülle von Fruchtbarkeitskontrollierenden Normen, die eine Gruppengröße in Einklang, oder „Gleichgewicht" mit der Ressourcenbasis halten.

Daß der demographische Übergang von so unterschiedlichen „Kulturlandschaften" ausgetragen war, gibt schon zu denken. Daß aber auch Schlüsseldeterminanten so stark variieren, daß ihr Erklärungswert schwindet, macht eine Soziologie des demographischen Übergangs vollends zur Sisyphus-Arbeit. Am so bedeutenden Entwicklungsindikator „Bildungsgrad" läßt sich dies ablesen: Der Geburtenrückgang vollzog sich in europäischen Ländern, als das Bildungsniveau, gemessen an dem Anteil der Analphabeten, große Unterschiede aufwies und stellenweise noch hoch war. Laut *Knodel* und *van de Walle* kann keine konsistente Beziehung zwischen Bildungsgrad und Fruchtbarkeit festgestellt werden. Des weiteren ist zu fragen, ob die schon bei *G. Mackenroth* und *F. Lorimer* angelegte Annahme, der vormoderne, „prätransitionale" Zustand sei durch „Großfamilien" mit starken Pressionen zu hoher Fruchtbarkeit charakterisiert, aufrechterhalten werden kann.

Die Zeugnisse der Sozialgeschichte sprechen deutlich aus, daß auch in vorindustriellen Familien die Angst vor zu hoher Kinderzahl immer größer war als vor hoher Sterblichkeit und daß der Wunsch, den Nachwuchs zu beschränken, zumindest latent vorhanden, wenn schon nicht wirksam zu realisieren gewesen war. Sowie er dies aber ist, scheint der „Kinderwunsch" tatsächlich niedriger als angenommen und sorgt längst nicht immer – wie im Fall der deutschen Bevölkerung schon seit einer guten Dekade – für ein Gleichgewicht der biosozialen Vorgänge. Man sieht Fruchtbarkeit förmlich aus allen braven Erklärungsschemata „heraustanzen".

Nicht viel besser ergeht es der systemtheoretischen Aussagekette, auf die sich die „Theorie der demographischen Regulation" stützt:

Im demographischen Übergang wirkt Bevölkerung als regulatives System, weil sie über einen inneren Anpassungsmechanismus verfügt, der sie in eine geschichtlich-mögliche und kulturell-wünschenswerte Richtung treibt. Das Kulturell-Normative wandelt sich seinerseits mit den demographischen Veränderungen.

Nach dem System- und Gleichgewichtsprinzip kann eine Bevölkerung nur auf zwei Arten ihr Wachstum bremsen, entweder (a) durch Senkung ihrer Fruchtbarkeit oder (b) durch Ansteigenlassen ihrer Sterblichkeit.

Da die Vermeidung des Todes und Zurückdrängung der allgemeinen Sterblichkeit in allen Gruppen einen kollektiven „Wert" darstellt, kann der demographische Regulationsprozeß nur über den Strang des generativen Verhaltens, der Senkung der Fruchtbarkeit also, laufen.

Immer noch wird der Kindersterblichkeit die entscheidende Rolle bei Bestimmung der gewünschten Kinderzahl durch ein Elternpaar zugesprochen: erst wenn mehr überlebende Kinder „wahrgenommen" würden, könne auch die Kinderzahl korrigiert werden.

Tatsächlich war in Europa die eheliche Fruchtbarkeit bei unterschiedlichsten Niveaus und Formen der Kindersterblichkeit gesunken; in deutschen Dörfern sogar dort zuerst, wo die Sterblichkeit relativ hoch war[184]. Es ist eher der Tod im späteren Kindesalter, der häufig noch vor der Fruchtbarkeit zurückging, aber nicht unbedingt die Säuglingssterblichkeit. Letztere blieb z. B. in Belgien und Deutschland in ihrer Abwärtsbewegung hinter der ehelichen Fruchtbarkeit zurück, in anderen Fällen sank sie mit ihr etwa gleichzeitig.

Um das Niveau der Kindersterblichkeit abzuschätzen und in die generative Entscheidungsfindung eingehen zu lassen, benötigt ein Elternpaar einen Beobachtungszeitraum von jeweils 5 Jahren und mehr. Am Absinken der Fruchtbarkeit werden wahrscheinlich noch andere soziale Faktoren beteiligt gewesen sein, die eine eindeutige Verursachung beim „Generalfaktor" Kindersterblichkeit unmöglich macht. Zudem ging die Fruchtbarkeit von so unterschiedlich hoher Kindersterblichkeit aus zurück, daß eine strenge kausale Verknüpfung entfällt. Für die meisten europäischen Länder ist ein Rückgang ehelicher Fruchtbarkeit festzustellen, noch bevor die Säuglingssterblichkeit deutlich sinken konnte. Besonders die deutsche Bevölkerung gibt hierfür das Beispiel ab. Außerdem ist in weiten Teilen der Dritten Welt die Säuglingssterblichkeit wie auch die Kindersterblichkeit gesunken und dies reicht bekanntlich nicht aus, um die Geborenenzahlen dort rasch und anhaltend zu senken.

Die Befunde, die wir der historischen Demographie, dem historisch-vertikalen und interkulturellen Vergleich zu Ausmaß, Bewegungen und Determinaten der Fruchtbarkeit verdanken[185]), veranlassen uns zu einer Revision einst bewährter Annahmen und zur Aufstellung neuer Thesen:

(1) Fruchtbarkeitsrückgang vollzog sich unter verschiedensten sozialen, ökonomischen und demographischen Bedingungen.
(2) Eine bewußte Beschränkung der Geburtenzahl wurde kaum praktiziert, wenn auch ein erheblicher Teil dieser Geburten eindeutig unerwünscht war.
(3) Haben jedoch Geburtenbeschränkung und Rückgang ehelicher Fruchtbarkeit einmal Fuß gefaßt, leiten sie einen irreversiblen Prozeß ein.
(4) Die Einleitung und Ausbreitung des Geburtenrückganges liegt in den kulturellen Voraussetzungen der Gesellschaft (cultural setings) begründet und vollzog sich weitgehend unabhängig von sozioökonomischen Ausgangsbedingungen.

Dieses allmählich endgültige Bild des ‚Fruchtbarkeitsrückgangs' im westlichen Europa schälte sich tatsächlich erst in den letzten Jahren heraus. Die Synopse der erwähnten „Princeton Studies" zur Geschichte der europäischen Bevölkerungsübergänge lag um 1979 vor und mit Beginn der 80er Jahre ist damit endgültig zu argumentieren[186]). *J. E. Knodel* und *E. van de Walle* konnten erst 1979 „Lessons from the Past" und „Europe's Fertility Transition" vorstellen[187]).

Das europäische ‚Übergangsgeschehen' wird von 2 Forschungsrichtungen her angegangen: einmal mit einer ‚Historischen Demographie' auf der Mikroebene der Verwandtschafts- und Gemeindebeziehungen im vorindustriellen Europa; zum Begriff wurde ihre Methode der Familien-Rekonstitution mit Hilfe alter Kirchenbücher. Wegweisend wurden die Untersuchungen der englischen Gemeinde Colyton und des französischen Beauvais. Der wilde Eifer der letzteren hat ihnen bald den Scherznamen „Beauvaisistes" eingetragen[188]). Die Demo-Historie ist zur eigenen Zunft geworden, die – wie regional begrenzt auch immer – quantitative Argumente gegenüber dem naiven Übergangsschema beibrachte.

Die obengenannte These (1) daß sich die stark unterschiedlichen *sozioökonomischen Ausgangsbedingungen* in keinen eindeutigen Zusammenhang mit dem Rückgang der europäischen Fruchtbarkeit bringen und schon gar kein bestimmtes auslösendes Moment erkennen lassen, ist hinlänglich gestützt: „It seems safe to conclude that there was no clear threshold of social and economic development required for the fertility transition to begin[189]).

Die These zum spezifischen *generativen Verhalten im vortransitionellen Europa* bedarf weiterer Erläuterungen. Die Festlegung, daß in vorindustriellen Bevölkerungen jeder Hinweis auf Geburtenkontrolle fehle, ist zum Streitpunkt geworden zwischen historischempirischer Demographie und bevölkerungswissenschaftlicher Strukturtheorie. Für letztere war es einfach zu gelungen, über ein Drei-Stadien-Gesetz zu verfügen, das die soziologische Aufklärung von

Tab. 7: Fruchtbarkeitsübergang und seine sozialen Indikatoren in ausgewählten europäischen Ländern

Land[1]	Zeitpunkt des Rückganges der ehelichen Fruchtbarkeit um 10%	Eheliches Fruchtbarkeitsniveau vor dem Rückgang (I_g)	Verheiratetenquote (I_m)	Niveau der Gesamtfruchtbarkeit (I_f)	Säuglingssterblichkeit auf 1000 Lebendgeborene	Anteil der männlichen Arbeitskraft in der Landwirtschaft	Anteil der ländlichen Bevölkerung[2]	Anteil der Bevölkerung in Städten über 20 000 E.	Analphabetenrate[3]
Frankreich	1800	70	51	30	185[a]	70	81	7	Hoch
Belgien	1882	82	44	35	161	30	56	22	30
Schweiz	1805	72	44	29	165	33	78	9	Niedrig
Deutschland	1890	76	50	39	221	38	68	21	Niedrig
Ungarn	1890	63	70	45	250	73	84	11	49[c]
England und Wales	1892	68	48	31	149	15	28	57	Niedrig
Schweden	1892	71	42	31	102	49	81	11	Niedrig
Schottland	1894	75	42	31	124	13	27	49	Niedrig
Niederlande	1897	85	45	35	153[b]	29	26	42	Niedrig
Dänemark	1900	68	47	32	131	42	61	23	Niedrig
Norwegen	1904	75	42	30	76	37	72	18	Niedrig
Österreich	1908	68	51	36	205	40	–	19	21
Finnland	1910	70	46	31	114	66	85	9	44
Italien	1911	68	54	36	146	46	38	28	39
Bulgarien	1912	ca. 70	ca. 74	ca. 45	159	70	82	7	60
Spanien	1918	64	51	30	158	66	45	26	46
Irland	1929	71	35	23	69	48	73	20	Niedrig

[1] Mit Ausnahme des Index für eheliche Fruchtbarkeit und dem Niveau der ehelichen Fruchtbarkeit vor Einsetzen des Rückganges (I_g) sind alle Werte für soziale Indikatoren zum Zeitpunkt des konstatierten Rückganges der ehelichen Fruchtbarkeit um 10% geschätzt. In den Fällen, in denen die Daten fürs entsprechende Jahr nicht verfügbar waren, beruhen die Schätzungen auf Inter- bzw. Extrapolation
[2] Bevölkerung in Gemeinden mit weniger als 5000 Einwohnern bzw. nach landesspezifischer Abgrenzung von städtischer und ländlicher Bevölkerung
[3] Beide Geschlechter, und zwar ab dem 10. Lebensjahr, bzw. dem 15.; „Hoch" bezieht sich auf junge Erwachsene, die unfähig waren ihren Namen auf die Heiratsurkunde zu schreiben bzw. auf den Anteil der Analphabeten in den jeweiligen Armeen, wenn in beiden Fällen der Prozentsatz von 50 überschritten wird; „Niedrig" steht für Prozentsätze unter 10
[a] Im Jahre 1831
[b] Enthält auch die Totgeburten
[c] 6 +

Turgot über *A. Comte* bis *Max Scheler* bekräftigt hatte und einen Weg vom Ausgeliefertsein an irdische und jenseitige Umwelten zu Bewußtwerdung und technischem Eingriff ins Menschengeschick fortschrieb. Die *Mackenroth*'sche Theorie vom Wandel der Bevölkerungsweise, die im vorindustriellen Fall weitgehend ein Werk unbeherrschter Natur wäre, in der auch ein Gedanke an Geburtenkontrolle unnötig und unmöglich wäre, hebt sich glatt und eindeutig vom industriellen Reproduktionsmodus ab, der völlig von *Max Weber*'scher Rationalität und des kalkulierenden Gedankens beherrscht wird. Auf die Konstruktion von dichotomischen Modellen jedoch ist die empirische wie verstehende Soziologie angewiesen und sie wird sich nicht so rasch bemüßigt fühlen, historische „Einzelergebnisse" zur Kenntnis zu nehmen. Selbst wenn sie massiert aufscheinen, muß man ihr nachhelfen. Das Bild von der „vorindustriellen Großfamilie", die ihren Namen nicht zuletzt ihrer großen Kinderzahlen verdanke, ist noch nicht getilgt[190]).

Je idealtypischer die geschichtlichen Gegensätze konstruiert sind, um so ferner stehen sie der empirischen Wirklichkeit, die sie abbilden sollen. Diese Schwierigkeit potenziert sich bei der Untersuchung des jeweiligen Übergangsstadiums vom vormodernen zum modernen Zustand. Man kann diese Aufgabe sozialwissenschaftlich nur lösen, indem vorsichtig eine Gesellschaftsänderung quantitativ beschrieben wird, der nach fachlicher Übereinkunft der qualitative Charakter einer neuen Gesellschaftsformation zugesprochen wird.

In der besagten These (2) wurde entgegen den „Idealtypologen vorindustrieller hoher Fruchtbarkeit" ein gewisses Quantum unerwünschter Fruchtbarkeit angenommen. Dies allein kann die Geburtenrückgänge und den allgemeinen Beginn der Fruchtbarkeitsübergänge in Europa zwischen 1880 und 1910 erklären, – zu einer Zeit als Europa ein buntes Spektrum aller möglichen Modernisierungsstadien bzw. Rückständigkeiten bot. Diesen Beginn markiert eine bewußte Beschränkung der Kinderzahl in den Familien, die auch auf die eheliche Fruchtbarkeit anhaltend und irreversibel durchschlägt.

Nachwuchsbeschränkung („family limitation"), die die vorindustrielle demographische Situation beendet und den Fruchtbarkeitsübergang einleitet, wird als absichtliches Verhalten gedeutet, um es bei einer bestimmten Kinderzahl zu belassen. Dies impliziert Geburtenkontrolle im weitesten Sinne und zielt auf eigentliche Verhinderung von Geburten oder die Planung eines bestimmten Geburtenabstandes. In vorindustriellen Bevölkerungen, die weder überquellende Fruchtbarkeit noch ausreichend Praktiken der Nachwuchsbeschränkung erkennen lassen, erweisen sich Heiratsalter und Verheiratetenquote als die regulierenden „Schlüpfvariablen" zur Niedrighaltung der Fruchtbarkeit. Die europäischen Bevölkerungen setzten von einem relativ niedrigen Plateau ehelicher Fruchtbarkeit zum Übergangsgeschehen an. Sie erreichten in vorindustrieller Zeit nur zu 75% das Maximum, das eine Bevölkerung „ohne jede Nachwuchsbeschränkung", mit reiner, auf „natürlicher Fruchtbarkeit" basierender Nachwuchserzeugung (wie sie die berüchtigte *Hutterer*-Sekte mit durchschnittlich 10–11 Lebendgeburten pro *Hutterer*frau) zeigt.

In dem Maße, in dem die Altersstruktur zum ehelichen Fruchtbarkeitsniveau einer europäischen Bevölkerung vom Extremstandard natürlicher Fruchtbarkeit (der *Hutterer*) abwich, d. h. das Alter als Kontrollfaktor nachließ, mußte es notwendig durch bewußte Nachwuchsbeschränkung ergänzt worden sein. Auf diese Weise wurden Geburtenkontrollpraktiken bei Rekonstruktion von Oberschichtenfamilien entdeckt, die aber ein zu schmales Populationssegment waren, um auf die Gesamtfruchtbarkeit durchzuschlagen[191]).

Ansley J. Coale und *T. J. Trussel* ist der eben beschriebene Index der Nachwuchsbeschränkung (m) zu danken, dessen Ansteigen verstärkte Geburtenkontrolle enthüllt[192]).

Auf diese Weise ergibt sich ein korrigiertes und historisch exaktes Bild vom vorindustriellen

Abb. 29: Eheliche Fruchtbarkeit und Kinderzahlbeschränkung in Schweden, 1800–1960

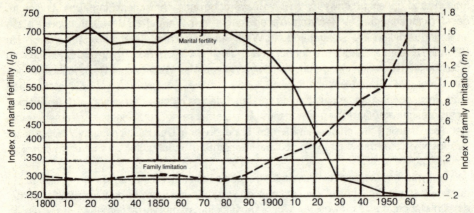

Quelle: *J. Knodel; E. van de Walle,* Europe's Fertility Transition: New Evidence and Lessons for Today's Developing World, In: Population Bulletin, Vol. 34, No. 6, 1980, S. 27; Reprinted by Permission of Population Reference Bureau, Washington D. C., 20037

generativen Verhalten, welches wir wie folgt beschreiben können: vorindustrielle Bevölkerungsweise ist durch jene Phase charakterisiert, in der kein signifikantes Absinken ehelicher Fruchtbarkeit zu beobachten ist. Damit ist nicht behauptet, daß Geburtenkontrolle unbekannt gewesen wäre, aber folgende Aussagen sind berechtigt:
— die Paare in bäuerlichen Gesellschaften hatten kaum eine Motivation zur Geburtenkontrolle, weil viele Kinder starben und die Kinder durchwegs unter der gewollten Anzahl blieben. Mit dem „Motivationsmangel" wird noch offiziell die langewährende hohe Fruchtbarkeit erklärt.
— Westliche Experten neigen jüngst zur Ansicht, daß Kontrollpraktiken der Mehrzahl der Bevölkerung wirklich nicht bekannt waren und daher für sie nie mögliches Handeln („a real option") gewesen sein können. Sie waren nur in Metropolen bekannt, so in Paris, und da meist als Geheimwissen der Prostitution und zur Verhinderung außerehelichen Nachwuchses.
— Mit den genannten Schlußfolgerungen ist die feste Vermutung konform, daß Geburten häufig unerwünscht waren, besonders bei den Frauen und daß eine „latente" Motivation zur Geburtenbeschränkung existiert hat. Laut Familienrekonstruktion blieb die Beschränkung dort aus, wo Grund dazu vorhanden gewesen wäre, — was das Unwissenheitsargument stützt. Im 18. und 19. Jahrhundert wurde laut übereinstimmenden historischen Zeugnissen dem Kindestod nachgeholfen — und zwar nicht immer sanft: Aussetzungen, Tötung, Tötung durch „Vernachlässigung" (Verhungern und Erfrieren lassen, im Bett erdrücken) wurden Massenphänomene, die den Wunsch nach weniger Kindern zu jener Zeit und die Unkenntnis menschlicher Methoden der Nachwuchsbeschränkung unterstrichen.
Mit dem Geburtenrückgang (3) kommt der demographische Übergang zum Abschluß und dies mit einer relativ raschen Bewegung. Was die europäische Bevölkerungsgeschichte unter irreversiblem Abwärtstrend der ehelichen Fruchtbarkeit versteht, ist schon als „Umschwungs- und Abschlußphase" bekannt, in der sich z. B. die Geborenenziffern auf der mittleren Höhe um die 20‰ nicht lange halten lassen. *Anley J. Coale* griff hier wieder zur Vergleichsgröße der höchsten ehelichen Fruchtbarkeit, von der je berichtet wurde. — jener im US-Staate Nord-Dakota siedelnde *Hutterer* — und belegt sie mit dem Index (Ig) 1.0[193]), an

dem gemessen die nationalen Bevölkerungen Europas vor ihrem Übergang um 1880 zwischen 0.6 und 0.8 zu stehen kommen. Bis um das Jahr 1930 fallen sie auf ca. 0.3 zurück. Dieser Abfall vollzieht sich ohne Irritationen und Abschweifungen, so daß laut *Knodel* und *van de Walle* sogar ein ungefährer Zeitraum anzugeben wäre, in dem sich diese Abwärtsbewegung vollzieht.

Beide Autoren überprüfen auch am Fall Schwedens das Zusammenwirken der Indices für Nachwuchsbeschränkung (m) und eheliche Fruchtbarkeit (Ig), das gleichzeitig und unaufhaltsam in knapp 2 Generationen vor sich geht.

Wichtig ist zu erkennen, daß erst der Anstieg des Index für Nachwuchsbeschränkung die konkrete Veränderung generativen Verhaltens, die Phase des „echten" Geburtenrückganges also markiert und nicht die Veränderung sozialdemographischer Aggregate, wie die Verheiratetenquote oder die Größe der fortpflanzungsfähigen Population. Die Erfahrung hat gezeigt, daß der Prozeß endgültig in Gang gekommen ist, wennsich die Merkmalswerte bzw. Indices um 10% von den ursprünglichen, vorindustriellen Ausgangswerten entfernt hätten. Dabei hat in den Anfangsphasen des Abschwunges das Unterbrechen weiterer Fortpflanzung („stopping pattern") noch Vorrang vor der schwierigeren Planung der Geburtenabstände („spacing pattern"), die erst in der Einlenkungsphase zum Tragen kommt.

Die Bedeutung der kulturellen Bedingungen (4) für den ‚Fruchtbarkeitsübergang' wurde so lange unterschätzt, als man diesen noch mit allen Mitteln an sozioökonomischen Entwicklungsstadien und Modernisierungsindikatoren festmachen wollte. Wenn wir die Extremfälle, (wie den Vorreiter Frankreich und Nachzügler Irland) beiseite lassen, dann beginnen von 17 Ländern allein 14 ihren echten Geburtenrückgang innerhalb von dreißig Jahren (1880–1910), der nicht weniger rasch auf die westlichen Kulturen in Übersee, übergriff.

Dieses Faktum läßt sich am schlüssigsten mit gleichgearteten Motiven und Aspirationen eines Kulturkreises erklären. „Kulturkreis" sei hier keineswegs jene rauschebärtige, mystische Einheit der idealistischen Historie. Man muß darunter eine Kommunikationsgemeinschaft verstehen, in der Normen der Lebensführung und Leitbilder wirksam vermittelt werden.

Die Fertilitätsforschung zum alten Europa zeigt durchgehend, daß Beginn und Ausbreitung der Geburtenrückgänge keinesfalls mit der Wirtschaftsentwicklung im Einklang stehen. Diesbezügliche Gemeinsamkeiten finden sich um so mehr in Regionen mit gleicher Tradition und Sprache, auch wenn es sich nicht um zusammenhängende Gebiete handelt. *R. Lesthaege* weist nach, wie der flämische Teil Belgiens dem holländischen Fruchtbarkeitsmuster folgt, der wallonische Teil dagegen dem französischen, – obwohl von der Wirtschaftsentwicklung her gesehen, dazu kein Anlaß wäre. Ein nicht minder interessantes Beispiel dafür, wie Sprachgrenzen zu eindrucksvollen Kulturbarrieren für die Transmission von Ideen zum generativen Verhalten werden können, liefern *J. C. Caldwell* und *L. T. Ruzicka*: Australien und die USA, ebenso England, Neuseeland und das englischsprechende Kanada bilden regelrecht eine Kommunikationsgemeinschaft auch bezüglich der Praktiken der Geburtenkontrolle, während die sozialen und ökonomischen Voraussetzungen dafür auf keinen gemeinsamen Nenner zu bringen sind.

Der Hinweis, daß für den Fruchtbarkeitsrückgang die ähnlich gelagerte Aspirationskultur von Regionen und die darauf abgestellten Kommunikationskanäle von überragender Bedeutung sind, wirft auch ein Licht auf den neueren Geburtenrückgang nach dem 2. Weltkrieg, der sich nach 1964 in den europäischen Ländern einstellte – in Absehung von sozioökonomischen Entwicklungsdifferenzen.

b) Demographischer Übergang und Theorie der Fruchtbarkeit

Die Lehren aus dem Studium des europäischen Fruchtbarkeitsüberganges sind mehrschichtig und raten zu einer gewissen Reserve gegenüber Fruchtbarkeitstheorien, die ein plattes Wechselwirkungsverhältnis von sozioökonomischen Indikatoren und Fruchtbarkeitsmaßen unterstellen: Der Fruchtbarkeitsübergang vollzieht sich relativ rasch auf einem kulturellen Nährboden und bringt damit die sozioökonomische Entwicklung voran, ohne dieselbe für die eigenen Transformationsprozesse abzuwarten. Ansonsten wäre der Rückgriff auf „archaische" Geburtenkontrollpraktiken nicht zu erklären; mit der Nachwuchsbeschränkung wird nicht solange gewartet, bis Bewußtsein und Technik diese schwerwiegenden Entscheidungen allgemein und bequem gemacht hätten.

Wenn im folgenden der Beitrag der Soziologie, der Ökonomie und der Sozialpsychologie zum Phänomen des Geburtenrückganges untersucht wird, dann wird jedoch Fruchtbarkeit – ihr Niveau und seine Veränderungen – in den geschichtlichen Zusammenhang gestellt. Die „Ungleichzeitigkeit", die sie gegenüber den Entwicklungs- und Industrialisierungsprozessen an den Tag legt, darf nicht dazu verleiten, Fruchtbarkeit als einen ahistorischen, voraussetzungslosen Prozeß zu denken. Daß nach dem Zeugnis namhafter Bevölkerungswissenschaftler ein „Paradigma bzw. eine Theorie der Fruchtbarkeit" nicht in Sicht ist, wird vielfach daran liegen, daß die relative Autonomie von Bevölkerungs- und Gesellschaftsprozessen nicht zu erkennen war und erst nach deren Anerkennung eine Integration, eine „neue Fügung" beider Bereiche vorgenommen werden könnte. Heute noch, scheint es, kann jeder Behauptung zum Verhältnis von Fruchtbarkeit und Gesellschaft das klügere Gegenteil entgegengehalten werden. Die Sozialwissenschaftler, Demographen und Soziologen können bisher nur einen deskriptiven Rahmen liefern und ad-hoc-Erklärungen zu Fruchtbarkeitsniveaus und -differenzen. Was großsprecherisch als „Fruchtbarkeitstheorie" aufscheint, entpuppt sich als eklektizistisches Ragout, das böswillig schon als „Schande der Disziplin" und wohlwollend dagegen als getreue Widerspiegelung der Komplexität des Gegenstandes bezeichnet wurde.

Die Erkenntnisse müssen geordnet werden, wozu ein tragfähiger und belastbarer Rahmen nötig ist. Einen je unterschiedlichen Bezugsrahmen erfordern Makroanalyse und Mikroanalyse der Fruchtbarkeit.

Diese Trennung der Makro- und Mikroanalyse wurde lange Zeit mit durchaus gültigen Argumenten verfochten, so von *N. B. Ryder*: Die makroanalytische Forschungsebene bestünde aus Aussagen über Beziehungen von Bevölkerungsmerkmalen, wobei die Bezugseinheit (unit of reference) die gesamte Bevölkerung sei. Demgegenüber arbeite die mikroanalytische Ebene mit Aussagen über Merkmale von Individuen, wobei diese dann die Bezugseinheit wären. Es sei demnach ungültig (,invalid', *N. B. Ryder*), eine Aussage über Bevölkerungen in Aussagen über Individuen umzudeuten und umgekehrt[194]).

Es ist selbstverständlich, daß Aussagen, die nur für eine bestimmte Aggregatsebene gültig sind, nicht auf eine andere übertragen werden dürfen. Aus einer jährlichen Bevölkerungswachstumsrate können und dürfen keine Rückschlüsse auf individuelles generatives Verhalten vorgenommen werden. Es ist ebenfalls problematisch, menschliche Fruchtbarkeit aus methodischen Bedenken heraus endgültig zu spalten, wo ihre Faktoren doch auf allen kategorialen Ebenen der Sozialanalyse angesiedelt sind. ,Vermittelnde Ansätze' wären dem Gegenstand angemessener. Diese kommen aber – wie alle interdisziplinären Konstruktionen – nur schrittweise voran. Eine Selbstbescheidung erfordert, daß die Trennung in eine Makro- und Mikroanalyse beibehalten wird.

Ein Makromodell hat die Aufgabe, die Einflußgrößen des gesellschaftlichen Aggregats ‚Fruchtbarkeit' zu ordnen und durchsichtig zu machen. Das „Freedman-Modell" erfüllt diese Aufgabe in anerkannter Weise. Die Mikro-Analyse widmet sich dem Entscheidungsraum Familie bzw. Haushalt und den von Individuen in diesen „kleinen" Zusammenhängen zu treffenden Nachwuchskalküls. Ökonomische und psychologische Schulen tummeln sich in der Mikro-Analyse der Nachwuchsentscheidung.

(a) Makro-Analyse der Fruchtbarkeit

Fruchtbarkeitsanalysen sind wegen ihrer Verankerung auf verschiedenen Ebenen, so im Physiologischen, Individuell-Familialen und Gesellschaftlichen äußerst schwierig. *G. Mackenroth* gab sich sehr bündig, als er die Fertilitätsfaktoren um das physiologische Können, persönliche Wollen und soziale Dürfen gruppierte. *Ronald Freedman* definiert das Fruchtbarkeitsniveau als „a part of complex system of social, biological, and environmental interactions, as is any phenomenon dependent on such central and universal human concerns as sex, marriage, and kinship[195])."

Daraus folgt, daß das analytische Konzept für Fruchtbarkeit die Makrostrukturen der Gesellschaft, dann die sozialen Schichten und Gruppen und schließlich das Paar im fortpflanzungsfähigen Alter mit seinen – sozialpsychologisch zu entschlüsselnden – Beziehungen umfassen muß.

Fertilitätsforschung und (partikulare) Fruchtbarkeitstheorien setzten entweder an der gesamten Gesellschaft, der Wirtschaftsstruktur, ja sogar an der ‚Umwelt', wie die Populationsökologie, an[196]) oder an der Familienstruktur und der Nachwuchsentscheidung junger Paare. Fruchtbarkeit ist nicht nur eine Größe, die mit sozioökonomischen Makrodaten mehr oder minder stark korreliert – auch nicht eine Größe, die ausschließlich aus der Interaktion von Partnern hervorgeht. Sie basiert vielmehr auf sozialem generativem Verhalten, das strukturabhängig ist und zugleich strukturbildend wirkt. Es gilt daher nach einer ‚Konzeption' Ausschau zu halten, die Makro- und Mikrostrukturen in ihren Wirkungszusammenhängen darstellt.

In der Typologie der Stufen des demographischen Übergangs wurde das Fruchtbarkeitsniveau schon in einen größeren Zusammenhang gestellt: Vorindustrielle und industrielle Wachstumsmuster implizieren eine innere Beziehung zwischen Bevölkerungsvorgängen und dem Entwicklungsstand einer Gesellschaft. Es kann davon ausgegangen werden, daß „besondere sozio-ökonomische Strukturen ein gewisses Niveau der Reproduktion erfordern[197])".

Diese historisch wohlbegründete These gilt es nun, mit Inhalt zu füllen.

Wir können uns hier nicht mit einer ‚Ausdrucksanalogie' von Gesellschaft und Fruchtbarkeit begnügen, wie sie *Mackenroth* zwischen Sozialstruktur und generativer Struktur festgesetzt hatte. Fruchtbarkeit muß als gesellschafts- und familiengebundene Handlungs- bzw. generative Verhaltensnorm erscheinen. Dieser normative Aspekt, menschlicher Fruchtbarkeit, der sich in der Familie realisiert, ist jene Vermittlungsinstanz zwischen den einzelnen Paaren und der Gesellschaftsstruktur. Er macht die Fruchtbarkeit zum eigentlichen Thema der Soziologie.

‚Normen' sind ein Strukturkonzept, das zwischen Werten und sozialer Kontrolle sich einspielt. Sie entstehen, wenn die Gesellschaftsmitglieder mit einem ständig wiederkehrenden Problem mit weitreichenden Konsequenzen konfrontiert sind und dafür eine dauerhafte Lösung finden müssen.

Abb. 30: Das *Freedman*-Modell — Ein soziologisches Rahmenwerk zur Analyse generativen Verhaltens

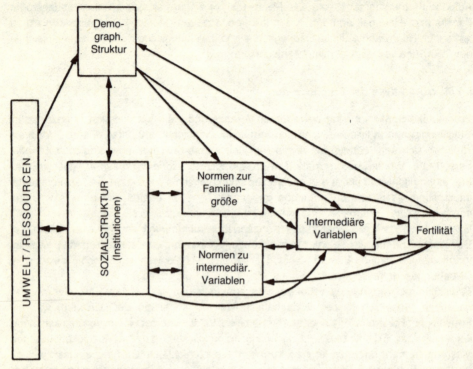

Quelle: *R. Freedman* (1975) S. 15

Das Fehlen einer Fruchtbarkeitstheorie ist nicht verwunderlich, wenn man bedenkt, welch hohen Ansprüchen sie gerecht werden müßte. Theorien sind in der Soziologie stets umstritten gewesen, schon wegen ihrer geringen Applikationschance. Man kann sich aber auf Konzepte, analytische Anweisungen und validierbare Generalisierungen stützen. Unter diesem Aspekt sind ‚Theorien' häufig und fruchtbringend heuristische Modelle, die Forschungsanleitungen beinhalten. Ein solches Modell bzw. Wirkungsdiagramm wurde für das Aggregat Fruchtbarkeit von *Ronald Freedman* entwickelt[198]).

Aus der Systematik des sogenannten ‚Freedman-Modells' geht eine makrosoziologische und mikrosoziologische Erklärungsebene hervor. Die in ihm enthaltene ‚Soziologie der Fruchtbarkeit' wird in folgende Konzepte gegliedert:

(1) Die ‚intermediären Variablen' zur Geburtlichkeit — in ihren spezifischen normativen Kombinationen.

(2) Die normativen Vorstellungen über die Familiengröße (Kinderzahl) und deren Beeinflussung durch

(3) die demographische Struktur, d. h. die Zusammensetzung der Bevölkerung nach Alter und Geschlecht unter besonderer Berücksichtigung der Rolle der Sterblichkeit und

(4) die Verankerung der vorstehenden Faktorenbündel in der sozioökonomischen Struktur der Gesellschaft, die sich über eine Produktionsform und die entsprechende Auseinandersetzung mit Umweltgegebenheiten (Ressourcen) verwirklicht.

(5) Die Änderung der Wertestruktur und der aus ihr folgenden Handlungsregelungen, von der jeder Gesellschaftsumbau begleitet wird.

(1) Die ‚intermediären Variablen' der Fruchtbarkeit

Sitten und Gebräuche bezüglich Eheschließung und Nachwuchszeugung sind ein kulturanthropologisches Faktum. Sie reduzieren die maximale Fruchtbarkeit des Menschengeschlechts, sie ‚intervenieren' gewissermaßen im menschlichen Fortpflanzungsgeschehen und prägen ein tatsächliches Fruchtbarkeitsniveau:
„Länder mit Geborenenziffern über 30 und Bruttoreproduktionsziffern über 2,0 finden sich fast ausschließlich in Afrika, Asien und Lateinamerika, während die Länder mit darunter liegenden Ziffern mit wenigen Ausnahmen sich in den ökonomisch fortgeschrittenen Regionen befinden[199]."
Den Soziologen *Judith Blake* und *Kingsley Davis* ist es gelungen, einen Katalog intervenierender Variablen (‚intermediate Variables') zu erstellen, der Rückschlüsse auf die unmittelbare Zusammensetzung eines Fruchtbarkeitsniveaus erlaubt[200]):
I. Variablen die den Geschlechtsverkehr beeinflussen.
A. Variablen, die die Bildung und Auflösung sexueller Kontakte im fortpflanzungsfähigen Alter beeinflussen.
1. Alter beim Eingehen sexueller Kontakte.
2. Ständige Enthaltsamkeit: Anzahl der Frauen, die niemals sexuelle Beziehungen aufnehmen.
3. Zeitdauer im reproduktionsfähigen Alter, in der sexuelle Beziehungen unterbrochen sind
a) durch Scheidung, Trennung oder Verlassen,
b) durch den Tod des Ehepartners.
B. Variablen, die den Geschlechtsverkehr innerhalb bestehender Partnerschaften beeinflussen.
4. Freiwillige Enthaltsamkeit.
5. Unfreiwillige Enthaltsamkeit (Krankheit, unvermeidbare Abwesenheit, Impotenz).
6. Koitushäufigkeit (Perioden der Enthaltsamkeit ausgenommen).
II. Variablen, die die Empfängnis beeinflussen.
7. Natürlich gegebene Empfängnismöglichkeit oder -unmöglichkeit.
8. Praktizieren oder Nichtpraktizieren der Empfängnisverhütung
a) durch mechanische oder chemische Mittel,
b) andere Möglichkeiten.
9. Bewußt geschaffene Empfängnismöglichkeit oder -unmöglichkeit
(Sterilisation, Eingriff, ‚medizinische Behandlung usw.).
III. Variablen, die die Schwangerschaftsdauer beeinflussen.
10. Fötussterblichkeit (Abgang).
11. Abtreibung.
Dieser erschöpfende, logisch geordnete Rahmen – die Autoren sprechen von ‚framework' – enthält die Bedingungen, unter denen Geburten sich planen und verhindern lassen. *Davis* und *Blake* nannten diese elf Variablen ‚intermediate Variables', weil sie zwischen der menschlichen Sexualität und der möglichen Geburt eines Kindes als Handlungsalternativen dazwischentreten. Im einzelnen sind es Variablen, die den Geschlechtsverkehr beeinflussen: Im vorindustriellen Europa, wo wir einen hohen Grad ‚natürlicher Fruchtbarkeit', d. h. ein

nicht willentlich und wissentlich begründetes Fortpflanzungsverhalten annehmen, wird das Heiratsalter zum entscheidenden Faktor der Fertilität; von ebensolcher Bedeutung ist dann die Anzahl der nicht-verheirateten Frauen, die für die Reproduktion ausfallen. Ebenso sind alle Formen zeitweiliger oder dauerhafter Trennung vom Partner Ursache und Mittel, die Fruchtbarkeit auf einem bestimmten – hier moderaten Niveau zu halten.
Die Häufigkeit des Geschlechtsverkehrs unterliegt weitgehend sozialen Regelungen (Bräuchen, Customs), sie sind keine zufällige Konstellation. Es sei jedoch angemerkt, daß diese traditionellen Faktoren im Laufe des industriellen Wandels geschwächt, wenn nicht beseitigt wurden. Für Entwicklungsländer dagegen können Kulturanthropologie und Soziologie ein umfangreiches Material zur normativen Regelung des Geschlechtsverkehrs beibringen[201]).
Die Häufigkeit des Einsatzes und die Qualität von Mitteln, die die Empfängnis beeinflussen, bezeichnen bedingt einen Gesellschaftszustand.
Die Methoden haben jeweils ihre Geschichte und im Laufe derselben auch einen instrumentalen Wandel erlebt, der über Coitus interruptus, mechanische Mittel bis zu den aktuellen biochemisch-pharmakologischen Mitteln führt. Intensiver Gebrauch von biochemischen Mitteln ist die Quintessenz des generativen Verhaltens in den Industrienationen der Gegenwart.
Dieser Weg läßt sich auch grob durch das Schichtungsgefüge der Gesellschaften Europas nachvollziehen: Wir können ein Durchsickern (,trickling down') von den Oberschichten zu den unteren und sodann einen horizontalen Weg von der Stadt aufs Land feststellen. Der Vorreiter der Empfängnisverhütung und Geburtenkontrolle in Europa war Frankreich; dies wird mit dem Zivilisationsvorsprung erklärt, den Frankreich gegenüber den übrigen europäischen Staaten jahrhundertelang halten konnte[202]). Der Fruchtbarkeitsübergang vollzog sich so rasch, daß sich der säuberliche Weg durch die Schichtenhierarchie bezweifeln läßt. Ansätze waren in allen Schichten vorhanden.
Die Sterilisation differiert in ihrem Anwendungsgrad länder- und kulturspezifisch. Die indische Bevölkerungspolitik wurde z. B. kritisiert, weil sie zu sehr auf Sterilisation abgestellt hatte. Sie ist zwar in allen Gesellschaften im Vordringen, doch existieren noch starke Einstellungsunterschiede. In den deutschen Ländern hat man Vorbehalte wegen rassenpolitischer Reminiszenzen an die Zeit des Nationalsozialismus, die in westeuropäischen Staaten und in den USA wegfallen. Einstellungsprobleme zeigen sich noch hinsichtlich der Frage, ob mehrheitlich die Frau oder der Mann den Eingriff an sich vornehmen lassen solle. Aufgrund der Irreversibilität dieser künstlichen Unfruchtbarmachung zögern gewisse Staaten, sie im größeren Stil einzuführen. Besonders in Gesellschaften mit hohen Scheidungsziffern könnte häufig der Fall eintreten, daß man mit einem neu gefundenen Partner noch ein Kind haben möchte und dies nicht mehr zu realisieren wäre.

,Geburtenkontrolle' im eigentlichen Sinne ist die Abtreibung (induzierter Abort), die in allen Geschichtsepochen nachweisbar und dem Menschen offenbar als die ,einfachste' Form der Geburtenverhinderung erschienen ist. Im Frankreich des 16. Jahrhunderts mußten einmal wegen der hohen Abtreibungsquote die Schwangerschaften gemeldet werden. Anstoß zur Abtreibung war in früheren Zeiten weniger die hohe Kinderzahl in der Familie als die Verhinderung einer unehelichen Geburt[203]). Die Leistung der beiden Berkeley Soziologen *Davis* und *Blake* wurde erst während des letzten Jahrzehnts durch verstärkte Anwendung gewürdigt[204]). Es ist damit gelungen, die unübersehbare historische und kulturanthropologische ,Kausuistik', die auf Fruchtbarkeitssoziologie in der Folgezeit zukam, zu ordnen:
„Jeder kulturelle Faktor, der die Fruchtbarkeit beeinflußt, (muß) dies in irgendeiner Form

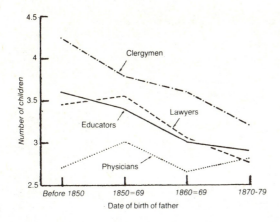

Abb. 31: Die Verringerung der Kinderzahlen am Beispiel ausgewählter Berufe (USA, 1850–1880)

über die eine oder andere der elf intermediären Variablen tun. Daher geben sie den Rahmen ab, in dem die Bedeutung kultureller Faktoren für die Fruchtbarkeit bewertet werden kann[205]."

Die soeben vorgestellten intermediären Variablen tauchen in ganz bestimmten kulturbedingten Konstellationen auf. Die für ein Fruchtbarkeitsniveau entscheidenden sind die Partnerwahl, das Heiratsalter, das Verhältnis von Verheirateten und Ledigen im gebärfähigen Alter und die Praktiken der Kontrazeption.

Die Bevölkerungswissenschaft schaltet gerne den Komplex der Heiratsverhältnisse der eigentlichen Fruchtbarkeit vor, weil sie auf einer viel sichtbareren Normenkontrolle beruhen als das generative Verhalten selbst. Die Eheschließung ist bis in die Gegenwart ein religiös, rechtlich und staatlich sanktioniertes Ritual und gehört zu den frühesten belegbaren und bestdokumentierten Vorgängen, mit denen sich die Disziplin beschäftigt.

Um erste Aussagen über Fruchtbarkeit machen zu können, sei an die Unterscheidung von kontrolliertem und unkontrolliertem Bevölkerungswachstum erinnert, die in einer Matrix für Fruchtbarkeit und Heiratsalter unterlegt werden[206]):

Heiratsalter	Fruchtbarkeit	
	unkontrolliert	kontrolliert
früh	hoch ⟶	sinkend
spät	sinkend ⟶	niedrig

Die Pfeile zeigen den Weg an, der alternativ von hoher zu niedriger Fruchtbarkeit beschritten werden kann und wie spätes Heiratsalter – wie im europäischen Fall – grundsätzlich ein mäßiges bis niedriges Fruchtbarkeitsniveau zur Folge hat[207]).

Kontrazeption und Geburtenverhinderung (Abtreibung) wurden schon als Phänomene bezeichnet, die in allen geschichtlichen Epochen nachgewiesen werden konnten, wenn auch hinsichtlich der einzelnen Methoden und ihrer Anwendung starke Unterschiede bestehen. Sie sind in den gesellschaftlichen Tabuzonen verankert und dürften sich im Stile kultureller Diffusion ausgebreitet haben. Für ihren Durchbruch im 19. Jahrhundert waren nicht zuletzt

Tab. 8: **Verwendung empfängnisverhütender Mittel in Dänemark zwischen 1949 und 1970**

(Prozentanteil der Ehepaare, die eine bestimmte Methode anwenden)

	1949	1959	1966	1970
Coitus interruptus	29	10	3	–
Kondom	11	34	28	10
Diaphragma	2	26	48	10
Pille	–	–	12	66
IUCD	–	–	1	10
Andere oder keine	58	30	8	4

Quelle: *Oster, M.* Advances in Planned Parenthood, 6, 35, 1971; and personal.

‚Musterprozesse' gegen ‚Neomalthusianische Reformer' verantwortlich, die den Gedanken der Kontrazeption in alle Schichten getragen hatten[208]).
Das Geburtenkontrollverhalten der Oberschichten ist bekanntes Thema der historischen Demographie. Wie nach der Erfindung des Kondoms um 1840 die Kinderzahlen in Familien von Intelligenzberufen in den USA zurückgingen, zeigt obige Graphik [209]):
Obwohl traditionelle Formen der Kontrazeption, wie Coitus interruptus und auch intrauterine Vorrichtungen nach wie vor angewandt wurden, ging die ‚kontrazeptive Revolution' doch von der Entwicklung oraler Ovulationshemmer (‚Pille') aus. Die Anwendungsstruktur der letzten Jahrzehnte für Dänemark dürfte für den westeuropäischen und nordamerikanischen Raum charakteristisch sein[210]).
Das Spektrum der Kontrazeptionsmöglichkeit hat das Abtreibungsgeschehen zurückgedrängt, jedoch nicht beseitigt. ‚Schwangerschaftskonflikt' führt in die Thematik einer Sozialpsychologie der Kontrazeption, Sexualität und Familienplanung, die hier nur angedeutet werden kann.
Es wird immer wieder die Frage diskutiert, in welcher Weise Kontrazeption und Abtreibung zu eigenständigen Faktoren der Fruchtbarkeit werden können. Die Soziologie hat stets die Ansicht vertreten, daß diese Mittel nicht zur Verursachung eines Fruchtbarkeitsniveaus gezählt werden können und demgegenüber festgestellt, daß Ausmaß und Methoden der Kontrazeption und Abtreibung ein generatives Verhalten und eine bestimmte Fruchtbarkeit nur reflektieren. Sie sind ‚Mittel' und dienen ‚Zielen', die ihrer Verfügbarkeit vorausgehen, nämlich dem Ziel der Kleinhaltung der Familie. Die gegenwärtigen Kontrazeptionsmittel und die immer problemlosere Abtreibung können aber wegen ihrer großen Zuverlässigkeit einen bestehenden Abwärtstrend der Geburten beschleunigen, indem die unerwünschten Schwangerschaften nun wegfallen, von denen früher ein Teil dennoch ausgetragen und akzeptiert worden war. Kontrazeption und Abtreibung sind ein Indiz für den Geburtenbeschränkungswillen in einer Bevölkerung und erst in zweiter Linie Indikatoren für ein bestimmtes Fruchtbarkeitsniveau.
Vor diesem Hintergrund des Variablenkatalogs nach *Davis* und *Blake* wurde ein unverzichtbares Konzept geschaffen, das Bestandteil jeder Fertilitätstheorie und -analyse werden muß. Dieses Konzept – im klassischen Sinne – enthält Handlungsalternativen und Entscheidungsweisen, die der faktischen Fruchtbarkeit von Familie und Gesellschaft vorausgehen, ihre unumgehbare Schleuse bilden.

Mit diesem Variablenkatalog wäre auch der Begriff des generativen Verhaltens klar zu fassen, der oft fälschlich auf den reinen Geburtenertrag einer Beziehung oder eines Aggregates angewandt und verkürzt wird. Die Soziologie als Wissenschaft vom sozialen Handeln ist an dem Handlungsmuster und der Entscheidungskombination, die dem Geburtenertrag zugrunde liegt, interessiert.

‚Generatives Verhalten' in soziologischem Sinne ist ein Handlungsmuster, das Sexualität und Zeugung traditional oder rational gegeneinander abwägt und zu einer bestimmten Anzahl von überlebenden Kindern führt. So läßt es sich auf der gesellschaftlichen Makroebene als Fruchtbarkeitsniveau, auf der Mikroebene der Familie als Kinderzahl oder ‚Familiengröße' verifizieren.

(2) Normen zu gewünschter Familiengröße und idealer Kinderzahl

Die im *Freedman*-Modell den intermediären Variablen vorgeschalteten „Normen zur Familiengröße"[211]), die eigentlich jene einigermaßen fest umrissene Vorstellungen über die von Paaren gewünschten bzw. realisierten Kinderzahlen meint, scheint den vorindustriellen nicht angemessen. Dort haben wir einen nicht-normierten Zustand, der den historischen Umständen entsprechend höhere Kinderzahlen ergab. Der Normenbegriff unterstellt eine Intentionalität, wie sie nur der modernen Generativen Struktur zuzuschreiben ist.

Hinter Normen stecken Problemlösungen von relativer Dauer. Man kann ihnen – um mit *A. Gehlen* zu sprechen – eine Entlastungsfunktion zuschreiben, um die Energien für jene Probleme zu sparen, die sich nicht mehr ‚routinemäßig' lösen lassen. Normen sind Handlungsanweisungen, die einen Toleranzspielraum besitzen, der mitunter einen gewissen Grad ihrer Nichtbefolgung einschließt. Das gilt ebenfalls für die Norm der durchschnittlichen Kinderzahl bzw. der Familiengröße[212]).

Die Norm der Familiengröße oder der durchschnittliche Kinderwunsch besteht nicht aus einer Forderung nach einer bestimmten Kinderzahl. Diese Norm ist so vage gehalten, daß die „üblichen Fruchtbarkeitsdifferenzen" in diese Varianzbreite fallen. Man erkennt diese Norm an ihrem sprachlichen Ausdruck, den sie auf zwei Arten bekundet: entweder ‚ein, höchstens . . .', bzw. ‚nicht mehr als . . .' oder ‚soviel wie möglich'.

Im vorindustriellen Europa könnte auch eine Antwort gekommen sein, die in Landregionen Lateinamerikas zu hören ist: „Soviel, wie Gott gibt."

Im Europa der Gegenwart ist ‚Kinderlosigkeit' – wie der bedauernswerte Unterton anzeigt – nicht die Norm. In unseren Breiten ist sie aber auch kein ‚Unglück' mehr, wo noch dazu in Mitteleuropa die kinderlosen Ehepaare zunehmen[213]). Der Normbruch ist jedoch deutlicher in die andere Richtung hin markiert: 3 Kinder gelten in Mitteleuropa bereits als ungewöhnlich viel, mit vier Kindern beginnt ein Anspruch auf staatliche Unterstützung, die eine Deklassierung bedeutet.

In den meisten Entwicklungsländern war bis zum Ende der sechziger Jahre, also in der Zeit vor der weltweiten Propagierung von ‚Familienplanung', die Norm ‚soviel Kinder wie möglich', weil sie dort früh zum Familieneinkommen beitragen müssen, die Macht der Familie stärken und die Alterssicherung der Eltern garantieren.

Die empirische Ermittlung der Norm der Familiengröße, die in den fünfziger Jahren begann, stieß auf gewisse Schwierigkeiten. Die durchschnittliche Familiengröße nach Ehedauer ist zwar statistisch feststellbar, doch war die Frage wichtiger, wie sich diese Normvorstellung in den Köpfen der jungen Paare aufbaut. Die Fertilitätsforschung stieß dabei auf einen Vorstellungskomplex, den aufzulösen ihr inzwischen gelungen scheint. Danach teilen sich die Vorstellungen in

- solche der zur Zeit gewünschten Kinderzahl der eigenen Familien des Landes
- und Vorstellungen über die tatsächlich erwartete Kinderzahl.

Diese Differenzierung ist ein Beispiel dafür, wie soziologische Strukturkonzepte in der empirischen Prüfung komplizierte Attitüden bloßlegen.

Auf der ersten Weltbevölkerungskonferenz 1954 in Rom wurde in einem Referat festgestellt, daß die ideal gehaltene Kinderzahl europäischer Familien immer höher liege als die tatsächliche. Dasselbe stellen 1955 *Freedman, Goldberg* und *Sharp* für Detroit fest und lösen damit jene Differenzstudien zu idealer, gewünschter und tatsächlich erwarteter Kinderzahl aus[214]). Diese Methode, die in den USA dazu dienen sollte, die Verläßlichkeit von Fruchtbarkeitserwartungen einer Familie zu testen, wurde in der ‚GAF-Studie' von 1966 verfeinert[215]). Die Umfrageergebnisse erbrachten folgende Mittelwerte für

- die ideale Kinderzahl der amerikanischen Durchschnittsfamilie: 3,4/3,5
- die Kinderzahl, die man gerne hätte, wenn man
unter günstigen Umständen sein Leben nochmals
von vorne beginnen könnte: 3,6/3,7
- die Kinderzahl, die man gegenwärtig wünscht: 3,1/3,4
- die Kinderzahl, die man selbst erwartet: 3,1

Befragungen dieser Art ergeben eine ähnliche Antwortstruktur:
Aufgrund der persönlichen Idealvorstellungen werden im Durchschnitt die meisten Kinder gewünscht, sodann folgt die Zahl der Kinder in Durchschnittsfamilien der Gesellschaft bzw. des Landes, gefolgt von der augenblicklich gewünschten Kinderzahl. Die (tatsächlich) erwartete Zahl ist durchwegs die niedrigste.

Deutsche Untersuchungen (1958 und 1969) zeigen höchste Nennungen bei der Frage nach der ‚Normvorstellung', d. h. das Ideal auf nationaler Ebene, gefolgt von der persönlichen Idealvorstellung und zeigen als niedrigsten Wert die tatsächlich vorhandene Kinderzahl[216]).

In der Differenz zwischen der gewünschten und idealen auf der einen Seite und der tatsächlich erwarteten und vorhandenen auf der anderen wird ein bevölkerungspolitisches (pronatalistisches) Potential vermutet; es ist jedoch bis heute nicht geklärt, wo die Grenze zwischen einem durch soziale Umstände frustrierten Kinderwunsch und einem empirischen Befragungseffekt, der hier vermutet werden muß, zu ziehen sei.

Im internationalen Vergleich spielt die gewünschte Kinderzahl (*,family size preferences'*) eine Rolle. Obwohl sie nur grob ermittelt werden kann, liefert sie eindrucksvolle Ergebnisse. So schwankten zu Beginn der siebziger Jahre die durchschnittlich gewünschten Kinderzahlen in ausgewählten Industrienationen zwischen 2,2 und 3,1, in ausgewählten Entwicklungsländern zwischen 3,8 und 5,5 Kindern[217]).

Die Präferenzen für eine bestimmte Kinderzahl lassen sich an den sozialen Funktionen ablesen, die der Nachwuchs in einer Gesellschaft zu erfüllen hat; die sozialen und demographischen Faktoren sorgen letztlich für die Größe der Zahl. Zu den demographischen Faktoren zählt das Sterblichkeitsniveau, indem das generative Verhalten sich auch an der Überlebenschance der Neugeborenen orientiert. Ein sozialer Faktor ist die in Entwicklungsländern ausgeprägte ‚Geschlechterpräferenz', wenn nach einer Anzahl von Mädchengeburten noch Söhne benötigt werden. Selbst in den Entwicklungsländern können wir feststellen, daß dem generativen Verhalten eine ‚Alltagsrationalität' zugrunde liegt.

Die niedrige Kinderzahl in modernen Bevölkerungsstrukturen kann analog als Funktion niedriger Kindersterblichkeit und Funktionsverlust einer hohen Kinderzahl unter industriellen Bedingungen erklärt werden. Ein Hinweis darauf ist der Ausdruck ‚Kinderwunsch' selbst. Er zeigt an, daß es sich nicht um ein traditionelles, nicht hinterfragtes Gebären handelt, sondern um eine wohlüberlegte Kalkulation der Zahl und Abstand der Geburten. Bedauerlicherweise ist der Ausdruck höchst inoperabel, enthält keinen Quantifizierungshinweis und könnte generatives Verhalten gefährlich mystifizieren.

(3) Demographische Struktureffekte

Die Einflußfaktoren, die von der „demographischen Struktur" ausgehen, gehören aus einer soziologischen Gedankenführung ausgeklammert. Struktureffekte sind insofern „seelenlose" Vorgänge, als sie die technisch-rechnerischen Resultanten von Bevölkerungsphänomenen „ohne menschliches Zutun" sind. Geburtenwellen, die 20 Jahre später die Heiratsziffern und Geburten auf Tausend der Bevölkerung ansteigen lassen, komplettieren zwar ein soziologisches Modell, sind aber nicht auf menschliches Handeln zurückzuführen:

„Demographic explanations take no account of the availability of choice at an individual level, and thus ignore an important dimension to problems of fertility, family size and population change generally[218])."

(4) Der Beeinflussungskomplex ‚Sozialstruktur und Ressourcen'

Wir haben festgestellt, daß die kulturell bedingten Heiratsverhältnisse und die Mittel der Geburtenkontrolle zwischen der Gesellschaftsstruktur und dem Fruchtbarkeitsniveau vermitteln. Dieselbe Funktion haben auch die Normen der Familiengröße bzw. Kinderzahl, die mit den Arbeitsformen und Lebensumständen der Familien zusammenhängen und ohne Rückgriff auf die Sozial- und Wirtschaftsstruktur unerklärbar sind. Der „Wert von Kindern" in einzelnen Gesellschaftstypen kann als Erklärungshintergrund herangezogen werden:
In agrarischen Gesellschaften, wo neben Grund und Boden die menschliche Arbeitskraft der wichtigste Produktionsfaktor ist, ist der Wert einer großen Kinderzahl offensichtlich. Die auf manueller Arbeitsteilung beruhende Wirtschaftsform, die jahreszeitlich bedingte Spitzenleistungen erfordert, sieht in Kindern ‚ein Mehr' an verfügbarer Arbeitskraft. Je nach der Größe des bebaubaren Landes bedeuten mehr Arbeitskräfte einen höheren Ertrag. Nachdem Produktionsgemeinschaft und Familie weitgehend identisch sind, wird familiale Fruchtbarkeit – so nüchtern uns das heute klingen mag – ein Mittel zur Beschaffung von Arbeitskraft und Sicherung der Existenz. Die Forderung nach hoher Fruchtbarkeit in bäuerlichen, familien-zentrierten Wirtschaftsformen vorindustrieller Zeit kann durch religiöse Gebote noch gestützt werden.
Dagegen ist der industrielle Gesellschaftstypus durch eine radikale Umstellung der Produktionsfaktoren charakterisiert. Grund und Boden werden als Primärfaktoren entwertet und an ihre Stelle treten Kapital, manuelle und geistige Arbeit, die auf die neuen Formen von Organisation und Innovation der (maschinellen) Industrie abgestellt sind.
Der industrielle Gesellschaftstypus hat den agrarischen gründlich revolutioniert und Familie und Kinderzahl einer Neubewertung unterzogen. Das statisch-hierarchische Gesellschaftsgefüge ‚mit geschlossener Distanz' weicht einem mobilen Schichtsystem, in dem anstatt eines gemeinschaftlich erarbeiteten Naturalertrages eine geldlich zurechenbare Leistung des einzelnen gratifiziert wird. Die industrielle Produktion setzt neben die vertikale Schichtenmobilität noch verstärkte horizontale Mobilitätsanforderungen, da die Arbeitskräfte sich nach den Ressourcen der Produktion und nach den Folgen ihres technischen Fortschreitens zu richten haben[219]).

Verstädterungen, Ballungsgebiete und industrielle Arbeits- und Freizeitformen sind das Ergebnis. Um den Anforderungen urbanindustrieller Arbeitsteilung gerecht werden zu können – denn nur diese garantieren ein höheres Lebensniveau –, muß die Familie unter dem Druck neuer funktionaler Erfordernisse verkleinert werden. Dieser Prozeß war komplex und ist historisch äußerst differenziert verlaufen, so daß er erst im Europa der zwanziger Jahre in Umrissen erkenntlich und als ein Begleitumstand des demographischen Übergangs erkennbar wurde.

Von schichtenspezifischen *Fruchtbarkeitsdifferenzen* wurde bereits gesprochen. Sie sind Gegenstand vielfältigster Forschungen. Unter Sozial- und Bevölkerungshistorikern gab es Diskussionen, in welcher Weise der Übergang von hoher zu niedriger Fruchtbarkeit der Herausbildung des neuen Schichtungsgefüges entsprach, das sich mit der Industrialisierung verband. Man wußte, daß sich das Geburtenverhütungswissen und das Interesse, es anzuwenden, von den oberen Schichten zu den unteren ‚durchsprach'; dennoch führte es zu einem unterschiedlichen ‚reproduktiven Ziel' in den einzelnen Ständen. Das Ergebnis ging als ‚U-Kurve der differentiellen Fruchtbarkeit' in die Wissenschaft ein, wonach ländliche und städtische Unterschichten relativ hohe Kinderzahlen aufweisen, die städtischen Mittel- und Beamtenschichten die geringsten und dann – auffälligerweise – mit zunehmendem Status bis hin zur Oberschicht die familiale Fruchtbarkeit wieder ansteigt.

Besonders letzterer Fall schien der neuen Entdeckung, daß Status und Kinderzahl negativ korrelierten, zu widersprechen. Man braucht jedoch nur ein Stück klassischer Soziologie bemühen, um diesen vermeintlichen Widerspruch zu klären: Beschränkung der Kinderzahl galt gemeinhin als Indiz für beschränkte Mittel und für einen ‚Wahlakt' zwischen Kind und Konsumgütern, der zugunsten des letzteren ausgefallen war. Für die oberen Schichten sind jedoch die größeren Kinderzahlen ein Mittel ‚demonstrativen Konsums', um sichtbar zu machen, daß sie diesem Wahlzwang enthoben sind[220]).

Im Zusammenhang mit Fruchtbarkeit scheinen Bemerkungen zu Produktion und Umwelt unerläßlich, da sie das materielle Gerüst des Status- und Schichtgefüges und das sichtbarste Indiz für gesellschaftlichen Fortschritt abgeben. Wir können diesen Komplex als *Technologie* im weiten Sinne bezeichnen.

Es wurde festgestellt, daß sich das Wachstum der Weltbevölkerung sozialen und technischen Fortschritten verdankt. Nun geht es darum zu klären, wie Ressourcen, Produktion und Technik die inneren Beziehungen einer Gesellschaft und ihre Bevölkerungsstruktur formen. Grundsätzlich ist diese Frage mit der gesamten Entwicklung von Industrie und Bevölkerung gestellt, doch haben sich Soziologen dieses Aspekts besonders angenommen, u. a. *William F. Ogburn*[221]). Er beschreibt, wie Ökonomie, technischer Fortschritt und Fruchtbarkeit an der Schaltstelle des Heiratsalters ineinandergreifen, daß damit sogar das Verhältnis von Fruchtbarkeit und Industriezeitalter charakterisiert ist:

„(Es) zeigt sich eine Tendenz zu Frühehen, die ... einesteils auf die Möglichkeit zurückzuführen ist, zu heiraten, ohne gleich Kinder großziehen zu müssen, andernteils auf die Berufstätigkeit junger, kinderloser Frauen, die das Familieneinkommen verbessern. ... Die Frühehe wird also beeinflußt durch die Erfindung der Empfängnisverhütungsmittel und durch ökonomische und technische Entwicklungen, die den Ehefrauen lohnende Beschäftigungen außerhalb des Hauses bieten[222])."

Ein weiterer Vorgang, der sich aus Produktion, Technologie und Umwelt speist und die gesamte Bevölkerungsstruktur tangiert, ist die besagte Verstädterung. Der Industrialisierungsprozeß in seiner ‚stofflichen', maschinellen Erscheinungsform beginnt am Ort seiner natürlichen Voraussetzungen, d. h. der Ressourcen. Industrielle Ballungen und Städte mit günstigen Verkehrswegen werden zu Zentren jener ‚urbanen Mentalität', von denen aus sich das neue generative Verhalten im Stil kultureller Diffusion verbreiten konnte.

Die strukturelle Analyse der Fruchtbarkeit, so wie sie bisher vorgenommen werden konnte, mußte sich vorweg mit den zahlreichen katalogisierten Wegen des Zustandekommens einer bestimmten Geburtenintensität befassen. Ihre unmittelbare Relevanz hat diese Priorität erzwungen. Der demographische Struktureffekt muß von einer Gesellschaft hingenommen werden, es sei denn, sie begegnet ihm mit gezielter Bevölkerungspolitik.

Im folgenden wird nun gezeigt, wie sich die Faktoren der Fruchtbarkeit zur Bewegung des Geburtenrückgangs formieren. Im Zuge gesellschaftlicher Entwicklung und Industrialisierung unterliegt ein hohes Fruchtbarkeitsniveau der ‚Schwerkraft' verbesserter und individualisierter Lebensumstände, die sich im Entscheidungsraum der Familie realisieren.

(5) Wertwandel und generatives Verhalten

‚Werte' sind eine soziologische Standardkategorie, die in der Forschung durchwegs Operationalisierungsprobleme aufwirft. Sie sollen hier als inhaltlich vorgegebene Handlungsorientierungen eingeführt werden, die den Umfang der Veränderungen im Einstellungs- und Verhaltenshorizont während des gesellschaftlichen und demographischen Übergangs erkennen lassen. Danach versteht man unter ‚Wert':

„einen in einer bestimmten Population wirksamen Modus der Bevorzugung oder Zurücksetzung von Objekten oder von sozialen Zuständen, der in der Motivationsstruktur der Einzelindividuen verankert werden kann, dessen Inhalt einen hohen Grad von Allgemeinheit aufweist ... Werte haben meist kognitive, emotive und volative Aspekte[223]."

Die Frage lautet dahingehend, welche Wertorientierungen stützen hohe oder niedrige Fruchtbarkeit und welche Wertwandlungstendenz liegt dem Umbruch von hoher zu niedriger Fruchtbarkeit zugrunde. Ein bestimmter Zweig der familienbezogenen Fertilitätsforschung verfolgt die These, daß erst über bestimmte Wertorientierungen die sozioökonomische Entwicklung das generative Verhalten beeinflußt; das generative Verhalten reflektiert die Auseinandersetzung, die mehr oder weniger offen die Familien im Zuge dieses Wertwandels führen müssen[224]. Da die Wertorientierungen keine isolierbaren Phänomene darstellen, sondern strukturbezogene Anweisungen sind, die zweifellos eine Ordnung erkennen lassen, wird man kaum ohne idealtypisches Verfahren auskommen können. Für vorindustrielle und industrielle Gesellschaften bündeln sich die Wertmuster wie folgt:

Die Wertorientierungen vorindustrieller, traditioneller Gesellschaften haben einen gewissen Zwangscharakter; sie erscheinen meist in religiöser Diktion und beanspruchen zeitlose Geltung. Sie sind eine Aufforderung, die Welt als gegeben hinzunehmen und gegenüber göttlichen und irdischen Autoritäten, die sich in einem geschlossenen Weltbild zusammenfinden, Gehorsam zu zeigen.

Die moderne Wertorientierung ist rational, diesseits gerichtet (säkular), gestattet Alternativen und Experimente infolge beschleunigten sozialen und ökonomisch-technischen Wandels. Ein Wertpluralismus im Rahmen liberaler politischer Ordnung löst das alte geschlossene, alle Werte umfassende Weltbild auf.

Die amerikanischen Kultursoziologen *F. R. Kluckhohn* und *F. L. Strodtbeck* haben fünf Thesenkomplexe ausgesondert, um die sich die Wertstruktur jeder Gesellschaft zentriert[225]. Werthaltungen beinhalten kognitive, emotive und volative Anweisungen für

1. die Art und Weise, in der die Gesellschaft und die Individuen die Probleme der physischen Umwelt meistern (Beziehung Mensch-Natur);

Tab. 9: Wertorientierung und Fruchtbarkeit

Wertkomplex	'Traditionales' Wertmuster unter hoher Fruchtbarkeit	'Modernes' Wertmuster unter niedriger Fruchtbarkeit
1. Verhältnis von Natur und Lebensvollzug	Der Mensch ist der äußeren Natur (und Gott) unterworfen – Fatalismus	Der Mensch kann Kontrolle über die Natur erringen – (technizistischer) Optimismus
2. Spezifische Zeitwahrnehmung	Religiös-metaphysischer Zeitbegriff, Jenseitsverbundenheit, geringes Planungsdenken	Zukunftorientierung, rationaler Planungsgedanke
3. Dominierende soziale Beziehungen	Verwandtschaft (kinship) 'Gemeinschaft'	Kleinfamilial, individualistisch, Partizipation an Institutionen
4. Einstellung zur menschlichen Arbeit	Reine Existenzsicherung auf agrar-handwerklicher Basis	Industrielle Arbeitsorientierung, Disziplin, 'Leistungsprinzip'
5. Einstellung zur Sexualität	Religiös definierter Gefahrenbereich, fortpflanzungsbezogen	(Offene) Bejahung, in Ausnahmefällen fortpflanzungsbezogen

Quelle: W. B. Clifford, a.a.O., W. B. Clifford, Th. R. Ford, a.a.O., S. 185 f. (vom Verf. stark bearbeitet)

2. das Verhältnis der Menschen zur Zeit im Rahmen ihrer sozialen Organisationsform (spezifische Zeitwahrnehmung);
3. die Ordnung und Verbindlichkeit von sozialen Beziehungen (Dominanz bestimmter sozialer Beziehungen);
4. die Einstellungen zur Produktivität und notwendigen, existenzerhaltenden Tätigkeit („Arbeit');
5. die Einstellung und Definition des Wesens der Sexualität.

Jede Gesellschaft muß diese fünf Komplexe verbindlich definieren. Im Laufe der Gesellschaftsentwicklung ‚veralten' Definitionen und sind den neuen Anforderungen, die ein höheres, differenzierteres Organisationsstadium stellt, nicht mehr gewachsen. Man kann inzwischen diese oben genannten fünf Wert-Themen für ‚traditionale' und ‚moderne' Sozialstrukturen idealtypisch fassen und sie als Werthaltungen interpretieren, die hinter hoher und niedriger Fruchtbarkeit stehen. Auf diese Weise kann die ‚Innenseite' des demographischen Übergangsprozesses beleuchtet werden (s. Tabelle 9).

Das generative Verhalten dürfte ohne die wertgebundenen Einstellungen, die eine bestimmte Sozialstruktur nahelegt, nicht mehr erfaßbar sein. Es reicht jedoch nicht aus, die Familienmitglieder, vor allem die Ehepartner, einem gemeinsamen Wertehorizont zuzuteilen, um aus ihm deren generatives Verhalten ablesen zu können. Die Familiensoziologie, die in jüngster Zeit eine Wendung zur Analyse der Partnerbeziehung vorgenommen hat, betont ausdrücklich, daß es das Handlungsarrangement der Partner ist, aus dem Familienentscheidungen hervorgehen und keinesfalls schon aus ‚gemeinsamen Werten':

„The most important consensual abstractions in a marriage . . . are not the values and beliefs of the husband and wife but the procedural rules which they have managed to work out for themselves[226])."

Diese Klarstellung dürfte auch die Kritiker des Wertekonzepts befriedigen, die Werte allein in Form von handlungsrelevanten ‚Regelungen' wissenschaftlich generalisierbar und analysierbar halten. Die Kritik am demographischen Übergangskonzept, daß in ihm zu viele globale Tendenzbegriffe auftauchten, kann weitgehend mit dem Hinweis entkräftet werden, daß das mittlere Abstraktionsniveau der ‚Familie' Möglichkeiten der empirischen Einlösung in ausreichender Weise bereitstellt.

(b) Mikro-Analyse der Fruchtbarkeit

Der Erleichterung über gültige und anerkannte Makrokonzeptionen der Fruchtbarkeit folgt rasch die Ernüchterung, sobald man sich mit dem „gesamtgesellschaftlichen Gepäck" in die Realität der Fruchtbarkeitsvariablen begibt. Der Konzeptionsbegriff, oder technisch: das Wirkungsdiagramm, mahnt schon zur Vorsicht vor eilfertigen Deduktionen, wozu ‚Makrotheorien' ja geschaffen wären und auch einladen. Es ist nicht Abfall in den Psychologismus, wenn die Erforschung des Fruchtbarkeitsniveaus nicht nur entlang den Beeinflussungskomponenten „disaggregiert", sondern sich den Entscheidungsraum für generatives Verhalten geflissentlich vornimmt. Mikroanalyse heißt hier Aufdeckung der reproduktiven Motivation, oder schlichter: der Motivation zur Elternschaft. Nach bisherigem Kenntnisstand wird Fruchtbarkeit bzw. generatives Verhalten auf Basis einer Kleingruppe in 3 Formen untersucht: (1) im Rahmen der biologischen Reproduktionsfunktion der Familie, (2) als Kosten-Nutzen-Analyse im Rahmen einer haushaltsgebundenen Partnerschaft und (3) als Sozialpsychologie des Kinderwunsches als Gratifikationskalkül zwischen Partnern.

(1) Familienstruktur im demographischen Übergang

Fruchtbarkeit geht mit Ausnahme der illegitimen Geburten aus Familien hervor. Veränderungen des Geburtenniveaus, die nicht durch die Altersstruktur bedingt sind, sondern ein verändertes generatives Verhalten anzeigen, können auch auf Wandlungserscheinungen im Familiensystem zurückgeführt werden. Sie können die Familiengröße betreffen, ihre Zusammensetzung nach der Generationszugehörigkeit der Mitglieder, die Mobilisierung neuer Ressourcen oder die neue Verteilung des Familieneinkommens. Alle diese Erscheinungen stehen in enger Beziehung zueinander, können sich gegenseitig auslösen und werden letztlich durch neue gesellschaftliche Bedingungen erzwungen. Ihre Relevanz für das Fortpflanzungsgeschehen versteht sich von selbst.
Forschung und Theorie haben daraus mehrmals den Schluß gezogen, Fertilität solle ausschließlich im Rahmen der Familie analysiert werden. Die Erfolge der Fertilitätsforschung – wenn man im letzten Jahrzehnt von solchen sprechen darf – verdanken sich in gewisser Weise dem Bezugsrahmen ‚Familie'.
‚Familie' dürfte das älteste Thema der Soziologie sein. Familiensoziologie besitzt einen klassischen, strukturfunktionalistischen Kanon, der in seiner Klarheit besticht und den Bevölkerungssoziologen dazu verleiten könnte, sich anhand dessen ganz in diesen Bereich zu begeben. Die Mittlerrolle zwischen Fruchtbarkeit und Gesellschaftsform macht Familie zum Angelpunkt für die angestrebte Integration makro- und mikrosoziologischer Betrachtung.
Es mag bedauerlich erscheinen, daß die Bevölkerungssoziologie mit ihrer besonderen Aufgabenstellung den Weg der Familiensoziologie nicht in ihrer Breite ausschreiten kann. Ein vorbildlicher Wegweiser wäre die Ordnung der Verwandschaftsstrukturen und Familienformen nach der Anzahl der Ehepartner, nach dem Sitz der Familienautorität (z. B. Patriarchat) und nach dem Rekrutierungsfeld der Partner (Endogamie, Exogamie)[227].

Die Bevölkerungssoziologie wird sich das, was an Reproduktionsaspekten ihrem Problemhorizont zugehörig ist, herausbrechen müssen: die Heiratsverhältnisse, die Normen der Familiengröße (Kinderzahl) und das Lebensniveau, das geschichtlich und normativ eine bestimmte Familiengröße nahelegt.

Die strukturell-funktionale Theorie hat sich der Familie in besonderer Weise angenommen[228]). Leider kann hier die klassische Familientypologie nicht auf ihre Fertilitätsrelevanz geprüft werden; stattdessen sollen die unerläßlichen Strukturelemente des Familiensystems und seine reproduktiven Funktionen dargelegt werden[229]).

Der legale Rahmen für die Familie ist die Ehe. Sie ist eine auf Dauer angelegte, gebilligte Vereinigung von zwei (oder mehr) Menschen verschiedenen Geschlechts. Sie setzt gemeinsamen Wohnort und gemeinsames Wirtschaften voraus und ist auf Zeugung und Erziehung einer bestimmten Anzahl von Kindern eingerichtet.

‚Familie' ist der kulturelle Ausdruck dieser Lebensgemeinschaft mit Kindern; ein Komplex von Normen, von mehr oder minder formalen Regelungen für einen Hauptaspekt des menschlichen Lebens[230]).

Folgende Feststellungen zur Familie sind von soziodemographischer Bedeutung:

1. Die ‚dauernde' Vereinigung von Menschen verschiedenen Geschlechts verringert die (kaum zu beseitigende) sexuelle Rivalität und ermöglicht die Versorgung und Erziehung von Säugling und Kind.

2. Die lange Periode der Abhängigkeit des Kindes erfordert eine verbindliche Verteilung von Rechten und Pflichten unter den Eltern, die deren Verhältnis so stabilisiert, daß mehrere Kinder geboren werden können, d. h. eine ‚Geburtenordnung' zustandekommt.

3. Kernstück dieser Pflichten – abgesehen von der Befriedigung biologischer Bedürfnisse des Ernährens, Kleidens und auch Schützens – ist die ‚Sozialisation', die die Kinder ‚sozial placiert'. Entsprechend dem Parsonsschen Funktionendiagramm hat sie die Einführung des Neugeborenen in die Gesellschaft, seine Integration und Anpassung zu leisten. Diese allgemeinen Erziehungsziele spezifizieren sich mit fortschreitendem Alter. Problematisch ist die mit Erziehung verbundene

4. ‚Erhaltung der Wertmuster': Letztere werden von den Agenten der Sozialisation, den Eltern, mittels symbolischer Interaktion erfahren und auf demselben Wege dem Kinde überliefert.

Diese letztgenannte Aussage über die Reproduktionsorientierung der Familie dürfte am meisten in der Diskussion sein. *Frank Lorimer* definierte in einer der ersten internationalen Fertilitätsstudien ‚kulturelle Werte' als

„Attitudes and interests which are, in part, engendered by a particular social structure and which in turn motivate and direct the activities of the individuals who form a society[231])."

Die Übermittlung von Einstellungen, die identisch ist mit der Familienfunktion der ‚Transmission von Kultur' auf die jeweils folgenden Generationen, formt aber auch den Erzieher selbst und stärkt damit Wertmuster und soziale Kontrolle. Mit der besagten ‚Wendung vom Nachwuchs zur Aufzucht' *(G. Ipsen)*, von Proliferation zur Erziehung der einzelnen werden den Erziehern Rücksichten und Kenntnisse abverlangt; es tritt neben die Existenzsicherung und Erfüllung von Familienaufgaben eine zusätzliche Belastung: Die verständnisvolle, selbst-prüfende und konsequente ‚Enkulturation' des Kindes. Rascher Wandel kann tradierte Erziehungsmuster unwirksam machen und beseitigen. Nach *Sigmund Freud* gleicht der Erziehungsprozeß einer gefahrvollen Fahrt zwischen der Skylla des Verbietens und Charybdis des Gewährens.

Es ist nicht zufällig, daß in Industriegesellschaften ‚Belastung' und ‚Erziehungsunsicherheit' als Gründe des Geburtenrückgangs genannt werden[232]).

Wie aus den obengenannten Definitionen von Ehe und Familie hervorgeht, verlangen sie noch als Merkmal ‚gemeinsames Wirtschaften' (economic cooperation). An keinem Punkt dürfte sich der industrielle Strukturwandel so deutlich zeigen wie am geschichtlichen Weg, den dieses Charakteristikum genommen hat: Jahrhundertelang bestand das Familiendasein in einer bäuerlich-handwerklichen Existenzform, wobei ‚Familie' einen Personenkreis von Verwandten umfaßte, den man in der Soziologie mit dem Begriff der ‚Großfamilie' belegt hatte.

Familienleben und Arbeit waren örtlich und zeitlich eine Einheit. Diese Familien- und Produktionsform begünstigte, wie oben schon an der vorindustriellen Situation gezeigt wurde – hohe Fruchtbarkeit.

Mit dem Bedeutungsverlust der landwirtschaftlichen Produktion verliert auch die bäuerliche Lebensform und damit das Familienleben im ‚ganzen Haus' *(W. H. Riehl)* an Boden. Die neuen Arbeitsformen erzwingen eine räumliche Mobilität und schaffen Lohnarbeit außer Haus, die die alte Einheit von Produktion und Verbrauch trennt. Dieser Vorgang veränderte allmählich aber radikal das Verhältnis der Partner zueinander und die Einstellungen zur Kinderzahl. Der Vater verliert seine Autoritätsstellung, weil er als Industriearbeiter nicht mehr ‚Besitzer', sondern nur noch ‚Verdiener' ist wie andere Familienmitglieder auch. Auch als Besitzer von Grund und Boden verliert er Autorität, weil die Kinder immer häufiger attraktive Angebote in anderen Berufszweigen aufgreifen und ‚weggehen' können.

Für die Frauen steigen die Erwerbsmöglichkeiten außer Haus. Höhere Kinderzahlen setzen der Frauenbeschäftigung noch Grenzen, die der sich durchsetzende Familienplanungsgedanke schrittweise beseitigt. Damit beginnt auch der Aufstieg der Frau von der ‚duldenden, aufopfernden Seele' zur entscheidungsberechtigten Partnerin. Damit soll allerdings nur ein Weg idealtypisch beschrieben sein.

Der entscheidende Punkt ist der Verlust der ökonomischen Funktion der Familie. Er hat den Weg für eine ‚Individualisierung' und ‚Psychologisierung' des Verhältnisses der Eltern untereinander und zu den Kindern freigemacht, die in einer ‚Kleinfamilie' – bestehend aus Eltern und Kindern – möglich und folgerichtig scheint.

Soziologen, unter ihnen *W. F. Ogburn,* sahen im Schwinden von gewissen, einst zentralen Funktionen der Familie einen beginnenden ‚Zusammenbruch' der Institution. *T. Parsons* blieb optimistischer, wie die Funktionalisten allgemein: Für ihn ist die Kleinfamilie mit beschränkter Kinderzahl nur ein Zeichen funktionierender Anpassungsprozesse von Familienstrukturen an die Arbeitsmarkt- und Beschäftigungsformen in der industriellen Gesellschaft. Dieser Trend sei evolutionär und identisch mit dem hohen Grad an strukturell-funktionaler Differenzierung in modernen Gesellschaften[233]).

Dieser Umbruch der Familienstruktur läßt sich folgendermaßen pointieren:

1. Die Trennung von Familie und Beschäftigung führt zu einer Schwächung der elterlichen Autorität;
2. Einkommen und Status hängen von der beruflichen Stellung und nicht mehr von einer Position in der Familie ab;
3. das Industriesystem ermöglicht eine ungeahnt größere Prosperität und Unabhängigkeit des einzelnen als in der Agrargesellschaft;
4. die Menschen können zunehmend individuelle Interessen wahrnehmen und ihnen gegenüber verwandtschaftlichen Verpflichtungen den Vorzug geben.

Damit sind die strukturellen Voraussetzungen für ein bewußtes und autonomes Entscheiden über die Kinderzahl, die unter diesen Umständen vergleichsweise gering sein werden, geschaffen.

Sozial- und Bevölkerungsgeschichte beschäftigen sich in letzter Zeit stark mit den Familienformen. Die Möglichkeit, umfangreiches Datenmaterial zu verarbeiten, bot auch Gelegenheit, Vorurteile und pauschale Vorstellungen über die vorindustrielle Familie zurückzurücken. Daß dies nötig und an der Zeit wäre, wird schon seit längerem vorgebracht[234]).

Ein Vorurteil, das sich lange gehalten hat, ist die Vorstellung einer ziellosen, ‚emanativen' Proliferation während der vorindustriellen Bevölkerungsweise. Es geht noch auf *Malthus* zurück.

Malthus hatte es selbst noch korrigiert durch die Entdeckung ‚präventiver' Mechanismen, die das Vordringen des Bevölkerungswachstums bis an die Grenze des Nahrungsspielraums verhinderten. Die historische Demographie hat sich dieses Themas seitdem angenommen und nach vielen regionalen Einzelstudien zu einer Ordnungskonzeption gefunden, die für die Bevölkerungssoziologie bedeutsam ist. Am bekanntesten wurde das von *J. Hajnal* vorgestellte ‚Muster der westeuropäischen Heiratsverhältnisse' (‚European marriage pattern'), das durch relativ hohes durchschnittliches Heiratsalter und einen erheblichen Anteil Nichtverheirateter gekennzeichnet ist[235]). Dieses Muster wird immer häufiger den Heiratsverhältnissen in den heutigen Entwicklungsländern entgegengehalten, die hier deutliche Unterschiede erkennen lassen: Das Heiratsalter ist dort niedriger und der Anteil der Verheirateten höher als in den europäischen Bevölkerungen bis zur Mitte des 18. Jahrhunderts[236]).

Man muß gestehen, daß die Bevölkerungssoziologie in ihren Familienkonzepten immer noch von der idealtypischen Dichotomie ‚Großfamilie – Kleinfamilie' ausgeht. Inzwischen stellte sich jedoch heraus, daß die bäuerlichen und handwerklichen Familien in Europa vor ca. 1750 nicht um so vieles größer waren, daß sie den Namen ‚Großfamilie' in so eindeutiger Form verdienen würden: Die durchschnittliche Personenzahl – ein Durchschnitt bei großer Streuung – vorindustrieller ‚erweiterter' Familien wurde jüngst unter Zugrundelegung einer angemessenen Sterblichkeit und Verheiratetenquoten mit 4,3 Personen angegeben. Die Mehr-Personen-Haushaltsfamilie der vergangenen sechziger Jahre zählte im Durchschnitt nur 3,4 Personen[237]).

Familienhistoriker und historische Demographen wollten demzufolge den ‚Mythos von der vorindustriellen Großfamilie' beseitigen[238]). Es war nachzuweisen, daß die landläufige Vorstellung von Großfamilie aus der demographischen Übergangsphase stammt, in welcher die Zahl der Familienmitglieder gegenüber vergangenen und nachfolgenden Perioden ungewöhnlich angewachsen war.

In einem Modell familialer Reproduktion, das sich an die Stufen des demographischen Übergangs hält, hat *N. B. Ryder* diesen Sachverhalt veranschaulicht. Die Modellannahmen sind folgende: Vorindustriell hohes, jedoch stationäres Reproduktionsniveau einer Phase (I), d. h. hoher Bevölkerungsumsatz mit Null-Wachstum (mit einer Netto-Reproduktionsziffer von 1,0) tritt in eine Übergangsphase (II) ein, in der die gesunkene Sterblichkeit die Zahl der Familienmitglieder vor allem der Kinder aufbläht (ein Zustand, dem eine Netto-Reproduktionsziffer von 2,5 entspricht). Sie geht über in ein niedriges, stationäres Niveau, in dem nur wenig Geburten (hier 2,1) benötigt werden, um den Bevölkerungsbestand zu halten. Das Reproduktionsergebnis (ausgedrückt in einer Netto-Reproduktionsziffer von wiederum 1,0) kann mit einem geringeren Geburtenaufkommen erzielt werden. Der starke Rückgang der Sterblichkeit schlägt in allen Etappen der modernen Phase (III) zu Buch:

Tab. 10: Demographischer Übergang und Nettoreproduktion

Phasen des demographischen Übergangs	(1) Lebend-geburten	(2) Überlebens-rate der Eltern	(3) Lebend-geborene × Überlebensrate der Eltern	(4) Überlebensrate der Lebend-geborenen	(5) Nettoreproduktionsziffer (überlebende Töchter pro Frau)*)
I. Vorindustrielles Bevölkerungsgleichgewicht	6,4	0,69	4,5	0,46	1,0
II. Übergangsphase mit hoher Fruchtbarkeit und gesunkener Sterblichkeit	6,4	0,91	5,9	0,87	2,5
III. Industrielles Bevölkerungsgleichgewicht	2,1	0,99	2,1	0,98	1,0

Quelle: In Anlehnung an *N. B. Ryder,* Reproductive Behaviour and the Family Cycle, in: United Nations, The Population Debate: Dimensions and Perspectives New York 1973, Vol. II, S. 278–312, hier S. 279 (vom Verf. bearbeitet)

*) Entsteht in dieser Tabelle aus Multiplikation der Reihen (3) und (4) mit dem Koeffizienten der Geschlechtsproportion, der – einem Überhang an Knabengeburten Rechnung tragend – hier mit durchschnittlich 0,488 angesetzt wird.

Dieser Typus des industriellen Gleichgewichts, der relativ wenige Geburten pro Frau erfordert, um zum selben Reproduktionsergebnis wie die vorindustrielle Phase (I) zu kommen, bringt einen neuen Lebenszyklus der Elterngeneration hervor. Die Ehe dauert unter industriellen Bedingungen länger als in vorindustrieller Zeit, wo die hohe Sterblichkeit die Ehedauer auf durchschnittlich ca. 15 Jahre beschränkt haben dürfte. Moderne generative Strukturen zeigen eine geringere Streuung des Heiratsalters durch seine allgemeine Vorverlegung zwischen das 21. und 26. Lebensjahr und eine hohe Lebenserwartung.

Der Lebensabschnitt, in dem die Frauen die Kinder zur Welt bringen, ist erheblich geschrumpft und drängt sich auf drei bis fünf Jahre zusammen. Das bedeutet, daß bei einem durchschnittlichen Heiratsalter der Frauen von 21 Jahren die Anzahl der Niederkünfte ab dem 26. Lebensjahr stark zurückgeht, und daß die Kinder heiraten werden, wenn die Mütter ca. 48 Jahre alt sind.

Während in der vorindustriellen Epoche die Frauen dem Geschäft der Aufzucht und der Versorgung der Kinder kaum entrinnen konnten und den Großteil ihres Lebens damit verbrachten, entwachsen in der modernen, industriellen generativen Struktur die Familienmütter zwischen dem 40. und 45. Lebensjahr der Sorge um den Nachwuchs und werden in gewissem Sinne frei für die Neugestaltung ihres weiteren Lebens. Bei einer noch fast dreißigjährigen Lebenserwartung verbringen die Eltern noch zwei oder drei Jahrzehnte in ‚nachelterlicher Gefährtenschaft' und bleiben im ‚leeren Nest' zurück, das die Kinder längst verlassen haben, um eigene (Klein-)Familien zu gründen.

Die Veränderungen in der Familienzusammensetzung und -struktur sind facettenreich geworden und dem Drei-Stadien-Modell des demographischen Übergangs entwachsen[239].

Mit dieser Darlegung wird der gegenwärtige Trend verständlich, die demographische Karriere der Familie unter dem Signum und den Methoden des „Familienzyklus" abzuhandeln.

(2) Mikroökonomie der Fertilität

Im Falle der *mikroökonomischen Fertilitätstheorien* geht es um Arbeiten der sogenannten Chicagoer Schule der ‚New Household Economics'. Obwohl ihr Ansatz, der der neoklassischen Nationalökonomie der Haushalte entstammt, allgemeine Gültigkeit beansprucht, erprobt er sich doch an der industriellen Situation, die die diffizilen Datenwünsche dieser Theorie am ehesten erfüllt und in welcher Empfängnisverhütung das alltägliche Verhalten und die Realisierung eines Kinderwunsches das besondere Ausnahmehandeln geworden ist.

Der Grundgedanke ist folgender:
Das generative Verhalten beruht auf einer rationalen Entscheidung; die Eltern wünschen dann ein (oder ein weiteres) Kind, wenn der ‚Nutzen', den es einbringt, größer ist als die Kosten, die es verursacht[240]).

Die 4 kategorialen Prämissen dieser Schule sind:
– die Investition im Humankapital (Aufwand und Zeit für Kinder)[241]),
– der Zeitfaktor, der für arbeitsmarktbezogene und private Tätigkeiten entfällt (Allokationenzeit)[242]),
– die Produktionsfunktion der Haushalte und schließlich
– eine Sicht von Familie sowohl als Stätte der Konsumwahl, als auch der Entscheidung für Produktion, einschließlich des In-die-Welt-Setzens und Großziehens von Kindern.

Die Chicagoer Haushaltsökonomen sehen in der Familie eine Entscheidungseinheit, die ihren Nutzen in Konsumhandlungen maximiert, aber auch Zeit und Geld investiert in produktives Handeln. Haushalte bzw. Ehepaare sehen sich immer Zeitknappheit bei Konsum wie bei der Arbeit ausgesetzt. Wenn sie ein oder mehrere Kinder haben wollen, müssen sie den emotionalen Gewinn, den sie daraus ziehen, gegenüber den Einkünften aus produktiver Arbeit, die sie stattdessen verrichten können, abwägen. So entstehen in den Gehirnen kalkulatorischer Geister, die *„Alternativkosten" (opportunity costs)* des Kinderhabens, die je nach Status der Partnerschaft variieren.

Diese Gewinn- und Verlustrechnung wird schon an der ökonomischen Einschätzung des Kindes, womöglich als eines „dauerhaften Konsumgutes" auf eine harte Probe gestellt. Im Ökonomismus dieser ‚Neoklassiker' wird das Kind unweigerlich ein Anschaffungsprodukt im Stil des Käuferverhaltens – eine Vorgehensweise, die die Soziologie zu kritischer Distanz bewegt, – ja nicht ohne genüßliche Ironie referiert.

Ein Kind verursacht ‚direkte' Kosten für seinen Lebensunterhalt und ‚indirekte' Kosten für die Eltern, die ein Stück Individualität und Eigeninteressen aufgeben müssen – und als Alternativkosten oder Opportunitätskosten erscheinen. Sodann werden einem (zusätzlichen) Kind Nutzenfunktionen beigemessen: Der Gebrauchswert (a comsumption utility) ist schwer zum Einkommen in Beziehung zu setzen, da es sich hier um eine psychische Größe handelt; er wird mit dem Einkommen als konstant steigend angenommen; der Einkommenseffekt (b) und die Funktion des Kindes als Quelle sozialer Sicherheit (c) nehmen mit steigendem Einkommen ab, während die Kosten – und hier vor allem die indirekten ‚Opportunitätskosten' ansteigen. Soweit nimmt sich diese Urform der Fertilitätsökonomie wie eine haushaltsökonomische Theorie des Geburtenrückgangs aus: Die Familie oder das junge Paar sind die Entscheidungseinheit, die ihren Nutzen sowohl über Konsum wie über

Abb. 32: Kosten und Nutzen von Kindern

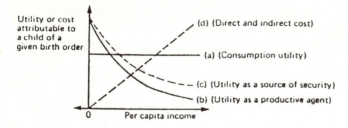

Quelle: *H. Leibenstein,* Economic Backwardness . . . a.a.O., S. 162

ein bestimmtes Zeitquantum im Haushalt zu maximieren trachtet. Zeit für Konsum oder für Tätigkeiten privater Natur sind die Ausgabenposten, der eigentliche Engpaß familialer Ressourcen. Kommt nun ein Kind zur Welt, so bricht dieses in das gewohnte Zeitbudget der Eltern ein und fordert Abstriche von individueller Daseinsgestaltung. Wenn sich die Eltern nun für ein Kind entscheiden, so haben sie sicher eine Kalkulation angestellt, nach der die psychischen Belohnungen durch ein Kind gegen seine direkten Kosten und gegen jene Belohnungen aufgewogen wurden, die andere Entscheidungen (Auto, Ferienwohnung) mit sich gebracht hätten.

Da ein Kind wertvoll, ja unbezahlbar ist, müßte die Kinderzahl mit steigendem Einkommen zunehmen. Das Gegenteil ist aber der Fall. In der Höhe seines Wertes findet sich auch kein Käufer. Es fällt also aus allen ökonomischen Güterkategorien heraus. Aus diesem Dilemma retteten zwei Argumente:

Zum ersten nähme mit steigendem Einkommen nicht mehr die Zahl, sondern dafür die ‚Qualität' der Kinder zu.

G. S. Becker wandte ein, daß die Zahl der Kinder wahrscheinlich steigen würde, daß aber der Einkommenseffekt steigender Fruchtbarkeit durch den gegenläufigen Preiseffekt der Kindererziehung außer Kraft gesetzt würde: Mit steigendem Einkommen steige nicht der Wunsch nach einer höheren Kinderzahl, sondern nach Kindern mit höherer Bildung und Ausbildung. Die Kindesqualität wird somit zum Bestimmungsfaktor des generativen Verhaltens.

Zum zweiten erhöhe sich der Wert des Kindes auch durch entstehende ‚Opportunitäts-' oder ‚Alternativkosten'. Neben der effektiven Einkommensschmälerung, die eine Geburt mit sich bringt, wandten sich die Chicagoer Ökonomen noch dem Zeitaufwand der Mutter zu. Die Rechnung lautet hier folgendermaßen: Die Alternativkosten steigen, indem der Ausbildungsgrad und die Erwerbschancen der Mutter steigen und Kinder beschränken die Zeit, die die Mutter in einer Erwerbstätigkeit zubringen könnte. Die Mutter wird weiterhin auf Einkommen nicht verzichten wollen, wenn sie eine einträgliche Ausbildung genossen hat. Steigt in einer Gesellschaft allgemein das Bildungsniveau (‚mass education') und besonders dasjenige der Frauen, so erhöhen sich sprunghaft die Alternativkosten[243]. Würde man das Geburtendefizit mit gestiegener Kindesqualität und Alternativkosten multiplizieren, so würde das immer noch eine positive Korrelation mit dem sozialen und ökonomischen Aufstieg der Familie ergeben. Sobald also die Familieneinkommen steigen, legen die Paare größeren Wert auf Güter und Dienstleistungen, die gerade in jener Zeit genossen werden, die für die Pflege und Erziehung eines Kindes aufgewendet werden müßte. Die Empfehlung, die Kinderzahl zu beschränken, ergibt sich aus einem sich perfektionierenden industriellen Lebensrhythmus, der sie täglich erneuert.

Wir haben es hier mit einer stark verfeinerten und ökonomistischen Wohlstandstheorie zu tun, aus der dennoch drei Grundthesen hervorgehen:

– Der Nutzen von Kindern für die Eltern ist eine der wichtigsten Determinanten der Fruchtbarkeit;

– die Einkommenschancen für Frauen steigen dann, wenn die Fruchtbarkeit abnimmt und

– Kinder ‚höherer Qualität' sind dann erwünscht, wenn die Menschen in der Gesellschaft einem höheren Grad der Urbanisierung, der Bildung und des Wohlstandes zustreben.

Diese Thesen liegen bekanntlich der Theorie des demographischen Übergangs zugrunde.

So unhistorisch und partikular uns die Einsichten der Ökonomen vorkommen, so ist die Idee einer Alternativkostenrechnung doch das fruchtbarste Ergebnis.

Abbildung 33 zeigt die Einbußen an Lebensstandard, die eine städtische Familie in den USA nach der Geburt eines, vor allem des ersten, Kindes zu tragen hat.

An diesen ökonomischen Theorien bleiben viele Probleme ungelöst. Abgesehen von den hohen Operationalisierungsanforderungen, die an die Parameter seiner Modelle gestellt werden, regt sich soziologische Kritik. Es ist der weltfremde Individualismus im Stile des Homo Oeconomicus, ein altes Erbe neoklassischer Modelle der Ökonomie und die Unterstellung von logisch dichten Handlungsketten, die den menschlichen Handlungsfolgen nicht gemäß sind.

Mit dem Begriff der normierten Handlungsmuster ist die Soziologie gegen einen ‚Individualökonomismus' gefeit. Der Bevölkerungssoziologie ging es immer darum, ein realistischeres Handlungskonzept zu entwerfen, als es die ökonomischen Verhaltensmodelle liefern, und generatives Verhalten als strukturbedingtes, aktives Planen der Familiengröße zu erkennen.

Es wurde festgestellt, daß die Mikrotheorien der Fertilität das generative Verhalten an ‚Nutzen und Wert des Kindes' ausrichten, daß es sich um ein Abwägen von Nutzen oder Wert gegenüber den Kosten von Kindern handelt. Die Soziologie wendet demgegenüber ein, daß Handlungen längerfristig gültigen Normen folgen und nicht kurzfristigen Kalkulationen. *B. A. Turchi*, ein Kritiker der Fertilitätsökonomie, räumt ein, daß „Nachwuchsentscheidungen auf abwägenden Kalkulationen (‚allocating decisions') beruhen, die sich aber im sozialen und psychologischen Kontext abspielen und den zu vernachlässigen äußerst gefährlich wäre[244]."

Neben diesem haushaltsökonomischen Ansatz hat sich seit langem ein sozioökonomischer Ansatz behauptet, der sich mit den Namen *H. Leibenstein* und *R. Easterlin* verbindet[245]). Er greift bewußt über die „vier Wände" hinaus und koppelt die generativen Entscheidungen mit der Lage auf dem Arbeitsmarkt. Es ist eine „Hypothese", die die Fruchtbarkeitsschwankungen nach dem demographischen Übergang, die in den Industrienationen beobachtet werden, erklären will. Dem Erlebnis der Fülle oder der Knappheit der heranwachsenden Generation fällt dabei eine Schlüsselrolle zu. Ansteigende Fruchtbarkeit widerspiegele konjunkturellen Optimismus der momentanen Elterngeneration. Sinkende Fruchtbarkeit ist die Konsequenz, die eine Generation aus schlechten Chancen zieht –, die sich aus dem Erlebnis von zu vielen als „demographisches Opfer" fühlt.

Die Frage ist nun, wie könnte die *„Easterlin-Hypothese"* nutzbringend für die ökonomische Erklärung der sinkenden Fruchtbarkeit im demographischen Übergang Verwendung finden:

Abb. 33: Einfluß der Kinderzahl auf den Lebensstandard der Familie

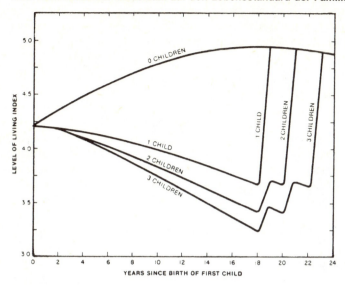

Quelle: *T. J. Espenshade,* The Value and Cost of Children, In: Population Bulletin, Vol. 32, No. 1, April 1977, S. 33; Reprinted by Permission of Population Reference Bureau, Washington D. C., 20037

Vom sozioökomomischen Ansatz her müssen alle Determinanten der Fruchtbarkeit eine Nutzen-Kosten-Kombination hinsichtlich eines Kinderwunsches („demand for children") durchschreiten. Diese ist gegeben:
(a) durch die Intensität des Kinderwunsches in Abwägung mit dem Einkommen, den Ausgaben (prices) und dem vorgefaßten Lebensstandard („tastes"),
(b) durch die Tatsache, daß es „maximale, natürliche Fruchtbarkeit" gibt, die nicht erreicht werden will,
(c) die psychischen und objektiven Kosten der Geburtenregelung.
Der demographische Übergang in Europa lehrt den geringen Einfluß von Einkommen und den Kosten der Lebenshaltung (Preise) auf das vorindustrielle Fruchtbarkeitsniveau, obwohl die Sozialgeschichte seit langem Heiratshäufigkeit und Kinderzahlen bzw. die Zahl der Überlebenden mit vorindustriellen Konjunkturen und Krisen, wie dem Auf und Ab der Getreidepreise in Beziehung setzen will. Zum Zeitpunkt, zu dem der Fruchtbarkeitsübergang einsetzt, spielten die ökonomischen Faktoren (Einkommen, Preise) eine untergeordnete Rolle. Es sind vielmehr die Ideen der Verbesserung der Lebensführung, womit die – von Easterlin eingeführten „tastes" umschrieben werden können, die als dominierender Faktor des allgemeinen irreversiblen Geburtenrückgangs aufscheinen. Dies würde sich auch mit der Erkenntnis decken, daß allgemeiner Geburtenrückgang sich in Kultureinheiten abspielt, in denen verbindliche orientierende Botschaften rasch verbreitet werden. Wir stehen heute fassungslos vor den „Kosten der Geburtenregelung" in der Anfangsphase des Fruchtbarkeitsübergangs. Die Unerreichbarkeit und Unbezahlbarkeit von Kontrazeption wurde durch Methoden umgangen, deren psychische Kosten dem Menschen der Gegenwart inzwischen untragbar wären. Der Zivilisationsprozeß hat es zuwege gebracht, Kontrazeption und Abtreibung zugänglich und erschwinglich zu machen und hat künftige Elterngenerationen

davon befreit, bei Beschränkung des Nachwuchses brutal Hand anlegen zu müssen. Nach der Easterlinschen Konzeption liegt dem Fruchtbarkeitsrückgang ein Wandel in der Lebenseinstellung („change of tastes") oder sinkende Kosten der Geburtenregelung zugrunde, – mit Sicherheit eine Kombination von beiden, die zu seiner beschleunigten Vollendung beiträgt.

(3) Zur Sozialpsychologie der Nachwuchsentscheidung

Die Sozialpsychologie dürfte die jüngste Zuträgerin zum Forschungskomplex Fruchtbarkeit sein, – wenn man bedenkt, daß die ökonomischen Grundlagen zur Bevölkerungsbewegung schon von der klassischen Nationalökonomie gelegt wurden und damit 200 Jahre alt sind. Die psychologische Erforschung der Fruchtbarkeit tauchte zuerst in Form der bekannten „*Puerto-Rico-Studien*" auf[246]), als die amerikanische Bevölkerungssoziologie die Bevölkerung ihres Protektorats in der Karibik geradezu in ein Laboratorium für sozialdemographischen Kulturvergleich verwandelte. Die lateinamerikanische katholische Inselkultur mit ihrem sprichwörtlichen Bevölkerungsproblem bot die ersehnte Kontrollgruppe und Kontrastkultur, nachdem der Weiß-Schwarz-Gegensatz in den USA selbst nur als Frage der Schichtdifferenz behandelt werden konnte.

Die erkannte Dringlichkeit, Partnerschaftsbeziehungen und ihr kulturelles Umfeld zu sondieren wurde von den Mitarbeitern, vor allem *Kurt W. Back,* weiter vertieft und mündete bald in ein Plädoyer für verstärkte psychologische Forschung im Rahmen bevölkerungswissenschaftlicher Fragestellungen[247]). Obwohl sich Aktivität auch seitens der behavioristischen Motivations- und Entscheidungstheorie ankündigt, so soll hier jener Strang des sozialpsychologischen Kulturvergleichs weiter verfolgt werden, denn er liefert für die Frage des Rückgangs der Fruchtbarkeit im demographischen Übergangsgeschehen den besten Ansatz.

Es ist die sozialpsychologische Schule der Fertilität im East-West Population Institute, Honolulu, mit *James T. Fawcett, R. Bulatao, Fred Arnold, Lois* und *Martin Hoffmann:* sie transformierten den ökonomischen Ansatz in eine Sozialpsychologie der Nachwuchsentscheidung, wobei der Entscheidungsraum ‚Familie' und deren Lebensverhältnisse als Bezugseinheit der Forschung erhalten bleibt[248]). Sie nennen ihren Ansatz ‚Wert und Kosten von Kindern' (Cost and Value of Children) und messen den ökonomischen Parametern gegenüber denen der Partner- und Eltern-Kind-Beziehung eine sekundäre Rolle bei – ohne sie zu vernachlässigen. *Fawcett* bekennt sich zu einer längst fälligen Aufgabe:

„A more systematic and more theoretical approach to the microlevel determinants of fertility ... By microlevel approach, I mean a theoretical or conceptual framework that focuses on the individual and stresses motivation and choice in childbearing behavior[249]."

Die Wendung zur Sozialpsychologie bedeutet: Konzentration auf den Entscheidungsprozeß zwischen den Ehepartnern, im Familienverband und unter Berücksichtigung individueller, familialer und kultureller Besonderheiten. Der Kinderwunsch muß sich also gegenüber einem Spektrum von Alternativen durchsetzen. Die Ökonomen hatten noch große Schwierigkeiten, Nutzen und Vorteile von Kindern zu definieren und zu operationalisieren. Die Sozialpsychologie kann hierzu konkreter werden. *Lois* und *Martin Hoffmann* haben einen Katalog von psychologischen Gründen für Kinder erstellt[250]):

1. Kinder verschaffen den Eltern das Gefühl, selbst erwachsen geworden zu sein und die erste Phase der Existenzgründung hinter sich gebracht zu haben.

2. Mit Kindern setzen die Eltern einen Teil ihrer selbst in die Welt, der sie überlebt und in dem sie selbst weiterleben.
3. Mit Kindern können Eltern bezeugen, soziale Gefühle und Verantwortung vor egoistische Interessen und Ziele stellen zu können.
4. Eine Familie mit Kindern bedeutet einen Schutzraum und erholsame Nische gegenüber den Anstrengungen des Arbeitslebens und persönlichen Krisen.
5. Die Geburt eines Kindes bringt eine Änderung des bisherigen Lebens mit sich und macht es von neuem interessant; man erlebt die eigene Kindheit und Jugend noch einmal.
6. Kindererziehung erfordert Phantasie und Kreativität; sie ist eine bereitwillig angenommene Herausforderung elterlicher Fähigkeiten, gepaart mit dem Interesse, das Kind nach eigenem Willen und eigener Erfahrung in die Welt einzuführen.
7. Kinder können Macht und Einfluß sichern – das gilt noch in den Entwicklungsländern; daß aber Familien mit Kindern einen gewissen Kündigungsschutz bedeuten, scheint der letzte Rest des einstigen ökonomischen Nutzens von Kindern zu sein.

Dieser Katalog psychologischer Gründe für Kinder eignet sich für Gesellschaften, in denen der ökonomische Nutzen von Kindern weitgehend entfallen ist. Diesen positiven Orientierungen werden nun die ‚Passivseiten' des Kinderhabens, voran die direkten und indirekten, d. h. die Opportunitätskosten, gegenübergestellt.

Diese Nutzen-Kosten-Bilanz wird in ein Verhältnis zu den eigenen Lebensplänen gestellt, in denen ein Kind noch vorgesehen sein kann oder nicht. Die Lebenspläne enthalten jedoch immer Äquivalente oder Alternativen, deren Attraktivität den Kinderwunsch verdrängen kann.

Mit den Alternativen zu Kindern ist ein Thema angesprochen, das zu ersten revolutionierenden Gedanken der Bevölkerungswissenschaft unseres Jahrhunderts gehört: Die auf der Grenznutzenlehre basierende Rohfassung der sogenannten ‚Wohlstandstheorie', die mit steigender industrieller Produktion und steigenden Einkommen den Kinderwunsch in Konkurrenz zu neuen ‚Genüssen' treten sah und damit den Geburtenrückgang nach der Jahrhundertwende erklärt hatte. Dieser Gedanke hat bis heute seine Gültigkeit kaum verloren, er findet sich in verfeinerter und angepaßter Form in allen modernen Erklärungen für sinkende Geburtlichkeit. Wir sprechen heute angemessener von der Wirkung ‚konkurrierender Optionen'[251]).

Diese sozialpsychologische Konzeption liefert grundlegende Einsichten in die Motivationsstruktur des generativen Verhaltens, die für eine mikrosoziologische Fertilitätsforschung von Bedeutung sein können: Alles menschliche Handeln rechnet mit Gratifikationen, aber auch mit Kosten, die aus der Handlung erwachsen. Kinder sind ein Erwerb, der Gratifikationen spendet und den Eltern gleichzeitig Kosten verursacht.

Allem generativen Verhalten liegt eine Gewinn- und Verlust-Rechnung bezüglich der ‚Anschaffung' von Kindern zugrunde, die für soziale Schichten und Gruppen verschieden ausfällt. Diese Fruchtbarkeitsdifferenzen rühren nicht nur von individuellen Besonderheiten der Menschen her, sondern von äußeren sozialen und ökonomischen Faktoren, die meßbar sind und – je nach Entwicklungsstand der Gesellschaft – Alternativen zum Kind nahelegen. Die Nutzen-Kosten-Rechnung bezüglich eines in Erwägung gezogenen, zusätzlichen Kindes differiert innerhalb einer Gesellschaft und von einer Gesellschaft zur anderen; sie hat außerdem eine individuelle, ‚lebenszyklische' Relevanz. Das heißt, daß die Entscheidung für oder gegen eine Geburt nicht ein für allemal zu treffen ist, sondern daß diese von der Zahl der bereits vorhandenen Kinder und vom Stand der Karriere der Eltern beeinflußt ist.

Das Wirkungsdiagramm des ‚East-West Population Institute' gibt einen Eindruck dessen,

Abb. 34: Sozialpsychologische Kausalfaktoren menschlicher Fruchtbarkeit (Wirkungsdiagramm des East-West-Population Institute, Honolulu)

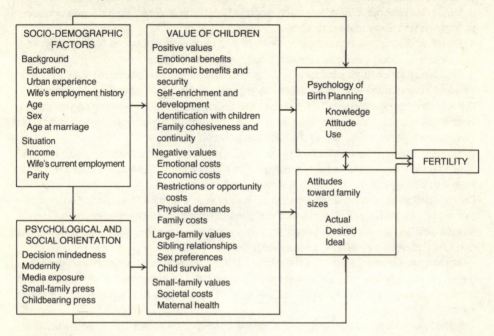

Quelle: *F. Arnold* et al., a. a. O.

was international unter sozialpsychologischem Variablenspektrum verstanden wird. Etliche Positionen sind noch in der Dritten Welt aktuell, in seiner Gesamtheit ist das Diagramm auch für Europa anwendbar. Die typischen „Strebungen" in einer Industriekultur können anhand dessen operationalisiert werden.

Bildungsgrad und Erwerbstätigkeit sichern den sozialen Aufstieg und die Partizipation an Güterkonsum und Dienstleistungen. Dadurch verlieren Tätigkeiten in Haus und Hof, die einen Verzicht auf außerfamiliale Karriere bedeuten, an Wert. Die unbedingte Nutzung außerfamilialer Chancen (,opportunities') mußte das Familienleben auf Konsum und Freizeitaktivität beschränken. Die Kindererziehung ist zum Reflex gesellschaftlicher Anforderungen geworden. Leistungsmotivation und Fitness für eine Konkurrenzgesellschaft sind in den Erziehungsstil der Gegenwart eingegangen. Hinsichtlich der ,gewünschten' und ,idealen' Kinderzahl entwickelt sich die Überzeugung, daß nur eine geringe Kinderzahl ihr eigenes Lebensniveau und das ihrer Eltern garantieren könne.

Mit dem Bedeutungsverlust der bäuerlich-agrarischen Subsistenzwirtschaften verlieren die Kinder ihren ,ökonomischen Wert' für die Eltern. Gleichzeitig muß die Zuwendung und die Sorgfalt für die sinkende Kinderzahl in den Familien stark ansteigen, um die Kinder für ihren eigenen Lebensweg mit den nötigen Fähigkeiten auszustatten.

Diese utilitaristischen oder Lebensstandard-Theorien („Status Attainment Approach") unterstellen insgesamt, daß selbst geringe Kinderzahlen ein großes Ausmaß an materieller und immaterieller Zuwendung erfordern, eine höhere Kinderzahl vergangener Epochen das ,rational gebotene Gleichgewicht' von Aufwand und Ertrag stört und den sozialen Abstieg

von Eltern und Kindern zur Folge haben würde. Die Katalogisierung von „positiven" und „negativen Werten" hilft, diesen Entscheidungsvorgang konkreter nachzuvollziehen.
Demographischer Übergang und Geburtenrückgang werden pauschal auf einen ‚Industrialisierung-Urbanisierung-Komplex' zurückgeführt. In allen Modernisierungs- und Bevölkerungstheorien wird regelmäßig auch die ‚Urbanisierung' thematisiert: So als Ursache des Wandels von Produktion und Existenzformen auf engem Raum, als Begleitumstand der gesellschaftlichen Umstrukturierung und als Folge der Entwicklung neuer Produktivkräfte, in deren Verlauf die Menschen an der Ressourcenbasis für die neuen Produktionsformen konzentriert wurden. Für die Fruchtbarkeitstheorien hat die ‚Urbanisierung' immer die Schwierigkeit, sie als Ursache, Begleitumstand oder Folge des generativen Strukturwandels korrekt zu definieren und zu benutzen.
Die im Diagramm aufscheinende „psychologische und soziale Orientierung" steht für den engeren Kulturkomplex, der Familiengrößen beeinflußt und den die Stadt als Kommunikationsfeld konzentriert weitergibt.
Die Stadtregion ist der Umschlagplatz für alle lebensgestaltenden Ideen der Neuzeit. Das Individuum beginnt dort erstmals eine eigenständige, sogar höhere ideologische Bedeutung zu erlangen als die Familie, wie sie sich in den allgemeinen Menschenrechten und in der liberalistischen Idee ausdrückt. Hier setzt sich der ‚rationale Geist' in Wirtschaftsweise und Bevölkerungsweise zuerst durch, die allgemeine Technisierung der Lebensbereiche und die Massenkommunikation als das neue Bindemittel für die städtische anonyme Daseinsform[252]).
Das Stadtleben repräsentiert auch die Tendenz zur Säkularisierung oder ‚Entkirchlichung' der Lebensbereiche. Im Hinblick auf die sinkende Fruchtbarkeit versteht man darunter das Herausfallen aller von Geburt und Tod berührten Zusammenhänge aus traditionellen, religiösen und transzendentalen Bezügen. Diese Tendenz steht in enger Verbindung zum Aufstieg des Individuums und seiner zunehmenden kalkulatorischen Lebensgestaltung.
Urbanisierung ist also der Schlüsselbegriff für die gesellschaftliche Entwicklung Europas, der alle wichtigen sozialen Trends zusammenfaßt, die den demographischen Übergang herbeigeführt haben. Sie ist weniger als eigenständiger Faktor des Geburtenrückgangs anzusehen, als vielmehr Brennpunkt materieller und geistiger Strömungen, die in kultureller Diffusion sich über die übrigen Bereiche der Gesellschaft ausbreiten.

(c) Hypothesen zum Geburtenrückgang

Ursachen des Geburtenrückgangs im streng kausalen Sinne kann es nicht geben ebensowenig wie es einen alleinigen, entscheidenden Einflußfaktor gibt. Geburtenrückgang ist ein ‚multifaktorielles Syndrom', das durch markante soziale Wandlungserscheinungen ausgelöst wird. So wie versucht wurde, sozialen Wandel in Faktoren aufzuschlüsseln, so ging man auch daran, regelrechte Auflistungen von Geburtenrückgangsgründen zu erstellen, die keinen Anspruch auf Vollständigkeit erheben und auch nach Belieben gewichtet werden konnten. Die gegenwärtige bevölkerungswissenschaftliche Literatur nennt folgende Determinanten am häufigsten:
– Verbreitung und Verbesserung der Schulbildung;
– steigende Kosten der Kindererziehung in einer modernen verstädterten Gesellschaft;
– neues Rollenverständnis der Frau und ihre steigende Beschäftigung in einträglichen Berufen außer Haus;

- Schwinden religiöser Einstellungen;
- rationalere Verhaltens- und Denkweisen;
- größere Verfügbarkeit, Wirksamkeit und Wissen über empfängnisverhütende Mittel.

Die Ordnung der einzelnen Determinanten nach Beeinflussungshäufigkeit und Gewicht ist bis heute nicht vollständig und zufriedenstellend vorgenommen. Was hier noch ansteht ist die Diskussion zentraler Thesen zum Geburtenrückgang, die die gängigen Determinanten implizieren.

Die erste These besagt:
Geburtenbeschränkung ist die Lösung für eine angespannte Lage, die durch die größere Überlebenschance von Kindern und Alten in Familien entsteht.

Der allgemeine Sterblichkeitsrückgang wurde schon als das auslösende Element in der Bevölkerungsregulation im Übergangsprozeß dargestellt. Die daraus folgende Umstellung des generativen Verhaltens erscheint als Lernprozeß über mindestens zwei Generationen hinweg, der in der Gewißheit gipfelt, daß eine beschränkte Zahl von Familienmitgliedern, vor allem von Kindern, von Vorteil ist. *R. Freedman* hat das Sterblichkeitsniveau in jene ‚demographischen Faktoren' eingereiht, die die Fruchtbarkeit determinieren. Die nun folgenden Thesen sind sozialer Natur, d. h. sie beziehen sich auf den gesellschaftlichen Strukturwandel.

Die Anforderungen der neuen Produktionsweise hinsichtlich der steigenden Qualifikation der Arbeitskraft führt zu Ausweitung und Verbreitung von Erziehung und Bildung. Die Nachfrage nach Arbeitskraft in Industrie, Handel und Verwaltung führt zu vermehrter Frauenarbeitstätigkeit außer Haus. Das allgemeine Aufstiegsstreben wird auch an die Kinder angelegt, die den Elternstatus nach Möglichkeit einmal übertreffen sollen. Die Folge davon ist eine erhöhte Zuwendung zu den Kindern, und das Rechnen mit ihren steigenden Ausbildungskosten und schwindendem Beitrag zum Familieneinkommen.

Dieser Verursachungskomplex stellt sich in einer zweiten These wie folgt dar:
Steigender Bildungsgrad schafft Alternativen zur agrarischen Existenzform und neue Erwerbs- und Aufstiegschancen im urban-industriellen Bereich.

Diese These wirft nun die Bildungsfrage in der Bevölkerungswissenschaft auf. Es kann als bekannt vorausgesetzt werden, daß der Bildungsanstieg in den europäischen Gesellschaften den demographischen Übergang begleitet hatte — wenn auch in unterschiedlichem Zeittakt — und daß industrielle und vorindustrielle generative Strukturen durch einen Bildungs- bzw. Alphabetisierungsgrad zu charakterisieren sind. Der Behebung des Analphabetismus in der Dritten Welt wird eine entscheidende Rolle bei der Beschleunigung des demographischen Übergangs zugeschrieben[253].

Würde man jedoch den Bildungsgrad in den sozialen Schichten isoliert zur Bevölkerungsbewegung in Beziehung setzen, so würde das von einer Nation zur anderen ein höchst unterschiedliches, wenn nicht gar verwirrendes Bild ergeben und ‚Bildung' als problematischen Indikator erscheinen lassen.

Es zeigt sich, daß Bildung nur in Zusammenschau mit anderen Kennzeichen wie Arbeitsform, Einkommen, soziale Umgebung (ländlich oder städtisch) zum validen Indikator wird. Gemessen am Bildungsgrad der Bevölkerung in den deutschen Ländern hätte der Geburtenrückgang in der Tat früher einsetzen müssen.

Erst in einer Indikatorenkombination korreliert der Bildungsgrad negativ mit der Kinderzahl. Nach Erfahrung werden vom Bildungsgrad drei Variablen des Davis-Blake-Modells mitgeformt: Das Heiratsalter, das mit ihm ansteigt, die Nicht-Verheiratetenquote, die bei Frauen eines bestimmten Bildungsniveaus zunimmt, wie der Gebrauch von Mitteln der

Empfängnisverhütung; Untersuchungen zur Einstellung von Studentinnen und Hauptschülerinnen zur Kontrazeption bestätigen das[254]).
Eine dritte These steht mit der vorgenannten in Zusammenhang:
Steigende Erwerbsmöglichkeiten für Frauen und die dadurch geschaffene Möglichkeit, das Familieneinkommen zu erhöhen, lassen neben den traditionellen Mutter- und Haushaltspflichten auch Berufsorientierungen entstehen. Je mehr dieser Prozeß sich mit steigender Bildung und Qualifikation verbindet, um so mehr verfestigen sich frauliche Berufsrollen, die zu Kindesgeburt und Kindererziehung langfristig in Konkurrenz treten und das Geburtenaufkommen beschränken.
Hier darf ebenfalls kein mechanisches Verhältnis von Beschäftigung und Kinderzahl angenommen werden. Die Fruchtbarkeit sinkt nur dann, wenn weibliche Arbeitsplätze ausreichend und dauerhaft vorhanden sind und dadurch die Arbeitstätigkeit der Frau zur Norm geworden ist — zumindest im vorehelichen Stadium. Der Wegfall des Fraueneinkommens nach der Eheschließung infolge einer Geburt muß als empfindlicher Einschnitt erfahren worden sein. Eine solche Erfahrung ist aber nur bei fortgeschrittener Industrialisierung möglich; sie ist der übergeordnete Vorgang, der die Fruchtbarkeit senkt und das Interesse für Geburtenplanung untermauert. Eine hohe Kinderzahl hätte die Aufstockung der Familieneinkommen, die Ausdehnung des Erwerbspotentials und sicher auch des industriellen Leistungsprinzips verhindert. In der Dritten Welt sind die Schaffung von Arbeitsplätzen, Einkommen für die Masse der Menschen und von Anreizen zur selbsttätigen Überwindung der Lage der Familien usw. zum Gegenstand von Bevölkerungs- und Entwicklungspolitik geworden[255]).
Die vierte These besagt:
Der Geburtenrückgang ist die Folge der steigenden Kosten für Erziehung und Ausbildung der Kinder.
Hinter dieser These stehen heute einflußreiche Erklärungsversuche des Geburtenrückgangs, die den Anspruch erheben, ‚Fruchtbarkeitstheorien' zu sein. Sie haben jenes Spannungsverhältnis zum Gegenstand, das bei gegebenen Einkommen zwischen der Nachswuchserzeugung und dem wünschenswerten Lebensvollzug der Eltern entsteht. Den Kern dieser Theorien bilden Kalkulationen zum ‚Nutzen und Wert des Kindes'; man spricht deshalb von ‚utilitaristischen Fertilitätstheorien[256]).

F. W. Notestein machte den Vorschlag, ‚Urbanisierung' nicht als eigenständigen Grund des Geburtenrückgangs einzusetzen, sondern sie in ihre Bestandteile aufzulösen. Die Urbanisierungsthese zum Geburtenrückgang würde — als fünfte These — lauten:
Urbanisierung faßt auf engem Raum zusammen, was sich allgemein während der Industrialisierung vollzieht. Von den verstädterten Regionen gehen die innovativen Impulse zur flexiblen, individuellen Lebensgestaltung aus, die der Familienplanungsmentalität zugrunde liegt.
Urbane Zentren und Agglomerationen bündeln auf begrenztem Raum die Faktoren des demographischen Übergangs. Stadtbewohner kommen zuerst mit sozialen und kulturellen Neuerungen in Berührung, vor allem den sozialen, ökonomischen und technischen Voraussetzungen der Geburtenbeschränkung. Bis zur Mitte unseres Jahrhunderts konnte die Fertilitätsdifferenz zwischen Stadt und Land auf die unterschiedliche Bekanntheit und Möglichkeit der Empfängnisverhütung in beiden Regionen zurückgeführt werden, wobei sich die Gründe für höhere Kinderzahlen in den Landregionen mit agrarischer Sozialstruktur noch zusätzlich halten konnten. Diffusionsprozesse haben diese Differenzen weiter eingeebnet.

Aus der Psychologie der Fruchtbarkeit und des speziellen Kinderwunsches wäre noch eine wichtige, sechste und letzte These abzuleiten:
Die industrielle Gesellschaft ersetzt den einstigen ökonomischen Nutzen von Kindern durch ein psychisches ‚Bedürfnis nach Elternschaft', das jedoch mit einer geringen Kinderzahl – wenn nicht gar schon mit einem Kind – zu befriedigen ist.
Der allgemeine Zugang zu wirksamer Empfängnis-, Geburtenkontrolle bedeutet in einer solchen Situation, daß ein Absinken der Fruchtbarkeit auf das Bevölkerungsersatzniveau, nicht aufzuhalten ist[257].

IV. Die entwicklungspolitische Dimension des Demographischen Übergangs

1. Die demographische Situation der Entwicklungsländer und der „europäische Weg"

Die vorhergehenden Ausführungen dienten dem Zweck, die Konzeption des demographischen Übergangs, ihre Entstehung, ihre offiziellen Formulierungen und zuletzt ihre innere Dynamik darzustellen. Damit sollte der Charakter eines Paradigmas der Bevölkerungsforschung der Gegenwart zum Ausdruck kommen. Der wahre Prüfstein für dessen umfassende Tauglichkeit und Anwendbarkeit ist die Bevölkerungspolitik in der Dritten Welt, der sie als Perspektive zugrundeliegt.

Wir haben unsere Epoche als eine ‚dritte Periode des Bevölkerungswachstums' bezeichnet, in der die stationären europäischen generativen Strukturen von den ‚explodierenden' Bevölkerungen Lateinamerikas, Afrikas und Asiens überlagert werden (s. o. S. 20).

Die folgende Figur, die die Bevölkerungsvorgänge (Geborenen- und Sterbeziffern) Schwedens zwischen 1755 und 1978 und Mexikos zwischen 1920 und 1979 vergleichend abbildet, soll die problematische Situation in Erinnerung rufen.

In diesem abschließenden Teil wird die Konzeption auf ihre instrumentelle Bewährung in Gegenwart und Zukunft geprüft. Folgende internationale Vorgänge fördern und begünstigen dieses Vorhaben: denn Bevölkerungs- und Entwicklungspolitik suchen beide nach einer ‚Theorie',

– die die Ängste und Unsicherheiten bezüglich des scheinbar uferlosen Anwachsens der Weltbevölkerung beseitigen könnte,

– die das Bevölkerungswachstum der Entwicklungsländer im Sinne des europäischen Beispiels an eine ökonomische und soziale Entwicklung bindet und damit die Chance einer Einwirkung und Eindämmung sichtbar macht und

– die aufgrund von Berichten und Daten über einen Geburtenrückgang in der Dritten Welt ein Schließen der Schere zwischen Geburten und Sterbefällen in Aussicht stellen kann.

Eine ‚Theorie' oder eine Konzeption des demographischen Übergangs muß in dem Augenblick wieder Bedeutung erlangen, wenn die rapide anwachsende Weltbevölkerung einseitig die Entwicklungsregionen belastet und gegenüber den Industrienationen soziale Diskrepanzen entstehen, die internationale Konflikte nach sich ziehen müssen. In diesem Sinne verbreitet die ‚Theorie' des demographischen Übergangs eine gewisse Hoffnung auf die Lösung dieses Problems. Das wirft die Frage auf, welche Lehren aus dem demographischen Übergang moderner Nationen für die Situation der Entwicklungsländer zu ziehen sind und ob solche in einen Ansatz münden, in dem Entwicklungspolitik und Bevölkerungspolitik vereint zum Zuge kommen.

Es ist zu erkennen, daß sich allmählich eine bevölkerungsbezogene Entwicklungsstrategie durchsetzt, die eine an Fehlern und Enttäuschungen reiche Geschichte hat. Die schrittweisen Korrekturen und das Vordringen demo-ökonomischer und demo-sozialer Zusammenhänge in die Entwicklungsplanung dürfte ein starkes Argument für den Wert der demographischen Übergangskonzeption sein, da sie als einzige diesen Komplex zu thematisieren imstande ist.

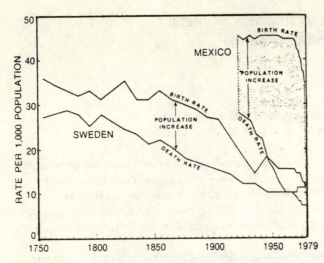

Abb. 35: Geborenen- und Sterbeziffern Schwedens, 1755–1978 und Mexikos, 1920–1979

Quelle: *J. van der Tak; C. Haub; E. Murphy,* Our Population Predicament: A New Look, Population Bulletin, Vol. 34, No. 5, (PRB), 1979, S. 11

Das Bevölkerungswachstum in der Dritten Welt und die strategischen Versuche, sein ‚transitionales Einlenken' zu beschleunigen, sind Gegenstand der internationalen Sozialwissenschaft. Zum Verhältnis von Bevölkerung und sozialer Entwicklung in der Gegenwart können folgende Feststellungen getroffen werden:
Wachstum und Dynamik einer Bevölkerung sind abhängig vom sozio-ökonomischen Entwicklungsstand einer Gesellschaft. Dieses Verhältnis ist komplex und gestattet keine simplen wechselseitigen Deduktionen. Dennoch widerspiegelt die Bevölkerungsgeschichte von Regionen den Gang der sozialen Entwicklung, das Lebensschicksal von Generationen in einer sich wandelnden Sozialstruktur. Jede Gesellschaft bzw. Entwicklungsregion besitzt ihr charakteristisches demographisches Profil und generative Struktur.
Die demographische Situation der Weltbevölkerung ist gekennzeichnet durch rapides Wachstum im allgemeinen und bei starker Wachstumsdifferenz zwischen Industrienationen und Entwicklungsländern. Dieser Wachstumsdifferenz liegt eine unterschiedlich vollzogene gesellschaftliche Entwicklung und ein unterschiedlich vollzogener bzw. unvollendeter demographischer Übergang zugrunde.
Generative Strukturen typischer Erdregionen müssen sich innerhalb des Schemas des demographischen Übergangs klassifizieren lassen:
Die Erkenntnis, daß die Fruchtbarkeit der entscheidende demographische Reaktionsfaktor ist, der soziale Entwicklungen behindert oder fördert, unterstellt ein ziemlich enges Verhältnis von Bevölkerungsvorgängen und sozialem Entwicklungsstand. Die Geborenenziffern erlauben schon einen Hinweis auf den sozialen Status von Erdregionen:
Regionen mit niedriger Fruchtbarkeit sind inzwischen alle Regionen Europas und Nordamerikas, die UdSSR, Japan und das weiße Ozeanien.
Regionen mit hoher Fruchtbarkeit sind Asien (ohne Japan), Afrika (ohne die weißen Bevölkerungen im südlichen Erdteil), Lateinamerika (ohne die Länder der gemäßigten Zone, Argentinien, Chile und Uruguay) und wenige Länder Europas, die an den Randzonen siedeln

Abb. 36: Lokalisierung der generativen Strukturen der einzelnen Erdregionen im demographischen Übergangsmodell

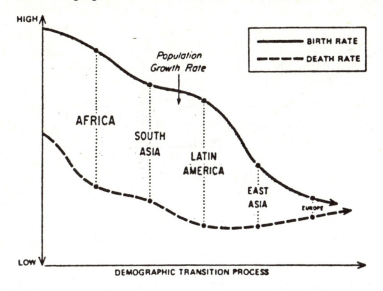

Quelle: Population Reference Bureau, Inc., Interesm, May 1980

Tab. 11: Geborenen- und Sterbeziffern in den Entwicklungsländern und Industrienationen, 1960–1966 und 1983

Bevölkerungsvorgänge auf Tausend der Bevölkerung (‰)	Entwicklungsländer hohe Fruchtbarkeit (A)		Industrienationen niedrige Fruchtbarkeit (B)		Geborenen-überschuß-ziffer*) (A)/(B)	
	1960–1966	1983	1960–1966	1983	1960–1966	1983
Geborenenziffer	39,3	33	20,1	15		
Sterbeziffer	18,1	12	9,0	10		
Biosoziale Bewegung*)	21,2	21	11,1	6	10,1	15

*) Ziffer ist Anzahl der Fälle auf Tausend der Bevölkerung; die Differenz von Geborenen- und Sterbeziffer ist die „biosoziale Bewegung"' oder natürliche Bevölkerungsbewegung, die auch in der Geborenen-überschußziffer (GÜZ) ihren Ausdruck findet.
1960–1966 aus *D. Bogue,* Principles of Demography, New York etc., 1969, S. 46
1983 aus '1983 – World Population Data Sheet', Hrsg. Population Reference Bureau, Washington D.C. 1983

und dem europäischen Muster generativer Strukturen nicht zugerechnet werden können (Albanien, Türkei).
Selbst mit der rohen Geborenenziffer ist die Welt ziemlich genau in Entwicklungsländer und Industrienationen zu teilen.
Da sinkende Fruchtbarkeit in den Entwicklungsländern durch die noch rascher sinkende Sterblichkeit kompensiert wird, hat sich an der Differenz der beiden Hemisphären in nahezu

Abb. 37: Sterbeziffern und Geborenenziffern in den Entwicklungsregionen von 1935–1975

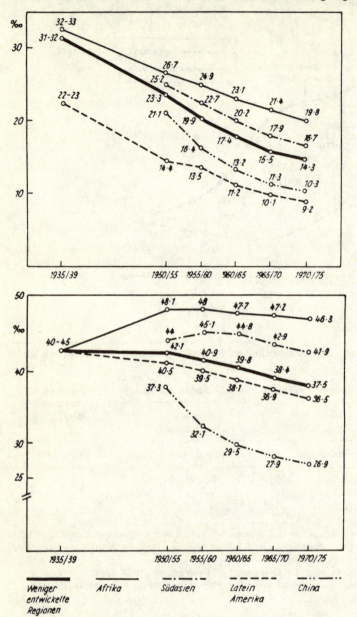

Quellen: Für die Jahre 1935/39 errechnet nach: UNO, Demographic Trends in the World and its Major Regions 1950–1970 UNO World Population Conference, Bucharest 1974 E/Conf. 60 CBP 14, S. 13 und 15.
Alle anderen Angaben: UNO World Population Prospects as Assessed in 1973. New York 1977, S. 113 f.
entnommen: *P. Khalatbari,* Demoökonomische Probleme der Entwicklungsländer, Berlin (Ost) 1979, S. 18 f.

20 Jahren nichts geändert. Die Kluft hat sich eher vertieft, wenn wir das Ansteigen der Geborenenüberschüsse von 10,1‰ für den Zeitraum von 1960–1966 auf 16‰ im Jahre 1982 ins Auge fassen. Das Niveau der demographischen Ereignisse oder Bevölkerungsvorgänge hat sich zwar nach unten verschoben, der Wachstumssaldo aber bzw. die Geborenenüberschüsse haben sich um die Hälfte erhöht.

Die generative Struktur der entwickelten Nationen mit niedrigem Niveau an Geburten- und Sterbewerten steht der Bevölkerungssituation der Entwicklungsländer gegenüber, die durch rasch absinkende Sterbeziffern charakterisiert ist und deren Geburtenwerte von ihrem hohen Stand aus erst in letzter Zeit eine sinkende Tendenz zeigen (vgl. Abb. 37).

Die Stabilisierung der Sterberate auf niedrigem Niveau hatte in den europäischen Ländern 60 bis 70 Jahre gedauert; während die ‚exogen induzierte' Sterblichkeitssenkung in der Dritten Welt wesentlich dramatischer vor sich ging: Eine durchschnittliche Sterbeziffer von 40 bis 45‰ zwischen 1935 und 1939 konnte bis 1984 auf einen Durchschnittswert von ca. 11‰ fallen. Sie liegt von der durchschnittlichen Sterbeziffer der Industrienationen von ca. 9–12‰ nicht mehr weit entfernt.

Die Geborenenziffern bleiben hinter dem Abwärtstrend der Sterbewerte zurück und verursachen die ‚offene Schere', aus der sich das rasche Bevölkerungswachstum speist. Die Fruchtbarkeit ist – wie schon in Europa – Problemfaktor des demographischen Übergangs in den Entwicklungsregionen.

Um den demographischen Übergang als europäische Erfahrung – und damit einzige Erfahrung über die Schließbarkeit der demographischen Wachstumsschere – auch auf die Lage der Dritten Welt prognostisch und politisch anwenden zu können, muß man sich der gravierenden Unterschiede zwischen dem Europa von gestern und den Entwicklungsländern von heute klar werden:

1. Der erste Unterschied besteht darin, daß die europäische Entwicklung eine *eigenständige* ist. Sie hatte einen relativ langen Zeitraum zur Verfügung um mit ihren Gleichgewichtsstörungen im Bereich sozialer Entwicklung und Bevölkerung fertig zu werden. Das europäische Bevölkerungswachstum erreichte bis zum Beginn seines Nachlassens nach 1900 nur einen jährlichen Zuwachs von durchschnittlich 0,6% bis 0,7%. Es nimmt sich also gegenüber den Zuwächsen in der gegenwärtigen Dritten Welt bescheiden aus. Kurze Wachstumsperioden bis maximal 1,9% im alten Europa stehen einem anhaltenden Wachstum von 2% bis 4% in der heutigen Dritten Welt gegenüber.

2. Eine genauere geschichtliche Analyse im Bereich der Heiratsverhältnisse zeigt, daß das alte Europa der Menschenvermehrung soziale und politische Barrieren entgegengesetzt hatte, die heute in den meisten Entwicklungsländern fehlen. Darunter zählen *Reglementierungen der Eheschließung*, indem sie an einen Besitzstand gebunden war und nicht jedem offen stand. Dies führte zu einem *höheren Heiratsalter* in Europa im Vergleich zu den heutigen Entwicklungsländern: spätere Heirat kürzte die Ehedauer und die Zeit des Kindergebärens ab, – eine Bremse, die in Indien z. B. fehlt und in China und Südkorea staatlicherseits verordnet wurde.

Eine Gegenüberstellung des durchschnittlichen Heiratsalters von Frauen in asiatischen Ländern in den 50er und 60er Jahren und in europäischen Ländern um die Jahrhundertwende zeigt die Chance für mehr Geburten in asiatischen Familien heute.

Dieses Strukturmerkmal von Entwicklungsländern, das ihre Geburtenzahlen hochtreibt, enthält auch eine höhere Ledigenquote von Frauen. Ein Vergleich zeigt, daß in Europa zur Zeit seines stärksten Bevölkerungswachstums 10mal mehr Frauen ledig blieben als in den Entwicklungsländern heute.

3. Wenn nach europäischer Erfahrung langsames Bevölkerungswachstum und sozio-ökonomische Entwicklung schrittweise ineinandergreifen müssen, um ohne große Einbrüche stetig auf ein industrielles Niveau zuzugehen, dann steht die Dritte Welt vor einer schweren Aufgabe. Die demographische Lage fast aller Entwicklungsländer stellt sich heute anders dar, als diejenige Europas zu Beginn der Industrialisierung. Der medizinische Fortschritt kam im Europa des 19. Jahrhunderts nur langsam voran und senkte allmählich die Sterbeziffer. Dagegen ist für die heutige Dritte Welt die moderne Medizin ein rasch verfügbares Importgut. Die Sterbeziffern sanken, ohne daß die ökonomischen und kulturellen Voraussetzungen für ein Sinken der Geborenenziffern geschaffen werden konnten. Wir haben es in der Dritten Welt mit einem – im entscheidenden Stadium – unvollendeten und unterbrochenen Übergang zu tun (s. Abb. 35, S. 132).

4. Während Europa ein demographischer Respons in Form der Auswanderung, sogar der Besiedlung fremder Kontinente, offenstand und der in der Phase seines Übergangswachstums gegen Ende des 19. Jahrhunderts ausgiebig genutzt wurde, stehen der Dritten Welt heute keine leeren Räume zur Verfügung, in die Überschußbevölkerung strömen könnte. Wanderungen in der Dritten Welt verbinden sich mit politischen und religiös-kulturellen Konflikten, die keine Spannung lösen sondern erzeugen und erschweren. Der offenkundigste Unterschied zwischen dem Europa des 18. und 19. Jh. und der Dritten Welt heute liegt in den Bevölkerungsgrößen. Europäische Bevölkerungen konnten es auf 30 bis 50 Mio. Menschen bringen, im heutigen Asien finden wir das 10- und 20fache.

Während das Bevölkerungswachstum der Industrienationen sich bis zur Mitte unseres Jahrhunderts hin langsam erschöpfte, setzte es in den Entwicklungsländern – teilweise noch unter Kolonialherrschaft – gewaltig ein; seine Struktur überragt hoch die des europäischen Wachstums.

Das Zusammentreffen von immensem Bevölkerungsvolumen und kulturellen Mechanismen, die in den Entwicklungsländern verankert sind, wie Frühehe, Ansehen zahlreicher Nachkommenschaft, die Schutz und Alterssicherung bedeutet, führt zu hohen Zuwächsen und schafft damit das eigentliche Bevölkerungsproblem.

2. Zur sinkenden Fruchtbarkeit in den Entwicklungsländern

Nach eingehender Prüfung der Daten scheint sich die ‚Bevölkerungsexplosion' auf den Zeitraum von 1950 bis 1970 zu beschränken, denn ab dann sinken die jährlichen Zuwachsraten der Weltbevölkerung: Ein historisches Ereignis für die Menschheit, denn es ist die erste Abschwächung des Bevölkerungswachstums, die nicht auf ‚positive Checks' im Malthus'schen Sinne zurückzuführen ist, nämlich Krieg, Krankheit und Katastrophen. Bei niedrig bleibender bzw. weiterhin sinkender Sterblichkeit müßte dieser Trend auf eine sinkende Fruchtbarkeit zurückzuführen sein und diese ist in der Tat feststellbar.

Die einzelnen Entwicklungsregionen leisten einen unterschiedlichen Beitrag zum Fruchtbarkeitsniveau, wie aus den vorhergegangenen Figuren deutlich wurde. Die Fruchtbarkeitsentwicklung zeigt folgende Tendenz.

Bis 1970 konnte das leichte Absinken der Fruchbarkeit strukturellen Bedingungen zugeschrieben werden: Wenn aufgrund sinkender Sterblichkeit sich die Lebenserwartung in allen Alterklassen erhöht und der Anteil der Frauen im gebärfähigen Alter dadurch sinkt, dann sinken Geborenenziffern, selbst wenn die Fruchtbarkeit der Frauen konstant bleibt. Daher ist die Anzahl der in einem Frauenleben durchschnittlich anfallenden Geburten (Gesamtindex

Tab. 12: Durchschnittliches Heiratsalter von Frauen in ausgewählten Ländern

Asiatische Länder	Jahr	Alter	Europäische Länder um 1900	Alter
Nepal	1953	15,0	Deutschland	25,0
Indien	1961	15,8	England und Wales	25,5
Pakistan	1961	15,9	Österreich	26,2
Malaysia West	1957	18,4	Schweden	26,3
Iran	1966	18,5	Norwegen	26,9
Taiwan	1956	21,1	Irland	27,4
Korea, Rep.	1960	21,3	Island	28,7

Quellen: International Institute for Population Studies (Bombay). Newsletter No. 30; *J. Hajnal,* European Marriage Pattern in Perspective, In: *D. Y. Glass; D. E. C. Eversley* (eds.), Population in History, Chicago 1965; *J. Hajnal,* Age at Marriage and Proportion Marrying, In: Population Studies, Vol. 7, 1953; *D. J. Bogue,* Principles of Demography, New York 1969

Tab. 13: Veränderung der Geborenenziffern in den Erdregionen, 1950 bis 1983

Region	1950	1960	1970	1983
Entwickelte Länder	23	21	18	15
VR China	40	37	30	23
übrige Entwicklungsländer (Exkl. China)	44	43	42	37
übrige Entwicklungsländer Asiens	44	43	41	34
Entwicklungsländer Afrikas	48	48	47	46
Entwicklungsländer Lateinamerikas	42	41	39	31

Quellen: *W. P. Mauldin,* Patterns of Fertility Decline in Developing Countries 1950–75; in: Studies in Family Planning, Vol. 9, April 1978, ursprüngliche Rubrik 1977 vom Verfasser ersetzt durch Daten von 1983 aus '1983 – World Population Data Sheet', Hrsg. Population Reference Bureau, Washington D.C. 1983
vgl.: *N. Eberstadt,* Recent Declines in Fertility in Less Developed Countries, and What 'Population Planners' May Learn from Them, in: World Development, Vol. 8, Nr. 1, Jan. 1980, S. 37–60

der Fruchtbarkeit, TFR)[258] das verläßlichere Maß für einen Geburtenrückgang. Ein solcher hat sich nun tatsächlich in unterschiedlicher Ausprägung ereignet.
Eine Bewertung des Fruchtbarkeitstrends in den Entwicklungsländern wird durch die Datenlage beeinträchtigt, da sie noch in vielen Fällen auf Schätzungen beruht. Diese werden in statistischen Abteilungen nationaler und internationaler Ämter vorgenommen und gewinnen jährlich durch Verfeinerung von Erfassungstechniken an Realität. Ein Vergleich der Fruchtbarkeit in einzelnen Entwicklungsregionen zeigt, daß Asien offenbar die beweglichsten Fruchtbarkeitsniveaus aufweist, den die sinkende Tendenz ist dort am deutlichsten ausgeprägt. Die lateinamerikanische Fruchtbarkeit scheint ein ungleich resistenterer Faktor zu sein, ebenso die Fruchtbarkeit des islamischen Nordafrika; sie gehören auch zu den Regionen mit dem derzeit größten Bevölkerungswachstum. Die Bevölkerungen Schwarzafrikas befinden sich nach der *Notesteinschen Klassifikation* im Stadium des ‚High Growth Potential', d. h. sie haben bei hohen Fruchtbarkeits-Sterbewerten noch den weitesten Weg demographischer Entfaltung vor sich.

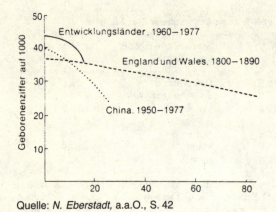

Abb. 38: Fruchtbarkeitsrückgang (Geborenenziffern) in der VR China, den übrigen Entwicklungsländern verglichen mit England und Wales

Quelle: N. Eberstadt, a.a.O., S. 42

Die Intensität und Dauer des Fruchtbarkeitsübergangs (Fertility Transition) der Weltbevölkerung entscheidet sich an den ‚Bevölkerungsgiganten' der Dritten Welt; ihrer Größe nach geordnet sind das die Volksrepublik China, Indien, Indonesien, Brasilien, Bangladesch, Pakistan, Nigeria, Mexiko, Vietnam, die Philippinen und Thailand. Auf diese elf Ländern entfielen 1982 54% der Weltbevölkerung. Dieses Volumen, das noch demographisches Übergangspotential, d. h. Wachstum birgt, wird auch über die endgültige Größe der Weltbevölkerung gegen Ende des 21. Jahrhunderts entscheiden[259]).

Die Volksrepublik China beherbergt mehr als ein Fünftel der Menschheit. Die unter starker Beachtung der Weltöffentlichkeit im Jahre 1982 vorgenommene Volkszählung ergab mit Stichtag 1 008 175 288 Menschen. Seit Mitte der 60er Jahre sind die Chinesen um über 300 Millionen gewachsen, obwohl gleichzeitig die jährliche Zuwachsrate von 2,1 im Jahre 1964 auf 1,4% 1982 abgesunken war. Dies verdankt sich der Tatsache, daß die Fruchtbarkeit der chinesischen Frauen zwischen 1965 und 1975 von 4,2 Geburten (TFR) auf 3,2, also um 24%, zurückgegangen sein muß. Dieser Stand entspräche dem Fruchtbarkeitsniveau der USA zu Beginn der fünfziger Jahre[260]).

Indien, Pakistan und Bangladesch können nicht mit ähnlichen Erfolgen aufwarten, obwohl z. B. Indien die längste Tradition an staatlicher Familienplanung besitzt. Die Gesamtfruchtbarkeit (TFR) sank zwischen 1968 und 1975 um nur 8%, von durchschnittlich 5,6 auf 5,2. Indonesien verzeichnet dagegen einen rapiden Geburtenrückgang um 29% zwischen 1968 und 1975. Ebenso registrieren Ägypten, Tunesien und Kolumbien einen Geburtenrückgang, ohne daß er jedoch mit einem besonderen Anstieg des Lebensniveaus verbunden wäre, – ein Problem, das noch aufgegriffen werden muß.

In Brasilien und Mexiko, wo starke Entwicklungsanstrengungen unternommen werden, sank die Fruchtbarkeit im besagten Zeitraum um 6 bzw. – im Falle Mexikos – um 13%.

Nigeria besitzt mit ca. 88 Millionen (1984) die größte Bevölkerung Afrikas und zugleich die am wenigsten gesicherten Daten. Bis in die jüngste Zeit differierten Bevölkerungsschätzungen um mehrere Millionen. Fruchtbarkeitstrends sind nur mit indirekten Methoden zu erfassen, doch ist sicher, daß es sich um eines der höchsten Fruchtbarkeitsniveaus der Welt handelt (Geborenenziffer von ca. 50 a. T. seit mehreren Jahren). Nigeria ist Ölförderland mit starkem Anstieg des Nationalprodukts, der Urbanisierung und aller übrigen Entwicklungsindikatoren. Da die dortigen Behörden bisher kein Interesse an einer geburtensenkenden Politik erkennen lassen, dürfte Nigeria zum Modellfall für einen demographischen Übergang in der Dritten Welt werden, der sich – wie in Europa – aus dem ‚reinen' Entwicklungsprozeß ergibt.

Die Erforschung der Ursachen dieses Geburtenrückgangs stellt vor besondere Probleme. Zum einen ist es unmöglich, die vielfältigen Determinanten in den einzelnen Kulturprovinzen der Entwicklungsländer zu erfassen, zum anderen ist es illusorisch, sich ausschließlich an den Geburtenrückgangskatalog zu halten, der auf die heute industrialisierten Länder Anwendung finden kann. Diese konventionellen Faktoren bedürfen einer erweiterten Interpretation und Erforschung, um für die Entwicklungsländer aussagekräftig zu sein:
Man darf nicht vergessen, daß die Dritte Welt bezüglich der Senkung der Fruchtbarkeit einige Vorteile gegenüber dem Europa des demographischen Übergangs besitzt: Es ist nicht nur die moderne Medizin, zu der die Dritte Welt Zugang hat, ohne sie selbst entwickeln zu müssen. Es gibt ein Tempo ökonomischer Entwicklung in einigen Entwicklungsländern, das in Europa undenkbar war. Die unter westlichem Einfluß stehenden kleineren Staaten Asiens und Hongkong werden hierfür als Beispiel genannt. Gezielte Investitionen in Arbeitsmarkt, Beschäftigung und Ausbildung können zur Hinausschiebung des Heiratsalters beitragen. Die Entwicklungsländer verfügen ebenfalls über wirksame Techniken der Empfängnisverhütung und Abtreibung, zu denen sich Europa unendlich mühsamer (technisch wie politisch) durchringen mußte. In seiner bekannten Arbeit vermutet *M. S. Teitelbaum,* daß das gelungene Beispiel des demographischen Übergangs in Europa, mit dem sich die „Kleinfamilie" endgültig durchgesetzt hatte, auch in der Dritten Welt ihren Demonstrationseffekt nicht verfehlt: die Norm der Kleinfamilie wurde legitimiert und die Gewißheit verbreitet, daß sie „machbar" sei[261]).

Erwähnung verdient die Tatsache, daß sich Staatsmänner der Dritten Welt der Bevölkerungsprobleme in ihrem Land ganz anders bewußt sind, und einen demographischen Informationsdienst abrufen können, der im alten Europa nicht vorhanden sein konnte. Eine darauf gründende Bevölkerungspolitik kann auf internationale Hilfe und Finanzierung rechnen[262]).

Diese Einflüsse können die Fruchtbarkeit in Entwicklungsländern rascher sinken lassen als in Europa. Entscheidend ist, ob sie den „Platzvorteil" Europas im demographischen Übergangsgeschehen ausgleichen und überrunden können. Die Bedingungen hierfür sind ebenfalls komplex und schwer durchschaubar, so daß Teitelbaum dazu neigt, europäischen Erfahrungen nur undeutlich und begrenzte Leitlinien für den Fruchtbarkeitsübergang in der Dritten Welt entnehmen zu können.

Unter den Einflußfaktoren wirken auch hier so selbstverständliche wie der Rückgang der Kindersterblichkeit und der allgemeine Anstieg der Lebenserwartung. Äußerst umstritten sind die Wirkungswege von Wirtschaftswachstum, ausgedrückt im Bruttonationalprodukt und dem Pro-Kopf-Einkommen, und von Familiendiensten. Wo die Fruchtbarkeit absank, spielten sie zwar immer eine Rolle, eine strenge Kausalität kann jedoch nicht immer behauptet werden.

Urbanisierung mußte schon in Einzelfaktoren zerlegt werden, um den europäischen Übergang zu charakterisieren. Bloße Zunahme der Stadtbevölkerung oder Landflucht können noch keinesfalls Fruchtbarkeitsniveaus erklären. Mit Urbanisierung muß sich die Übernahme urbaner Mentalität und Lebensweise verbinden, wenn sie zum Fruchtbarkeitsindikator werden soll. In der Dritten Welt ist der Zuzug in die Agglomerationen nicht automatisch als Modernisierung zu werten: Die Slum-Gürtel um die Metropolen der Dritten Welt bedeuten keine ‚Urbanisierung' im europäischen Sinne, sondern sind Ausdruck der

Perspektivlosigkeit der ländlichen Überschußbevölkerung, deren Fruchtbarkeit in den Elendsquartieren sogar noch ansteigt, wenn die traditionellen Verhaltensnormen des Herkunftsmilieus zusätzlich wegfallen.

Die ‚utilitaristischen Ansätze', die Geburtenrückgänge in einer Verlagerung des Schwergewichts vom Nutzen von Kindern zu deren steigenden Kosten verursacht sehen, behalten ihre Bedeutung im Erklärungsschema des Geburtenrückgangs in der Dritten Welt. Der ‚relative Wert' eines zusätzlichen Kindes sinkt dort, wo Ausbildungsmöglichkeiten gegeben sind und spürbare Erziehungskosten anfallen. Drastisch wirkt der Umbruch im Unterhaltstransfer zwischen den Generationen: Ging er früher in Form von Kinderarbeit oder Altersversorgung von den Kindern zu den Eltern, so geht er nach J. C. Caldwell nun in einem umgekehrten ‚intergenerational flow of wealth' von den Eltern zu den Kindern. Damit soll auch die entscheidende Wende im generativen Verhalten eingeleitet worden sein:

„Where the flow of wealth is from parents to children, the purely economically rational position would be to have no children, but social factors induce parents to have a few[263]."

Caldwell ist nach umfangreicher Forschungstätigkeit in Westafrika überzeugt, daß mit der Einführung der Kernfamilie (nuclear family), mit ihrer egalitären Partnerschaft (conjugal tie) und den gemeinsam getragenen Sorgen und wohlerwogenen Ausgaben für den Nachwuchs der Schritt zur Fruchtbarkeitssenkung getan wäre. Doch muß jene Umkehr des Ressourcentransfers zwischen den Generationen hinzukommen, um das globale Bevölkerungswachstum zu bremsen:

„The reversal of the intergenerational wealth flow ... into the Third World in the next half century, almost inevitably will garantee slower global population growth[264]."

Das Faktorenbündel ‚veränderter Status der Frau' bedarf auch der Differenzierung. Er wirkt nur dann geburtenmindernd, wenn sich mit ihm der Lebensrhythmus der weiblichen Bevölkerung ändert: Wenn Frauen eine gewisse Ausbildung und Berufserfahrung sich aneignen konnten, wenn nur eine geringe Altersdifferenz zum Ehemann und ein egalitärer Kommunikationsstil herrscht.

Diese beiden letztgenannten Faktoren gehören zu den greifbarsten Ursachen dieses Geburtenrückgangs. ‚Entwicklung' wirkt demnach mehr auf die Heiratsverhältnisse als auf das generative Entscheidungsverhalten selbst. Wir haben schon festgestellt, daß die Heiratsverhältnisse des vorindustriellen Europa in der Dritten Welt keine Parallele haben: nämlich relativ hohes Heiratsalter und erheblicher Anteil von Nicht-Verheirateten. Die mit Entwicklung steigenden Bildungs- und Erwerbsmöglichkeiten, besonders für Frauen, führen zu einem durchschnittlich höheren Heiratsalter, das – wie inzwischen feststeht – zu den durchschlagendsten Faktoren der Geburtenbeschränkung in der Dritten Welt gehört.

Eine reflektierte Betrachtung des Geburtenrückgangs in der Dritten Welt zeigt, daß das europäische Übergangsschema nur bedingte Anwendung und Erklärung liefern kann. Die Bevölkerungswissenschaft würde übereilte Schlüsse ziehen, würde sie den Geburtenrückgang in diesen Erdregionen einem Anstieg des Lebensniveaus und einer allgemein einsetzenden Entwicklung zuschreiben.

3. Bevölkerungsprognosen und Fruchtbarkeitsübergang

Vorhersagen über künftige Bevölkerungsentwicklungen stellen hohe Anforderungen an Bevölkerungssoziologie, -statistik und formale Demographie; sie sind nicht sonderlich erfolgreich, weil zu viele Imponderabilien eine Rolle spielen, die nicht quantifiziert werden können. Man unterscheidet zwischen Modellen, Projektionen und Prognosen. Letztere wollen einen künftigen Zustand realitätsgetreu abbilden, während Modelle in diesem Fall eine soziale Entwicklung in Modellvariationen abklären müßten[265]).

Bisher haben alle Methoden zur Vorhersage von Fruchtbarkeitstrends versagt, weil sich diese weitgehend gesellschaftlicher Planung entziehen und damit auch den Prognoseverfahren. Es bleibt in gewissem Sinne nur die Methode der Projektion, die Erfahrungswerte der Vergangenheit und Gegenwart ausdrücklich in das Verfahren einbringt und dabei eine Bandbreite von Alternativen vorlegt. Zu Prognostik und Projektion der Bevölkerungsentwicklung wird laufend publiziert und folgendes festgestellt[266]):

Kurzfristige Projektionen treffen eher zu als langfristige. Die Bandbreite der Projektionen ist vielfach zu schmal, um später ermittelte Tatsachen zu enthalten. Ist sie aus Unsicherheitsgründen zu weit gezogen, sind die Projektionen von um so geringerem Nutzen.

Projektionen von Fruchtbarkeitstrends beruhen auf expliziten Annahmen, die mit Bedacht ausgewählt werden, weil das generative Verhalten nicht zu formieren und administrativ auszurichten ist. Wenn in die Projektion die Wirkung eines Familienplanungsprogramms einbezogen wird, muß die Bandbreite der Projektion stark ausgedehnt werden.

Der populäre Ausdruck „Bevölkerungsexplosion" vernebelt leider die zu erwartende Bewegung. Die Durststrecke des „explosionsartigen" Wachstums aber während des demographischen Übergangs, in der das Produktions- und Gesellschaftssystem größten Belastungen ausgesetzt ist, entscheidet über die endgültige Größe einer Bevölkerung. Je nach Ausgangslage und Dauer dieser beschleunigten Wachstumsphase von Bevölkerungen der Dritten Welt werden sich die Gewichte nach der Jahrtausendwende in sozialer, politischer und wirtschaftlicher Hinsicht verschieben.

Die nähere wissenschaftliche Bestimmung der Höhe, auf der sich nach Vollendung aller Übergangsverläufe die Weltbevölkerung einpendeln dürfte, wird dadurch erschwert, daß unwägbare soziale und politische Ereignisse einbezogen werden müssen und eine logisch-projektive Vorgehensweise daran vorbeigeht. Die kritische Größe bleibt der Fruchtbarkeitsübergang und der Anteil, den objektive soziale Evolution und gezielte Geburten mindernde Bevölkerungspolitik daran haben. Es ist hier weniger ein Index der Nachwuchsbeschränkung noch der ehelichen Fruchtbarkeit, die an dieser „großräumigen" Fragestellung verwendet werden können, sondern die „Nettoproduktionsziffer", die sich als prognostisches Richtmaß über das Verebben von demographischem Wachstumspotential bewährt. Mit ihrer Hilfe sind Aussagen möglich, wie weit der Wachstumsmodus einer Bevölkerung vom ersatzweisen Wachstum („Null-Wachstum") noch entfernt ist.

Die Nettoproduktionsziffer gibt die Zahl lebendgeborener Mädchen an, die die Chance haben, die kommende Müttergeneration zu stellen, also das heiratsfähige Alter zu erreichen.

Gebärt jede Frau durchschnittlich nur ein solches Mädchen, ersetzt also nur sich selbst, so trägt die Nettoproduktionsziffer (NRZ) den Wert 1. Damit würde eine Bevölkerung nicht mehr wachsen, sondern sich bloß ersetzen, – nicht über das Reproduktionsniveau hinausschießen (NRZ = 1). Wenn man die Geschlechterproportion in Rechnung stellt, dann setzen in solch einem Fall die Familien nur so viele Kinder in die Welt, als zum Ersatz der Elternteile nötig sind. Diese Zahl wird im Bevölkerungsdurchschnitt mit ca. 2,2 angegeben.

Gegenwärtig beträgt die Fruchtbarkeit der Weltbevölkerung beinahe das Doppelte des Ersatzniveaus. Würde die Weltfruchtbarkeit – wie durch ein Wunder – über Nacht auf das Reproduktionsniveau sinken, die Reproduktionsziffer also von 2 auf 1 zurückgehen, so würde die Weltbevölkerung noch lange nicht aufhören zu wachsen, weil jedes Jahr mehr

Abb. 39: Prognosen zum Wachstum der Weltbevölkerung in entwickelten und unterentwickelten Regionen

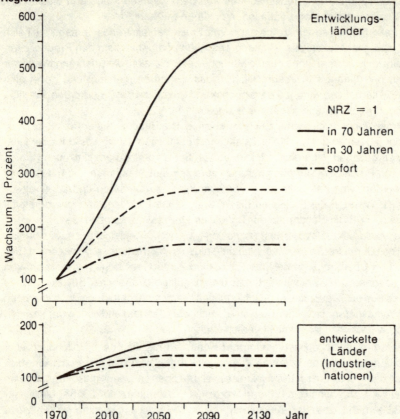

Quelle: *Tomas Frejka,* The Future Population Growth, a Population Council Book (New York, Wiley-Interscience, 1973), Appendix 2, tables pp. 230, 240

Menschen in das heiratsfähige Alter kommen und die Zahl der Elternpaare vergrößern. Aus dem breiten „Jugendsockel" den die Alterspyramiden der Dritten Welt aufweisen, läßt sich der den Bevölkerungen selbst innewohnende Wachstumsschub trotz eines gewissen Geburtenrückganges ermessen. Jenes strukturbedingte Wachstum oder „demographisches Moment" kann das Anfangsvolumen selbst wenn die Nettoproduktionsziffer schon auf 1 stehen mag, noch um mindestens ein Drittel anwachsen lassen. Zögert sich das Einschwenken auf Ersatzniveau hinaus, läßt der Wachstumsstillstand um so länger auf sich warten und hat eine um so größere endgültige Bevölkerungszahl zur Folge[267]).

(1) Die erste Hypothese ist der unwahrscheinliche Fall, wonach die Fruchtbarkeit der Weltbevölkerung „sofort" auf ihr Ersatzniveau sinkt. Selbst wenn dieser Fall einträte, würde die Weltbevölkerung immer noch um 50%, das sind 2 Milliarden Menschen, anwachsen. Dieses Ergebnis dient jedoch nur zu Vergleichszwecken und zur Bewertungsbasis der beiden folgenden Hypothesen.

(2) Nun versucht man wahrscheinliche Hypothesen zu erstellen: zuerst die „optimistische" Version, wonach die Weltbevölkerung in 30 Jahren auf das Ersatzniveau einschwenken

würde; das Ergebnis lautet: $8^1/_2$ Milliarden Menschen im Jahre 2100. Diese Version ist aber nur dann wahrscheinlich, wenn alle zur Verfügung stehenden Mittel der Familienplanung und Geburtenkontrolle intensiv eingesetzt werden und unmittelbare Wirkungen zeigen.

(3) Die „pessimistische" Variante schien dem Team der Population Council unter *Thomas Frejka,* zu Beginn der 70er Jahre eine realistische Variante zu sein. Die immer noch hohe Geborenenziffer in den meisten Entwicklungsländern ließ die Erreichung des Ersatzniveaus in 70 Jahren nicht unangemessen erscheinen, – günstigenfalls um das Jahr 2040. Dies allerdings bedeutet ein Anwachsen der Weltbevölkerung auf $15^1/_2$ Milliarden.

Um die endgültige Größe von Bevölkerungen zu bestimmen, muß demnach mit 2 Wachstumskomponenten gerechnet werden:

a) dem Wachstum während des demographischen Übergangs aufgrund des scherenförmigen Auseinanderklaffens von Sterblichkeit und Fruchtbarkeit und

b) dem strukturbedingten Wachstum (demographisches Moment), das so lange andauern kann, bis der Jugendsockel der Alterspyramide, der in der Übergangsperiode entstand, „abgetragen" ist, sich auch die Stärke der heiratsfähigen Jahrgänge verringert hat und die Alterspyramide die „Glockenform" angenommen hat, die für moderne Gesellschaften typisch ist.

Das demographische Moment markiert den Bremsweg, den eine Bevölkerung bis zur Erschöpfung ihres Wachstumspotentials noch zurückzulegen hat. Die statistischen Abteilungen der Vereinten Nationen rechnen mit einer gesamten Wachstumsperiode für die Entwicklungsländer von 125 bis 150 Jahren. Wenn man den Beginn des Übergangsgeschehens (die ‚Einleitungsphase') um das Jahr 1940 ansetzt, dann dürfte es sich um das Jahr 2075 vollenden. Die um 1950 lebende Menschheit von 2,5 Milliarden wäre dann nach einer „mittleren" Variante auf 12,2 Milliarden angewachsen. Diese Wachstumsschübe, die sich aus Geborenenüberschüssen und dem demographischen Wachstumsmoment ergeben, haben in gewissem Sinne einen programmierten Verlauf. Die große Unbekannte ist die Entwicklung des Geburtenrückganges. Seine Intensität ist von der ökonomischen und soziokulturellen Basis der Gesellschaft und der Effizienz des Familienprogramms abhängig. Was die endgültige Größe der Weltbevölkerung betrifft, herrscht unter den Instituten keine einhellige Meinung. Die größte Unsicherheit liegt immer noch bei den Projektionen des Geburtenrückgangs und des Stillstands des strukturellen Wachstums, des „demographischen Moments". Die differierenden Projektionen sollen nicht unerwähnt bleiben.

Bei den Soziologen der Universität von Chicago *D. J. Bogue* und *A. O. Tsiu* und der Weltbank scheint ein gewisser Zweckoptimismus am Werk, da sie sich stark in Familienplanung und Entwicklungspolitik engagieren. Die UN-Projektion von endgültigen 11 Milliarden ist ebenfalls die niedrige Annahme; die „mittlere Variante" geht, wie bereits erwähnt, von 12 Milliarden um das Jahr 2100 aus. Die Weltbevölkerung hätte danach die in Tabelle 14 ausgewiesene Verteilung.

Rafael Salas, der Direktor des ‚United Nations Fund for Population Activities' ist überzeugt, daß es von der Wirksamkeit der Familienplanungsdienste und der Entwicklungsfortschritte abhinge, ob die Weltbevölkerung bei 8 oder 13 Milliarden zu stehen komme[268]).

Für die Entwicklungsländer ist der demographische Übergang noch ein ‚Projektionsfeld'[269]):

Im Rahmen eines unvollendeten demographischen Übergangs muß die ‚Problemkomponente' Fruchtbarkeit projiziert werden, d. h. jener Zeitpunkt, wo sie sich der gesunkenen Sterblichkeit angleicht und das letzte Stadium des Übergangs, das stationäre Stadium mit niedrigem Bevölkerungsumsatz erreicht.

Abb. 40: Projektionen für die Weltbevölkerung im Jahr 2000

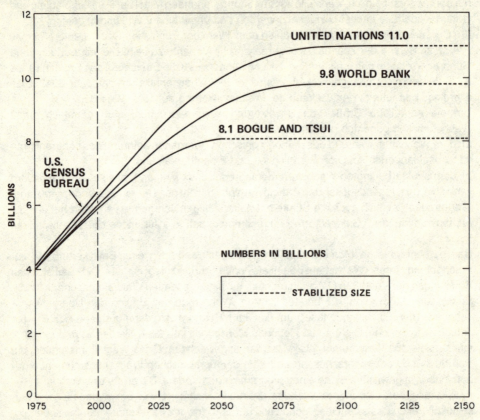

Quelle: *J. van der Tak; C. Haub; E. Murphy,* a.a.O., S. 38; Reprinted by Permission of Population Reference Bureau, Washington D.C., 20037

Tab. 14: Bevölkerungsprojektionen ausgehend von 1975 bis zum Jahr 2100 („Mittlere Variante" der Vereinten Nationen)

	1975	2000	2025	2050	2075	2100
Weltbevölkerung	4 032	6 407	9 051	11 081	12 048	12 257
Industrienationen	1 137	1 368	1 510	1 563	1 572	1 570
Entwicklungsländer	2 894	5 039	7 541	9 518	10 476	10 687
Afrika	405	834	1 438	2 005	2 344	2 436
Lateinamerika	323	625	963	1 204	1 300	1 308
Nordamerika	238	296	332	339	339	339
Ostasien	1 063	1 373	1 650	1 761	1 775	1 776
Südasien	1 210	2 384	3 679	4 739	5 247	5 358
Europa	518	540	580	592	591	589
Südsee-Inselstaaten	21	33	43	50	52	52
UdSSR	254	321	367	391	396	399

Quelle: Concise Report . . . a.a.O.

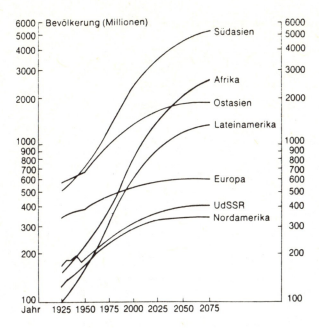

Abb. 41: Bevölkerungsprojektion nach Kontinenten, 1925–2075

Die Abbildung 41 zeigt die Projektionen zum absoluten Wachstum in den einzelnen Entwicklungsregionen. Die folgende Abbildung 42 macht nun anschaulich, wie sich diese Projektionen aus den demographischen Übergangsmustern, wie sie die Vereinten Nationen erstmals 1974 erstellten, ergeben[270]). Das Ausklingen des demographischen Übergangs wird bei einer Konsolidierung der Ziffern um 13,5% angenommen. Die Bevölkerungen wachsen daher je nach vortransitionaler Ausgangslage und Verweildauer in den einzelnen Übergangsphasen. Die Schicksalsfrage für die jungen Nationen betrifft eindeutig die Phase 2 des maximalen Übergangswachstums. Die relativ kurze Phase 3 des Fruchtbarkeitsübergangs, prognostiziert in korrekter Form auch europäische Erfahrungen, wonach ein Fruchtbarkeitsniveau „auf halber Höhe" unhaltbar ist und nur eine Station im „Abschwung" bedeuten kann.

Projektionen lassen vermuten, daß Afrika um das Jahr 2075 noch nicht auf sein Reproduktionsniveau gekommen sein wird, für Lateinamerika dürfte dieser Zeitraum knapp ausreichen.

Die bevölkerungs- und entwicklungspolitischen Planungseinheiten sind aber doch die Nationalstaaten, ungeachtet ihrer jeweiligen ethnischen Vielfalt. Es ist daher nötig, die kontinentale Betrachtung durch eine länderbezogene zu ergänzen.

Die europäischen Übergangsverläufe dauern vergleichsweise lang und ereignen sich auf relativ niedrigem Wachstumsniveau (nie über 1% jährlich); diejenigen der Entwicklungsländer dagegen zeigen Wachstumsraten zwischen 2 und 4% und lassen eine beschleunigte, zeitlich geraffte Übergangsfigur, wie sie in einigen Fällen schon erkennbar ist, erwarten. Das zentrale Beschleunigungsmoment dürfte die Sterblichkeit sein, die in Europa 150 bis 200 Jahre benötigte, um einen niedrigen Stand zu erreichen; den Entwicklungsländern gelingt das schon in 15 bis 20 Jahren. So gesehen ist es sinnvoll, nationale Übergangsprofile in einer Matrix, die sie nach Zeit und Wachstumsintensität ordnet, darzustellen:

Abb. 42: Die Phasen des demographischen Übergangs in der Kontinentalprognose der Vereinten Nationen („Mittlere Variante") 1974

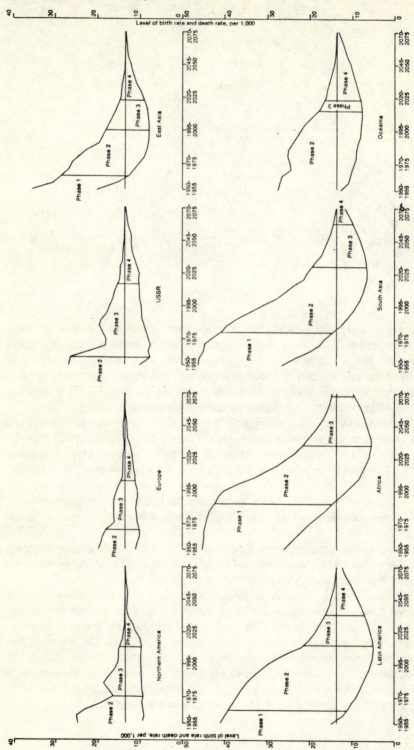

Abb. 43: Typologie historischer Übergangsprofile

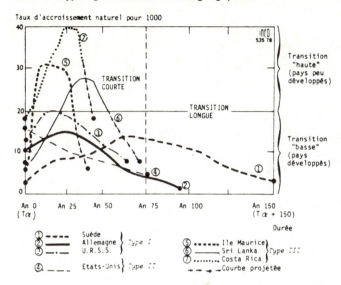

Quelle: *Chesnais, J.-C.*, a.a.O., S. 1141; *Th. Frejka,* The Future of Population Growth: Alternative Paths to Equilibrium, New York 1973; *T. H. Hull; V. J. Hull; M. Singarimbun,* Indonesia's Family Planning Story: Success and Challange, Population Bulletin, Vol. 32, Nr. 6, 1977; *J.-C. Chesnais,* L'Effet Multiplicatif de la Transition Démographique, in: Population Vol. 34 1979, No. 6, S. 1138–1144

Der in obiger Figur dargestellte Typus I ist bekannt: Schweden, Deutschland und die UdSSR charakterisieren ihn hinlänglich.

Der Typus II betrifft eine weiße Siedlerpopulation mit laufender Immigration und kann daher ausgeklammert bleiben, obwohl sich in ihm die modernen generativen Strukturen durchsetzen.

Der Typus III, an Mauritius, Sri Lanka und Costarica vorgeführt, ist hier von Interesse: Sie repräsentieren jenes Wachstumsmuster mit kurzfristiger hoher Wachstumsintensität, das der Vollendung des demographischen Übergangs noch entgegensieht; sie mündet – wie oben ersichtlich – in eine Projektion.

Die unter diesen Typus fallenden Entwicklungsländer zeigen wiederum Unterschiede hinsichtlich des Wachstums und der Chancen, zu einem bestimmten Zeitpunkt nach dem Jahre 2000 das Reproduktionsniveau zu erreichen. Sowohl der Zeitfaktor, der zum großen Teil die Reaktion der Fruchtbarkeit auf die gesunkene Sterblichkeit ist, als auch das Bevölkerungsvolumen und seine innere Dynamik bestimmen die endgültige Bevölkerungsgröße.

Demographische Anhaltspunkte dieser Projektion sind das maximale Übergangswachstum und die Zeitspanne der Fruchtbarkeitsregulation, die es zum Ausklingen bringt. In der nun folgenden Tabelle wurde eine schmale Bandbreite für den Zeitraum, in dem sich Null-Wachstum einstellen kann, gewählt, nämlich von 20 Jahren (zwischen dem Jahr 2000 und 2020), um nicht gänzlich spekulativ werden zu müssen. Als Projektionsbasis dient zum einen die Wachstumsspitze im Übergangsprozeß, wobei ein (1) mäßiges, (2) hohes und (3) sehr hohes Wachstumsniveau zu unterscheiden ist, zum anderen die Zeitdauer, die für

Tab. 15: Demographische Übergangsprofile von Entwicklungsländern

	Einleitungsphase ab	Zeitraum des maximalen Wachstums	⌀ Jahreszuwachs in %	Reproduktionsniveaus (NRZ = 1), erreicht im Jahre	Dauer des Übergangsprozesses in Jahren	Endgültige Größe der Bevölkerung in Mio	Zuwachs durch Verzögerung um 20 Jahre in %	Länder
(1) mäßig: bis 2,5% jährl. z. B. Indien (1979: 661 Mio)	1920	1961–71	2,2	2000	80	1.400		Indien VR China
				2020	100	2.000	43%	Chile Zypern
(2) hoch: 2,5–3% jährl. z. B. Indonesien (1979: 141 Mio)	1947	1960–75	2,8	2000	53	330		Ägypten, Südkorea, Sri Lanka, Indonesien, Hongkong, Tunesien, Kuba
				2020	73	450	36%	
(3) sehr hoch: über 3% jährl. z. B. Mexiko (1920: 67,7 Mio)	1920	1954–74	3,4	2000	80	175		*)
				2020	100	270	54%	

*) Länder unter (3): in Lateinamerika: Mexiko, Kolumbien, Costarica, Brasilien, Venezuela
in Asien: Taiwan, Malaysia, Thailand
in Afrika: Kenia, Nigeria, Algerien

Quellen: *Th. Frejka* (s. Seite 142)

diese ‚Explosionsphase' anzusetzen ist. Indien, Indonesien und Mexiko stehen beispielhaft für diese drei Wachstumsmuster.

Mit seiner Verwendung für die Bevölkerungsprojektion ist der demographische Übergang auch ein praktisches Instrument geworden. Die Projektionen unterstellen keineswegs einen Automatismus, sondern die Fortsetzung eines Weges, der nach eingehender Analyse der Bevölkerungen eingeschlagen wurde. An die Auswirkungen des sozialen Fortschritts wird nach Möglichkeit und Fähigkeit gedacht, die problematische Wirkungsgröße ist jedoch die gezielte ‚Familienplanung' und jede Art von geburtenbeschränkender Politik in den Entwicklungsländern. Inwieweit diese zur optimalen Strategie findet, wird nicht nur über die Gültigkeit der gemachten Projektionen, sondern auch über die Entwicklungschancen der Völker der Dritten Welt entscheiden.

4. Der demographische Übergang als Leitprinzip einer Bevölkerungspolitik für die Dritte Welt

Nun soll von der bevölkerungspolitischen und entwicklungspolitischen Relevanz der Übergangskonzeption die Rede sein. Der demographische Übergang wurde als bevölkerungssoziologische Konzeption als Abstraktion des generativen Verhaltens in historisch-soziologischen, ‚generativen' Strukturen abgehandelt.

Es geht nun um die Rolle des demographischen Übergangs in offiziell-staatlichen und privaten Programmen und um die Frage, in welcher Form das europäische Beispiel Erkenntnisse zur Fruchtbarkeitssenkung in der Dritten Welt liefern kann. Bevölkerung und Bevölkerungswachstum sind damit Gegenstand nationaler und internationaler Politik und kein fraglos hingenommenes Naturereignis. Dieser letztgenannte Aspekt der Verwendung der Übergangskonzeption beinhaltet ein nicht unbedeutendes Stück Zeitgeschichte seit Ende des Zweiten Weltkrieges.

Das Eintreten der unterentwickelten Bevölkerungen in die Einleitungs- bzw. Umschwungsphase des Übergangs, in der sie rapide anwachsen, fällt zeitlich in jene Periode, in der die jungen Staaten durch steigende Internationalisierung politischer und sozialer Probleme eine Aufwertung erfahren. Die Bevölkerungsentwicklung der europäischen Nationen hatte schon nachbarliche Rivalitäten und Ängste am alten Kontinent ausgelöst, war aber nie Gegenstand gemeinsamer Sorge geworden. Das erreichten erst die Geburtenrückgänge nach dem Ersten Weltkrieg, die noch nicht völlig erklärbar schienen und gelegentlich den Völkerbund in Genf und die von ihm unterstützten ersten Bevölkerungskonferenzen beschäftigten.

Das Anwachsen der in die Unabhängigkeit entlassenen Kolonialvölker trifft auch mit der Gründung der Vereinten Nationen zusammen, deren Sonderorganisationen (Unesco, ILO, FAO, WHO) für soziale Weltprobleme zuständig wurden und gleichzeitig den neuen Staaten in Asien und Afrika in ihren Generalversammlungen und Exekutivkomitees Sitz und Stimme gaben. Es ist verständlich, daß die Bevölkerungsfrage schon früh zum Tagungsgegenstand wurde und anfänglich mehr ideologische als sachliche Auseinandersetzungen provozierte. Sie mündeten dennoch 1946 in die Gründung einer ‚Bevölkerungskommission' (UN-Population Commission) und 1967 in die Schaffung eines ‚Fonds für Bevölkerungsaktivitäten' (UN Fund for Population Activities), um der steigenden Inanspruchnahme der Organisation durch Familienplanungsprogramme in Entwicklungsländern gerecht werden zu können.

Bevölkerungspolitik und Familienplanung sind kostenintensiv und übersteigen die Kraft aller

Entwicklungsländer. Die Debatten um die ‚Natur' des Bevölkerungsproblems und die Methoden, es zu bewältigen, gewannen immer mehr an Öffentlichkeit[271]).

Nach Ende des Zweiten Weltkriegs herrschte große Unsicherheit bezüglich der Verschiebung der Machtverhältnisse in der neuen, vergrößerten Staatengemeinschaft. Das Gewicht der farbigen Völker wurde zum erstenmal spürbar und ihr rasches Wachstum wurde noch bis in die sechziger Jahre hinein als Bedrohung der westlichen Welt und ihrer Zivilisation angesehen. Es mußte zum Thema der internationalen Politik werden, als koloniale Bevölkerungsgiganten, kaum in die Unabhängigkeit entlassen, sofort in Religions- und Bürgerkriege verfielen. Das Eingreifen der Chinesen in den Korea-Krieg gab alten Beschwörungsformeln von der ‚Gelben Gefahr' neuen Auftrieb. Die jährlichen Zuwachsraten der Bevölkerungen der Entwicklungsländer lagen schon über denen der europäischen und nordamerikanischen Bevölkerungen und *Kingsley Davis* beschrieb, wie man im Bevölkerungswachstum Asiens eine Art Frankenstein erblickte, der sich von seiner Experimentierbahre zu erheben beginne[272]). Die Äußerung *Mao-Tse-tungs,* daß auch ein Atomkrieg die Masse des chinesischen Volkes nicht vernichten könne, markierte einen vorläufigen Höhepunkt der Angst der Nordamerikaner und Europäer vor der Expansion der farbigen Völker.

Folgende, nach dem Zweiten Weltkrieg einsetzende Entwicklungen erregen bis heute Besorgnis:

(1) Das Bevölkerungswachstum erbrachte zwischen 1920 und 1940 ca. 433 Millionen; zwischen 1940 und 1960 mehr als 700 Millionen. Bevölkerungsprognosen mußten laufend nach oben korrigiert werden. Diesem Wachstumstrend entspricht eine Verdoppelung der gesamten Menschenzahl in nur 35 Jahren. Ein noch drastischeres Bild als die allgemeine Bevölkerungsvermehrung bietet die Verstädterung in den Entwicklungsländern, die unvermindert anhält und um das Jahr 2000 Menschenballungen von 30 bis 40 Millionen wie im Falle von Mexiko City und Kalkutta erwarten läßt[273]).

(2) Diese Fakten zogen düstere Prognosen für die Ernährungslage der Dritten Welt nach sich. Da Millionen bereits hungern, bedeutet jedes Zurückbleiben der Nahrungsmittelproduktion hinter der Bevölkerungszunahme einen Anstieg von Hungertod und Mangelernährung[274]).

(3) Die Volkswirtschaften dieser Länder werden – bei gleichbleibendem Wirtschaftswachstum – außerstande sein, das anschwellende Heer neuer Arbeitsuchender zu beschäftigen. Arbeitslosigkeit und Unterbeschäftigung traf 1975 an die 40% der gesamten Bevölkerung im erwerbsfähigen Alter[275]).

(4) Die Entwicklung wird ingesamt kritisch beurteilt, weil die Sterblichkeitssenkung (death control) nicht von einer steigenden Produktivität der Gesellschaft begleitet ist, wie dies in der ersten demographischen Übergangsphase in Europa noch der Fall gewesen war. Der Rückgang der Sterblichkeit entpuppte sich als ‚unabhängiges, exogenes Phänomen', dem nicht notwendigerweise Verbesserungen der Lebensbedingungen entsprechen müssen.

(5) Für die Dritte Welt gibt es keinen leeren Kontinent mehr, der ihre Überschußbevölkerung aufnehmen könnte; ein Migrationsstrom, der die europäischen Bevölkerungen in ihrer demographischen Übergangsphase entlasten konnte, kann sich heute nicht mehr in Bewegung setzen.

(6) In weiten Teilen der Entwicklungsregionen ist die Möglichkeit, Neuland zu kultivieren, gering oder erfordert enorme Kapitalinvestitionen und Technologietransfer, die die Finanzkraft und den Qualifikationsstand der Erwerbsbevölkerung überfordern[276]).

Die Bevölkerungsdebatte geht von der Grundprämisse aus, daß zwischen Bevölkerungs-

entwicklung und gesellschaftlicher Entwicklung ein funktionales Gleichgewicht herrschen muß, um Beeinträchtigungen des Entwicklungsprozesses insgesamt zu vermeiden. Verhängnisvoll ist daher ein Bevölkerungswachstum, mit dem Investitionen und die Erweiterung der Ressourcenbasis nicht schritthalten können. Der UN-Bevölkerungswissenschaftler L. Tabah bringt das Problem auf eine Kurzformel, indem er sagt:
„A population that grows to rapidly cannot structure itself rationally[277]."
Dieser Fall ist in den Übergangsphasen der unterentwickelten Bevölkerungen gegeben. Wissenschaft und Politik haben ihm im Laufe ihres Engagements bestimmte Deutungen unterlegt und Lösungen zur Minderung dieser ‚Bevölkerungsexplosion' vorgeschlagen.

Mit der zunehmenden Integration der Bevölkerungswissenschaft in entwicklungspolitische Praxis muß sie einer neuen, normativen Dimension des politischen Entscheidungsprozesses Rechnung tragen. Sie kann sich nicht länger auf Analyse und Deskription beschränken; sie hat neben ihrer Hauptaufgabe, wissenschaftliche Erkenntnis zu erarbeiten und zur Verfügung zu stellen, Maßnahmen zu beurteilen, ob sie politisch akzeptabel, administrativ machbar, ökonomisch vertretbar und im kulturellen Kontext moralisch gebilligt werden können.

Die geburtenbeschränkende Politik in den Entwicklungsländern, die nach 1950 vereinzelt eingesetzt hatte und inzwischen unter verschiedenen Formen fast alle Bevölkerungen der Dritten Welt umfaßt, läßt drei markante Positionen erkennen, die sich in gewisser Weise abgelöst haben:

a) ein medizinisch-klinische Phase der Geburtenkontrolle von ca. 1950 bis 1965;
b) die Phase der Akzentuierung sozioökonomischer Entwicklung und
c) die Kristallisation einer bevölkerungsbezogenen Entwicklungspolitik ab 1974.

a) Der medizinisch-klinische Versuch der Geburtenkontrolle

Das gesamte Denken zur Bevölkerungsproblematik war auf die ‚Explosionsphase' – wie in obiger Figur veranschaulicht – ausgerichtet. Sie deckt sich mit der exponentiellen Phase der logistischen Wachstumskurve und löste in der Bevölkerungswissenschaft eine ‚neomalthusianische Reaktion' aus: Das bedeutet eine Wiederkehr der Idee des überschießenden Bevölkerungswachstums, das eine neue Dimension angenommen und mit verzweifelten Anstrengungen bekämpft werden müsse. Der Neomalthusianismus argumentiert folgendermaßen:

Angesichts der demographischen Weltlage würden Malthus' Prophezeiungen in einer Weise wahr werden, wie sie das gegenüber der europäischen Entwicklung nicht geworden sind. In Europa sorgten eben die ‚europäischen Heiratsverhältnisse' mit Spätheirat und viel Junggesellentum für geringen Bevölkerungszuwachs. Die Sterblichkeit war in Europa ziemlich konform mit der sozialen Aufwärtsentwicklung gesunken, die ländliche Überschußbevölkerung konnte auswandern oder von den industriellen Agglomerationen aufgenommen werden. Dem industriellen Arbeits- und Lebensrhythmus unterworfen, mußte sie ein modernes generatives Verhalten annehmen. Die neue Produktionsweise und der steigende Wohlstand hätten ‚präventiv' die von Malthus ausgedachte Katastrophe verhindert. Der demographische Übergang in Europa war ein langsamer, fast hundert Jahre dauernder Prozeß gewesen, der von der Dramatik gegenwärtiger Entwicklungen weit entfernt war.

In den Entwicklungsländern bietet sich dagegen eine Situation, wie sie Malthus ursprünglich vorgeschwebt haben muß. Auf einen europäischen Weg, d. h. auf Wirtschaftswachstum

und bessere Lebensbedingungen zu warten, sei für die Entwicklungsländer und die internationalen Beziehungen gleichermaßen riskant. Die naturwüchsigen Übergangsprozesse in diesen Ländern würden politische und soziale Spannungen anwachsen lassen und den Weltfrieden bedrohen. Diesem ausufernden, mit der sozialen Entwicklung nicht Schritt haltenden Bevölkerungswachstum wäre nur mit einer drastischen Geburtenkontrolle beizukommen. Manche Neomalthusianer spielten unverblümt mit dem Gedanken, das demographische Stabilisierungswerk den Hungersnöten, Seuchen und Kriegen zu überlassen. Die Kriege im Grenzgebiet von Indien, Pakistan und China zu Beginn der sechziger Jahre, Überschwemmungen und Naturkatastrophen u. a. m. wurden von ihnen als Logik der Bevölkerungskontrolle im asiatischen Raum ausgegeben. Sie kritisierten auch die Anwendung moderner Medizin in Entwicklungsländern. Ein Repräsentant dieser Richtung war *William Vogt:*
„Durch medizinische Fürsorge und verbessertes Sanitätswesen sind sie (die Ärzte) dafür verantwortlich, daß Millionen von Menschen weitere Jahre in wachsendem Elend leben . . . Während die ökonomischen und medizinischen Bedingungen verbessert wurden, . . . vermehrten sich (die Inder) mit der Verantwortungslosigkeit des Kaninchens . . . Ehe diese Länder nicht eine rationelle Bevölkerungspolitik treiben . . . haben sie kein Recht, von der übrigen Welt Hilfe zu erwarten[278])."
In dieser Polemik kommt die Behandlung von Bevölkerung als einer exogenen Variablen zum Ausdruck, die technisch und propagandistisch zu manipulieren wäre.
Diese Annahme wurde in die Praxis der ersten Familienplanungsprogramme übernommen, da Erfahrungen auf diesem Gebiet noch völlig fehlten. Indien, das bald nach der Staatsgründung eine geburtensenkende Politik beschloß und daher noch über die meisten Erfahrungen verfügt, nennt heute seine neomalthusianische Phase der Geburtenplanung die ‚klinische Ära' (medical clinic approach), die auf der Auffassung beruhte, daß Geburtenkontrolle nur in Hospitälern und von Ärzten betrieben werden könne; die ‚Patienten' würden aus eigenem Antrieb in immer größerem Umfang von diesem Dienst Gebrauch machen.
Diese naive Diffusionstheorie, daß sich ein modernes generatives Verhalten schon herumsprechen und damit durchsetzen würde, scheint ein Rückfall hinter den soziologischen Bevölkerungsbegriff zu sein. Der Fehlschlag einer solchen bevölkerungspolitischen Praxis wurde eindrucksvoll beschrieben, wie Ärzte und Schwestern in Familienplanungsabteilungen moderner medizinischer Zentren herumsaßen und auf ausbleibende ‚Kundschaft' warteten[279]).
Man entdeckte auch bald, daß die klinische Methode europäischen Erfahrungen entsprang, wie sie die International Planned Parenthood Federation (IPPF, London) bzw. Pro-Familia auf einem gänzlich verschiedenen kulturellen Hintergrund entwickelte: „They have been dominated by feminist, medical, and middle-class thinking[280])." Diese europäischen Familienplanungszentren wuchsen in einer Situation während der Einlenkungsphase des demographischen Übergangs in Europa, wo die Mittelschichten zur bewußten Geburtenkontrolle oder ‚verantwortlichen Elternschaft' übergingen und zu ihrer Verbreitung in den unteren Schichten beitrugen. Diese Form ist jedoch den sozialen Bedingungen eines Entwicklungslandes höchst unangemessen.
Unter dem Eindruck des geringen Erfolgs der klinischen Geburtenkontrolle jedoch und der Zunahme an Erfahrungen mit den ‚Kunden' (adopters) entschloß man sich, nicht länger in Kliniken auf sie zu warten, sondern auf sie zuzugehen. Ab Mitte der sechziger Jahre sprechen wir zum ersten Mal von ‚Familienplanung'; das bedeutet die Einbeziehung des familialen und sozialen Umfelds der Reproduktion.

Mit dem neuen Begriff ‚Familienplanung' war auch der ‚imperialistische Beigeschmack' des Ausdrucks ‚Geburtenkontrolle' beseitigt. Sie bedeutet zwar weiterhin Geburtenbeschränkung, zugleich aber ‚geplante Elternschaft'. Unter ‚Familie' wird die Kernfamilie, bestehend aus Eltern und Kindern, verstanden und unter ‚Planung' das Entscheidungsverhalten bezüglich einer bestimmten Kinderzahl.
Familienplanung wird dadurch zum Inbegriff aller Intentionen, die sich auf die intermediären Fertilitätsvariablen des *Davis-Blake*-Katalogs richten. Sie ersetzt klinikgebundene Geburtenkontrolle durch eine ‚Feld-Methode'. Diese ‚Feldmethode' (extension education approach) macht die Wohnviertel und Dörfer zum Ort ihrer Aktivität und zielt auf die heirats- und gebärfähige Population. Die Klinik-Methode brachte den Familienplanungsdienst nur an einen Bruchteil der ‚demographisch signifikanten Zielpopulation', wie junge, vor allem weibliche Bevölkerung heran. ‚Familienplanung' als Feldmethode war aus der Unzulänglichkeit des klinischen Ansatzes hervorgegangen und trug den sozialen lokalen Gegebenheiten besser Rechnung. Der ‚Feld-Arbeiter' geht im Stile eines Sozialarbeiters oder des bekannten Landwirtschaftsberaters (agricultural extension agent) vor; er versucht, den Paaren die Gründe für eine Beschränkung der Kinderzahl bewußt zu machen und verfügt über eine mobile Ambulanz, um die reproduktive Bevölkerung zu erreichen. Aus der Praxis dieses Ansatzes heraus wurde auch erstmals die Bedeutung der Schulbildung für Mädchen und ihrer einschlägigen Unterrichtung (population education) erkannt.
Um die Fundierung der Familienplanung haben sich mehrere Bevölkerungssoziologen verdient gemacht, so *Daniel Bogue,* der bis heute die soziologische Ausrichtung und Korrektur der jeweiligen Methoden betreibt, und der unlängst verstorbene *Bernard Berelson,* der als erster der Massenkommunikation und den Beeinflussungsmedien in der Bevölkerungspolitik große Aufmerksamkeit geschenkt hatte[281].

b) ‚Entwicklung' contra ‚Familienplanung'

Während dieser ersten klinischen Phase, die mit der Gründung der UN-Bevölkerungskommission 1946 bis ca. 1965 anzusetzen wäre, hielten sich Nationen abseits, andere betrieben offen Opposition.
Diese Opposition schuf das Schlagwort „Entwicklung ist die beste Pille" und konnte damit der Frustration nach fehlgeschlagener Geburtenkontrollpropaganda bestens Ausdruck verleihen.
Mehr Desinteresse als Opposition gegenüber dem ‚restriktiven angelsächsischen Neomalthusianismus' zeigte Frankreich, das aufgrund seiner Jahrzehnte währenden Politik der Familien- und Geburtenförderung sich außerstande sah, auf die Seite der Geburtenkontrollbewegung überzugehen. Führende französische Bevölkerungswissenschaftler pflichteten auch der öffentlichen Meinung in ihrem Lande bei, daß eine hohe Geborenenziffer ‚ein Zeichen nationaler Vitalität' sei[282]. Diese Einstellung konnte Frankreich auch den unabhängigen Staaten seines ehemaligen Kolonialreiches weitergeben. Einem großen Interesse an demographischer Forschung zu Verwaltungszwecken entspricht im francophonen Schwarzafrika und nordafrikanischen ‚Maghreb' keine gezielte antinatalistische Politik.
Wenn wir die Opposition gegen eine einseitg medizinische und familienzentrierte Lösung des Bevölkerungsproblems betrachten, so bestand eine solche schon früh. Unter ihr finden sich jedoch unterschiedliche Standpunkte. Auf der einen Seite finden wir eine politisch-ideolo-

gische Opposition, die sich innerhalb der Vereinten Nationen manifestierte und hauptsächlich von Ostblockstaaten vorgetragen wurde. Sie kann als
— ‚marxistische Opposition'
bezeichnet werden. Auf der anderen Seite finden wir eine fundierte
— soziologische Kritik an den Defiziten der Praxis der Familienplanung.

(a) Die ‚marxistische Opposition'

Sie ist zum Begriff geworden, weil sie zwanzig Jahre hindurch sich Bemühungen der UN-Bevölkerungskommission um Initiierung von Familienplanung in den Entwicklungsländern widersetzte[283]). Die Vertreter des Ostblocks setzten auf die europäische Erfahrung, wonach die Geborenenziffern spontan mit steigendem Lebensstandard fallen würden. Das entspricht zweifellos dem demographischen Ügergangsmuster Osteuropas und außerdem der *Marx*schen Kritik an den Schriften von *R. Malthus.* Ihrer Ansicht nach gäbe es nur eine Antwort auf das Bevölkerungsproblem: Beschleunigte Wirtschaftsentwicklung[284]).
Die Geburtenkontrolle würde ihrer Ansicht nach mit ‚kannibalistischen Theorien' gerechtfertigt, die von den eigentlichen Erfordernissen, nämlich den grundlegenden Veränderungen der Wirtschafts- und Sozialstruktur der armen Länder, ablenken würden. Die Propagierung der Geburtenkontrolle durch die USA, Passagen aus Schriften wie von *W. Vogt,* der übrigens auch vor dem amerikanischen Senat vortragen durfte, waren weiter Gründe, gegen eine Entwicklungspolitik Front zu machen, die die Probleme der Armut in der Dritten Welt angeblich demographisch zu lösen trachtete[285]). Der Ostblock merkte jedoch bald, daß er sich auch in einer ideologischen Klemme befand, wo doch osteuropäische Staaten sehr früh Familienplanungsdienste anboten und die Abtreibung liberalisierten[286]). Es war schwierig geworden, diese staatlichen Leistungen generell als unwesentlich hinzustellen. Man besann sich schließlich auf eine Schrift von *W. I. Lenin,* betitelt ‚Arbeiterklasse und Neomalthusianismus'[287]), in der er ‚Freiheit der medizinischen Propaganda' d. h. Zugang zu den Mitteln der Geburtenkontrolle fordert und gleichzeitig Neomalthusianismus als Mittel zur Lösung der Existenzprobleme armer Schichten scharf ablehnt. Der Ostblock einigte sich auf diese Position und vertrat sie in internationalen Gremien und Sonderorganisationen der Vereinten Nationen bis Ende der sechziger Jahre.

(b) Soziologische Kritik am Defizit der Familienplanung

Soziologische Kritik an der Unzulänglichkeit nicht nur der Klinikmethode, sondern auch an der bis dahin gepflogenen Art der Familienplanung wurde von der angelsächsischen Soziologie und Bevölkerungsoziologie vorgebracht: Die Geburtenkontrollversuche hätten sich als Schlag ins Wasser erwiesen, weil den mitunter groß angelegten Programmen und Kampagnen kein eindeutiger Erfolg bescheinigt werden könne. Die Fruchtbarkeit war kaum gesunken und in manchen Fällen sogar angestiegen[288]). Man war der Überzeugung, daß es nun an der Zeit wäre, auch die äußeren Lebensumstände der Menschen in den Entwicklungsländern zu verändern, um ein größeres durchschlagendes Interesse an Familienplanung, d. h. Änderung des generativen Verhaltens erwirken zu können.
Ein gewisses malthusianisches Herangehen an das Bevölkerungsproblem sei keineswegs falsch, denn das expotentielle Wachstum und der drastische Abfall der Sterblichkeit legt es ja nahe. Die Fruchtbarkeit muß reduziert werden, wenn die makabren Rechenexempel, nach denen bei anhaltendem Bevölkerungswachstum den einzelnen nur noch Stehplätze auf der Erdoberfläche verbleiben, nicht wahr werden sollen.

Die Idee der Unvermeidlichkeit und Dringlichkeit der Fruchtbarkeitssenkung bleibt in allen bevölkerungspolitischen Konzepten für die Dritte Welt gültig, nur ändert und erweitert sich ihr Bezugsrahmen. Ein stärkerer Gesellschaftsbezug drängt sich aus folgenden Gründen auf[289]):

(1) Rasches Bevölkerunswachstum und die Notwendigkeit, die Dritte Welt zügig und geplant zu entwickeln, fallen zeitlich zusammen.

(2) Immer deutlicher stellt sich die Strukturverschiedenheit des demographischen Übergangs in Europa und in den Entwicklungsländern heraus.

(3) Es verstärkt sich der Eindruck, daß mit einer ‚Theorie' des demographischen Übergangs, die einen automatischen Geburtenrückgang im Zuge der Industrialisierung und Urbanisierung suggeriert, nicht länger zu arbeiten ist. Sie muß hinsichtlich der Lage der Entwicklungsländer neu durchdacht werden.

Diese Diagnose fand bis Mitte der 60er Jahre immer mehr Anerkennung und führte zu einer Relativierung des bedingungslosen Neomalthusianismus, der einer neuen geschichtlich unvorhergesehenen Lage gegenüber falsch reagiert hatte und nur ‚radikale Eingriffe' verordnen konnte. Diese neue Richtung, angeführt von *Kingsley Davis, Bernard Berelson, Judith Blake* u. a. besann sich nüchtern auf das soziologische Grundwissen zu diesen Problemen und forderte eine wohlüberlegte Anpassung von Konzeption und Methodik an die Situation der Entwicklungsländer. Den Schlüsseltext und auch das Stichwort für die neue Sichtweise lieferte *Bernard Berelson* mit seinem Aufsatz ‚Beyond Family Planning'[290]).

Berelson plädierte weiterhin für das Ziel der Fruchtbarkeitssenkung, fordert jedoch eine starke Erweiterung des Maßnahmenkatalogs und empfiehlt, ihn je nach kulturellen, politischen und religiösen Bedingungen einzusetzen.

In ähnlicher Weise äußerte sich *Kingsley Davis*[291]): Er hält die Familienplanungsidee für einen Fortschritt, wie die „Erfolgsprogramme" von Taiwan und Südkorea zeigten, nämlich:

„To integrate through education and information, the idea of family limitation within the existing attitudes, values, and goals of the people[292])."

Doch erreichte diese Methode immer noch nicht die eigentlichen Problempopulationen der noch unverheirateten Mädchen und verheirateten Frauen, die noch weitere Kinder wollen. Es hat sich besonders in Indien gezeigt, daß die Familienplanungsdienste erst nach Abschluß einer hohen Reproduktionsleistung benutzt werden: So von Frauen, die schon eine hohe Kinderzahl hatten und von älteren Männern, die sich erst zur Sterilisation entschlossen, nachdem sie schon eine zahlreiche Familie begründeten. Das Problem besteht nach *Kingsley Davis* darin, die Motivation zur Kleinhaltung der Familie in einem möglichst frühen Stadium, zumindest um das Heiratsalter und davor, zu verankern.

Kingsley Davis unterscheidet zwischen dem unmittelbaren Ziel der Fruchtbarkeitskontrolle und dem übergeordneten, makrodemographischen Ziel der ‚Bevölkerungskontrolle'. Wenn man sich ausschließlich auf Geburtenkontrolle fixiere und individualistische Ansätze verfolge, müsse man das gesamtgesellschaftliche Planungsziel verfehlen. Die Familienplanung und ihre Methode berücksichtige zwar den Standpunkt des einzelnen Paares, aber nicht den von Gemeinschaft und Gesellschaft, die den Rahmen für die Entwicklungspolitik abgäben:

„What is rational in the light of a couple's situation may be totally irrational from the standpoint of society's welfare ... Family planning in current population policies is not a ‚first step' but an escape from the real issues[293])."

Wenn die demographische Entwicklungsaufgabe darin besteht, das Bevölkerungswachstum

so zu kontrollieren, daß es den Zielen der Modernisierung eines Entwicklungslandes nicht mehr im Wege steht, dann sind individualistische Ansätze nicht der geeignete Weg.
Es geht den Kritikern nicht darum, Familienplanung abzuschaffen, sondern darüber hinaus zu erkennen, daß sie übergeordnete Erfolge verhindern kann, wenn sie als alleiniges Mittel angesehen wird und das auf diesem Gebiet so notwendige Experiment und Alternativdenken einschläfert. Bevölkerungspolitik kann nur unter Einbeziehung möglichst vieler struktureller und funktionaler Gegebenheiten zum Erfolg führen: Die Familienplaner starren auf die Geborenenziffern wie das Kaninchen auf die Schlange, und sehen die wirksameren sozial-strukturell vorgegebenen Ansätze nicht. Die bedeutendsten unter ihnen wären:
– Die Geburtenkontrolle und Empfängnisverhütung bei Nicht-Verheirateten zu forcieren, damit die Eheschließung verschoben und das Heiratsalter dadurch ansteigen könne; das niedrige Heiratsalter ist ein Hauptfaktor der hohen Fruchtbarkeit in der Dritten Welt.
– Die gezielte Schaffung von Bedingungen, unter denen die jungen Paare eine Motivation zur Kleinhaltung der Kinderzahl entwickeln können.
Mit dieser Reorientierung verlor die bevölkerungspolitische Praxis ihren ausschließlich auf Geburtenkontrolle ausgerichteten, segmenthaften und partikularen Charakter und konnte damit dem Kenntnisstand einer offenen Konzeption des demographischen Übergangs näherkommen[294]).
Die Kritik mündet in der Forderung, die Kontrazeption bei den jungen reproduktiven Jahrgängen gezielt einzusetzen und strukturelle Bedingungen auszunutzen, die eine Verschiebung des Heiratsalters und Beschränkung der Kinderzahl lohnenswert erscheinen lassen. Familienplanung bedarf der Flankierung durch bevölkerungsrelevante ‚sozioökonomische Maßnahmen'[295]).

c) Kristallisation einer entwicklungsorientierten Politik der Fruchtbarkeitsbeschränkung

Allgemein akzeptiert ist die neomalthusianische Darstellung, daß ein Bevölkerungswachstum von solchem Ausmaß ein Entwicklungshindernis ist und den betroffenen Nationen nur die Wahl zwischen Instabilität und Repression läßt. Eindrucksvoll ist das in diesem Zusammenhang vorgebrachte Bild einer Entwicklungsblockade, die ein rasches Bevölkerungswachstum auf niedrigem Entwicklungsniveau verursacht: Danach ist eine Gesellschaft in einem Armutskreislauf gefangen zwischen bescheidener Kapitalbildung und ihrer unmittelbaren Absorption durch die Kosten des Bevölkerungswachstums. In Anlehnung an die Rostowschen Stufen der Entwicklung sprechen die Angelsachsen von einer Armutsfalle (‚low level equilibrium trap') und einer ‚Nullification' von Entwicklungsschritten durch Bevölkerungswachstum:
„Even a moderate rate of population growth will seriously counterbalance the effect of income-increasing forces[296]]."
Daher kann sich die Auffassung, daß der demographische Übergang beschleunigt vorangetrieben werden müsse, auf einen breiten Konsens stützen.
In dem Versuch, dieses Vorhaben in Praxis und Politik durchzusetzen, machen Wissenschaft und Entwicklungsplanung einen Lernprozeß durch, der einer schrittweisen Bestätigung der Grundannahmen der Konzeption des demographischen Übergangs gleichkommt:
Der Fehlschlag der klinisch-medizinischen Praxis zur Beschleunigung des Übergangspro-

zesses beruht auf der Nichtbeachtung der Sozialgebundenheit des generativen Verhaltens und seiner Motivationsstruktur.

Die erweiterte Konzeption der ‚Familienplanung' ist bereits die erste Konzession an die Erkenntnis, daß das hohe Fruchtbarkeitsideal an materielle (existenzsichernde) und immaterielle (werthafte) gesellschaftliche Funktionen gebunden ist, die in Gruppen und Familiensystemen sich verfestigen. Zu ihrer Änderung muß die Familie bzw. das einzelne Paar zum Gegenstand der antinatalistischen Politik werden.

Den medizinisch-klinischen und zu stark familienorientierten Fehlkonstruktionen entspricht ein ebenso einseitiger Standpunkt, den wir als ‚Entwicklungsökonomismus' bezeichnen können. Hier wird die gesellschaftliche Makrostruktur verabsolutiert, die agierenden Gesellschaftsmitglieder werden aber bagatellisiert. Er verfällt in den Fehler, im Übergangsprozeß einen Automatismus und Schematismus walten zu sehen, der ‚von alleine' das gewünschte stationäre demographische Gleichgewicht hervorbrächte, wenn man nur die ökonomische Entwicklung der Gesellschaft mit Energie vorantreiben würde. Geburtenkontrolle und Familienplanung werden damit zur Ideologie, die die Hintansetzung von Entwicklungsinvestitionen rechtfertige[297]).

Makrosoziologische Fruchtbarkeitsmodelle zeigen, daß nur eine Kombination beider Methoden erfolgversprechend sein kann. Wenn wir uns das *Freedman*-Modell zum Aufbau eines Fruchtbarkeitsniveaus in Erinnerung rufen (vgl. S. 104) dann wird sichtbar, daß es unzureichend ist, entweder nur im ‚sexuellen Endbereich', der der Fruchtbarkeit unmittelbar vorgelagert ist, oder nur im Bereich der sozioökonomischen Struktur anzusetzen: Von hier aus in Gang gesetzte Maßnahmen hätten einen langen Weg vor sich, wenn sie wirksam auf das Fruchtbarkeitsniveau durchschlagen sollen. Im ersten Fall wird der gesamte Sozialkörper eines Entwicklungslandes nicht in Betracht gezogen, dafür aber raschere Abhilfe vom Bevölkerungsdruck versprochen. Im zweiten Fall werden zwar Strukturwandlungseffekte erzielt, deren Auswirkung auf das Fruchtbarkeitsniveau aber zweifelhaft und zeitlich völlig unabschätzbar ist.

Einem dritten Weg nun, der sich aufdrängt, wurde schon mehrfach das Wort geredet. Es klingt an in den Kritiken von *K. Davis* und *B. Berelson* und erstaunlicherweise auch in neueren Arbeiten russischer Bevölkerungswissenschaftler. Sie tragen auffällig weniger dogmatische Züge, als sie das Problem nicht länger unter dem Aspekt der Marxschen Beschimpfungen des ‚reaktionären Pfaffen Malthus' angehen und Geburtenkontrolle in der demographischen Übergangsphase ausdrücklich anerkennen[298]).

Dieser dritte Weg, den die Bevölkerungspolitik für Entwicklungsländer einschlagen soll, ist das Ergebnis von Erfahrungen, die seit den fünfziger Jahren auf diesem Gebiet gemacht werden konnten. Familienplanungsprogramme boten eine bunte Palette von Maßnahmen und Organisationsformen, die die Vielfalt der Dritten Welt widerzuspiegeln schien. Dem niedrigen bzw. höchst unterschiedlichen Grad der Organisationsfähigkeit öffentlicher Maßnahmen in diesen Ländern entsprach auch ein höchst unterschiedliches Bild ihrer Wirkung.

Die Debatte um die Wirkungen der Familienprogramme wird nicht gerade unparteiisch geführt. Diejenigen, die die hohen Kosten der Programme rechtfertigen müssen, neigen zu beschönigenden Erfolgsmeldungen; Kritiker dagegen behaupten, daß ein Erfolg nicht nachzuweisen sei – obwohl sie nicht immer über die Fertilitätsmaße verfügen, die dies bestätigen könnten. Die trotz Familienplanung oft unbewegliche Geborenenziffer ist ein unzureichender Indikator, sowohl für das eine wie für das andere Argument.

Neben der Frage der Zurechenbarkeit des Fruchtbarkeitsrückgangs auf laufende Familienplanungsprogramme richtete sich die Aufmerksamkeit tatsächlich auf die ‚Theorie' des demographischen Übergangs und damit die Frage, inwieweit der Geburtenrückgang nicht auf soziale oder ökonomische Entwicklung zurückzuführen sei, zumindest auf Einstellungen und Motive, die sich mit ihr verbinden. Das in der Prognosefrage enthaltene Problem, die Wirkung der bevölkerungspolitischen Maßnahmen abschätzen zu müssen, um den Zeitpunkt der beginnenden Entlastung vom Bevölkerungsdruck anzugeben, verweist wieder auf die Analyse des Fruchtbarkeitsübergangs. Zu dessen bekannten Faktoren sich nur „Einrichtung und Verfügbarkeit von Familienplanungsdiensten" an zentraler Stelle placiert. Das große Rätsel um die Auswirkungen von Familienplanungsprogrammen konnte in den letzten Jahren (1978) durch methodisch-empirische Studien aufgehellt werden. Die Chicagoer *A. O. Tsui* und *D. J. Bogue*[299]) und die Wissenschaftler der Population Council *W. P. Mauldin* und *B. Berelson*[300]) untersuchten die Geburtenrückgänge in ca. 90 Entwicklungsländern zwischen 1968 und 1975 hinsichtlich des Anteils, den „family planning efforts" daran hätten.

A. O. Tsui und *D. J. Bogue* untersuchten den Geburtenrückgang von 1968–1975 in 89 Entwicklungsländern, in dem sie Regressions-Koeffizienten der Modernisierung 1968 (Total Fertility Rate 1968, Pro-Kopf-Einkommen, Urbanisierungsgrad, Kindersterblichkeit, Frauenarbeit in der Landwirtschaft, Schulbildung der Frauen) und der Familienplanung 1972 den Anteil an der Voraussage der Total Fertility Rate von 1975 errechneten. Die Regresssionsrechnung, in der die Total Fertility Rate von 1975 als abhängige Variable aufschien, ergab, daß bei Konstanthaltung der Modernisierungsvariablen und Verstärkung der programmatischen Familienplanungsvariablen die Total Fertility Rate 1975, die Fruchtbarkeit also, sinkt. Familienplanung hat sich darin als signifikante und unabhängige Einflußgröße auf Fruchtbarkeit erwiesen.

M. P. Mauldin und *B. Berelson* gingen für 1965–1975 in 94 Entwicklungsländern ähnlich vor, benutzten aber als abhängige Variable wegen ihrer Gebräuchlichkeit die Geborenenziffer. Sieben „social setting variables" (Alphabetisierungsgrad, Schulbildung, Lebenserwartung, Kindersterblichkeit, erwerbsfähige Männer außerhalb der Landwirtschaft, BSP-pro-Kopf und Urbanisierungsgrad) und die Intensität einer Familienplanung wurden in Regressions- und pfadanalytischen Verfahren auf ihren jeweiligen Einfluß auf den Geburtenrückgang geprüft. Dies ergab wiederum, daß Familienplanung (programm effort) stärkeren und unmittelbareren Einfluß ausübt als der soziale Bereich. Letzterer jedoch wirke wiederum über die Qualität und Intensität eines Familienplanungsprogrammes, so daß ein weiteres Ergebnis festgehalten werden kann: Soziale Investitionen lassen sich höchst wirksam mit Familienplanungsdiensten kombinieren und dadurch die Effizienz beider Bereiche steigern:

„Countries that rank well on socioeconomic variables and also make substantial (family planning) program effort have on average much more fertility decline than do countries that have one or the other, and far more than those with neither[301])."

Diese Ergebnisse bestätigen die langgehegte Vermutung, daß in den Entwicklungsländern die sozioökonomische Investition zwar die materielle Basis der Bevölkerungsprozesse bildet, daß die Sterblichkeits- und Fruchtbarkeitsbewegungen jedoch nicht eindeutig aus ihr abgeleitet werden können. Bis zu einem gewissen Grad hat sich dies auch schon in Europa gezeigt, doch liegt der Fall in den Entwicklungsländern wegen des rascheren Zeittakts und der ungleich größeren Quantitäten, mit denen sich ihre Bevölkerungsbewegungen vollziehen, komplizierter. Entwicklungsforschung und ‚Familienplanungsforschung' sind bemüht, das Verhältnis von Entwicklungsstand und Fruchtbarkeitsniveau im Hinblick auf bewußte Veränderung und Modernisierung festzulegen.

Es kann bestätigt werden, daß nur in jenen Ländern ein signifikanter Rückgang der Geburtenwerte erfolgte, in denen sich Familienplanung und Entwicklungsinvestitionen in günstiger Weise die Waage halten konnten. Der Erfolg konnte dort angezweifelt werden, wo nur auf eine der beiden Methoden gesetzt wurde.

Was sich in den gegenwärtigen Industriegesellschaften an sozioökonomischer und kultureller Entwicklung ereignen mußte, um die vorindustrielle Fruchtbarkeit auf einen modernen Stand zu senken, konnte übersichtlich dargestellt werden (vgl. Abb. 24, S. 75 und Tab. 9, S. 114): Geborenenziffern von ca. 35 a. T. stehen am Beginn der demographischen Übergangsprozesse, Ziffern von 20 a. T. an deren Ausgang. Letztere sind Ziffern der Abschwungphase im Fruchtbarkeitsübergang und ein Hinweis, daß das Wachstum der generativen Übergangsstruktur bald ausklingt. Die Bevölkerungsgeschichte der modernen Gesellschaft hat beobachtet, daß Geborenenziffern um 35 ein dauerhaftes Strukturelement sein können, während Ziffern von 20 und etwas drüber immer im Fallen begriffen sind.

Es ist daher begründet, eine solche Geborenenziffer als ‚Schwelle' anzusehen, ab der die Lösung des Bevölkerungsproblems absehbar und greifbar wird[302].

Nun entsprechen dem hohen Proliferationsmuster (von ca. 35 a. T.) und dem niedrigen (von 20 a. T.) bestimmte Indikatoren, die in ihrer Bündelung demosoziale Entwicklungsschwellen erkennen lassen. Eine konsequente Entwicklungspolitik mußt auf sie zusteuern[303].

Unter diesem Gesichtspunkt wird klar, daß die Frage, wann eine unterentwickelte Gesellschaft ihr niedriges Fruchtbarkeitsniveau erreicht, keine klinisch-medizinische Frage, aber auch nicht ausschließlich eine Frage der Kapitalinvestition ist, sondern beide Maßnahmenbereiche im Blick haben muß. Solche ‚Schwellenhypothesen' (‚threshold hypothesis'), die aus Erfahrung erstellt wurden, eignen sich bestens, um bevölkerungs- und entwicklungspolitische Ziele aufeinander abzustimmen und voranzutreiben: Für die in Asien arbeitende Abteilung der ‚Population Council' (Hauptsitz New York) ist die ‚Schwellenhypothese' der Versuch, den demographischen Übergang mit dem fortschreitenden sozialen Wandel und mit der ökonomischen Entwicklung zu verbinden[304].

Wenn nun die Frage gestellt wird, inwieweit die Entwicklungsländer imstande sind, bis zum Jahre 2000 eine Geborenenziffer von 20 zu erreichen, so kann dies nur in Anbetracht der Struktur der jeweiligen demographischen Übergangschance in einem Entwicklungsland beantwortet werden. Wir haben bereits Übergangstypen hinsichtlich ihres Entwicklungsstatus, ihres Zeitfaktors und ihres Anwachsens des Bevölkerungsvolumens erstellt. Hier entsteht nun ein Bild zu bevölkerungs- und entwicklungspolitischen Prioritäten für Länder und Ländergruppen:

Es gibt Entwicklungsländer, denen nach bisherigem Indikatorenstand der demographische Übergang bis zum Jahre 2000 ‚sicher' gelingen wird; ‚greifende' Familienplanungsprogramme bei Geborenenziffern von 23 bis 24 und die Tatsache, daß sie die Entwicklungsschwelle der vorgenannten Sozialindikatoren beinahe erreicht haben, läßt diesen Schluß zu. Es sind dies Südkorea, Taiwan, Singapur und Chile.

‚Wahrscheinlich' werden bis zum Jahre 2000 solche Länder den Übergang schaffen, die zwar starke Entwicklungsinvestitionen vornehmen, auch drei bis fünf Schwellenwerte der Entwicklung schon erreicht haben, wo die Effizienz ihres Familienplanungsprogramms jedoch noch zu wünschen übrig läßt. Hierunter fallen die Philippinen, Thailand, die Türkei, Brasilien, Mexiko, Venezuela und Malaysia.

‚Möglich' ist der Übergang bis 2000 für Indien, Indonesien und Ägypten.

Für diesen Zeitraum ‚unwahrscheinlich' ist er für alle schwarzafrikanischen Staaten, für Marokko, Algerien, Bangladesch, Pakistan, Iran, Afghanistan. Dort herrschen noch

Geborenenziffern zwischen 40 und 50, Familienplanungsdienste existieren (mit Ausnahme Kenias und Ghanas auf niedrigstem Niveau und nur der Iran und Algerien erreichen beim Pro-Kopf-Einkommen ihre einzige Entwicklungsschwelle[305]).

Diese Struktur der Entwicklungschacnen bis zur Jahrtausendwende ergibt, daß der ‚neokonfuzianisch'-chinesische Kulturkreis in seiner bevölkerungsbezogenen Entwicklung am besten voranschreitet, daß dagegen lateinamerikanisch-,katholische' und ‚islamische' Nationalismen im asiatischen und nordafrikanischen Raum zwar Entwicklungsanstrengungen machen, zu einer effizienten Familienplanung aber noch nicht gefunden haben.

Das Problem Schwarzafrikas dürfte zum einen der niedrige Entwicklungsstand sein, zum anderen aber die hohe ethnische Heterogenität, die eine modernisierende, kulturelle Diffusion erschwert und Familienplanungserfolge beschränkt[306]).

Die Schwellen-Hypothese ist eine instrumentelle, operationelle Konsequenz des demographischen Übergangs und der neuen, bevölkerungsbezogenen Entwicklungspolitik, der die Weltbevölkerungskonferenz in Bukarest 1974 zum Durchbruch verholfen hatte: Entwicklung *und* Familienplanung müßten zum Zwecke des gesellschaftlichen Fortschritts, der Gesundheit für Mutter und Kind und zur Durchsetzung des Menschenrechts, daß allein die Eltern die Zahl ihrer Kinder bestimmen, integriert werden. Diese ‚Botschaft von Bukarest' gewinnt immer mehr an Boden.

Der in Bukarest von den Regierungsvertretern aller Staaten angenommene ‚Weltbevölkerungsaktionsplan' hat das ausdrückliche Ziel, „die Koordinierung der Bevölkerungsentwicklung mit ihrer wirtschaftlichen und sozialen Entwicklung zu fördern". In ihm wird aufgezeigt, wie Entwicklung zu bevölkerungspolitischen Zwecken eingesetzt werden kann[307]).

So wie die menschlichen Strebungen die Energiequelle in Systemen sozialer Evolution sind, so bedarf es im Bereich des generativen Verhaltens der ‚Motivation zur kleinen Familie', um auf der Basis dieses kombinierten, ‚dritten' Weges die gesellschaftliche Entwicklung herbeizuführen. Die Motivation zur Kleinhaltung der Familie beruht auf soziodemographischen Ereignissen, die nur in einem geplanten Zusammenwirken aus Familienplanung und Entwicklungsinvestitionen eintreffen:

– Die Senkung der Kindersterblichkeit erfordert ein organisiertes Gesundheitswesen, welches selbst für eine medizinisch-klinische Geburtenkontrolle die Voraussetzung ist.

– Die Ausweitung der Alphabetisierung und der Grundschulbildung besonders für Mädchen kann nur erfolgreich sein, wenn Investitionen im Bildungswesen nicht durch explodierende Jugendjahrgänge zunichte werden.

– In vielen Entwicklungsländern empfinden die Eltern den Schulbesuch ihrer Kinder als Bürde, weil ihnen während der Schulzeit die Kinder für Arbeit und sonstige Hilfs- oder gar Betteldienste fehlen. Sie müssen erst noch die Erfahrung machen, daß wenige ausgebildete Kinder die traditionellen ökonomischen Nutzenfunktionen besser erfüllen.

– Die erweiterte und verbesserte Schulausbildung der Mädchen leitet auch eine Änderung des Status der Frau in Entwicklungsländern ein. Sowie Frauen auch außerhalb der Hausfrauen- und Mutterrolle soziale Wertschätzung erlangen können, ist ein entscheidendes Motiv für Kleinhaltung der Familie gegeben.

– Steigende Berufsmöglichkeiten für Frauen und entsprechende Familienplanungsdienste wirken in eigentümlicher Weise zusammen, um das erstere nicht zu einem ungewünschten Zeitpunkt zu gefährden, wird letzteres benötigt. Hier müssen ökonomische Entwicklung und Familienplanung wieder Hand in Hand arbeiten.

Ein Problem, das im Zusammenhang mit der Motivationsfrage immer häufiger diskutiert wird, ist die extreme *soziale Ungleichheit* in Entwicklungsländern. Aus dem Bericht der Weltbank für das Jahr 1979 geht hervor, daß 20% der Bevölkerung in der Dritten Welt 55% des Nationaleinkommens an sich ziehen, während auf die untersten 20% der Einkommenspyramide nur 5% entfallen[308]). Ein großer Teil der Bevölkerungen ist vom Entwicklungsprozeß praktisch ausgeschlossen. Die ‚Erfolgsmodelle' Taiwan, Südkorea, Sri Lanka, Singapur und der indische Bundesstaat Kerala zeigen, daß Wirtschaftswachstum nur dort einen geburtensenkenden Effekt hat, wo auch die Masse der Bevölkerung am Wirtschaftswachstum Anteil hat – sei es durch steigende Einkommen und Beschäftigungsmöglichkeiten, sei es durch leichteren Zugang zu Grund und Boden und sozialen Diensten wie Gesundheit und Ausbildung[309]).

Die erfahrbare Teilhabe am sozialen Fortschritt und die berechtigte Hoffnung auf verbesserte Lebensumstände gehören zu den stärksten Motiven der Geburtenbeschränkung. Die sozioökonomische Seite der Bevölkerungspolitik ist hier in besonderem Maße gefordert. Für *A. J. Coale* kommt der demographische Übergang hier an einen entscheidenden Punkt: Das Erlebnis des sozialen Fortschritts veranlaßt Ehepaare, die Vor- und Nachteile eines zusätzlichen Kindes abzuwägen, denn die Beschränkung der Kinderzahl bzw. ihre Planung erhöht die Lebenschancen für Eltern und Kinder. Empfängnisverhütung wird erst dort akzeptiert, wo die Motivation zur Kleinfamilie schon Platz greifen konnte[310]).

Mit der Partizipation am sozialen und wirtschaftlichen Fortschritt schwindet auch der ökonomische Nutzen von Kindern und leitet bei fortschreitender Entwicklung jene Umkehrung des Unterhaltstransfers ein, nämlich von den Eltern zu den Kindern, der sich als starke Motivation zur Kleinfamilie herausgestellt hat.

Das Ergebnis dieser Vorgänge ist u. a. ein steigendes Heiratsalter, das nach neuesten Forschungen am wirksamsten den Geburtenrückgang in der Dritten Welt fördert[311]). *Mauldin* und *Berelson* stellten in der genannten Untersuchung fest, daß 35 bis 40% des in der Zeit von 1965 bis 1975 erfolgten Geburtenrückgangs auf den Anstieg des Heiratsalters bei Frauen zurückgeführt werden kann. Es ist auf steigende Bildung und Beschäftigungsmöglichkeiten sowie den Wunsch der Frauen, einen eigenen Status zu erringen, zurückzuführen. Das Heiratsalter ist deshalb ein zentraler Faktor der Bevölkerungspolitik, weil er – im Gegensatz zu vielen anderen Fruchtbarkeitsfaktoren – staatlich festgesetzt werden kann. Der große Vorsprung Chinas in antinatalistischer Politik gegenüber seinen ‚demokratischen Nachbarn', wie Indien beruht u. a. auf der Heraufsetzung des Heiratsalters von 28 Jahren für Männer und 25 Jahren für Frauen. Hier ist wiederum stark die sozioökonomische Investition gefordert: Es müssen Beschäftigungsmöglichkeiten geboten werden, die es lohnend erscheinen lassen, die Zeit bis zur Eheschließung produktiv zu verbringen und hinauszuschieben. Ist dies der Fall wird der Familienplanungsdienst aus eigenem Antrieb in Anspruch genommen.

Ist dieser Prozeß in Gang gekommen, senken sozioökonomische Entwicklungsschritte und Familienplanungsdienste in ihrer Wechselseitigkeit die Fruchtbarkeit und treiben – trotz Barrieren und Trendabweichungen – den demographischen Übergang seiner Vollendung entgegen.

Dem demographischen Übergang als sozialwissenschaftlicher Konzeption wurde mit großer Reserve begegnet. Als historisch-makrosoziologische Abstraktion struktureller Prozesse, die in Europa zu beobachten waren, kann er kein kausalanalytisches Schema sein, wie es dem Empirismus als Wissenschaftsideal vorschwebt. Die Konzeption kann keine logisch-deduzierbare Ereignisfolge beinhalten und jeder Versuch, bestimmte Bevölkerungsvorgänge mit sozialen Einzelphänomenen generalisierend verknüpfen zu wollen, führt zu mehr Enttäuschungen als gesicherten Erkenntnissen, geschweige denn zu Zukunftswissen. An eine historisch-soziologische Konzeption können weder Fragen im Sinne eines logischen

Empirismus noch eines technizistischen Positivismus gerichtet werden, weil sie für eine von raum-zeitlichen Sonderfällen durchsetzte „historische Dimension" zu kurz greifen werden. Da der demographische Übergang sowohl Fund wie Konstrukt einer ‚historischen Dimension' darstellt, ist er ohne ganzheitliche Kategorien in einem makro-evolutionären Schema nicht zu denken. Positivismus und Rationalismus, denen die ganzheitliche, epochenkritische Schule immer schon ein Greuel war[312]), kann die Bevölkerungswissenschaft dahingehend trösten, daß „Bevölkerung" ein positiver meßbarer Gegenstand wäre, der realitätsferne, kulturkritische Gedankenflüge zu bremsen wisse.

Die zentrale Frage, die sich aus der europäischen Bevölkerungsgeschichte ergibt, lautet: – welches sind die sozialen, kulturellen und personellen Mechanismen, die eine wachsende Bevölkerung den Erfordernissen einer allenfalls wachsenden, sich entwickelnden Gesellschaft „über kurz oder lang" anpaßt.

Der demographische Übergang in Europa liegt abgeschlossen vor uns, obwohl die historische Demographie noch weiterhin an ihm wirkt wie an einem bunten Teppich und hie und da noch auf Rätsel stoßen mag. Dem unablässigen Bemühen, den europäischen Übergang zu erforschen und die zeitlichen und quantitativen Folgen des Übergangs in der Dritten Welt abzuschätzen, ist es zu danken, daß die Konzeption an Substanz gewinnen konnte und als wissenschaftlicher Bezugsrahmen („Paradigma") auch für die Bevölkerungsbewegungen der Gegenwart unersetzlich geworden ist. Das ist deshalb bedeutsam, weil der Anpassungsprozeß, den die heutige Dritte Welt unter ungleich größerem Bevölkerungsdruck zu leisten hat, sich nur im Rahmen des demographischen Übergangs denken läßt. Es ist unbestritten, daß vom klassisch-europäischen Modell abgegangen werden muß, weil sich da die Bevölkerungsregulation ‚endogen', d. h. ausschließlich auf eigenständiger Entwicklung basierend, langfristig und auf niedrigem Wachstumsniveau vollzog – ein vergleichsweise günstiges historisches Schicksal, mit dem die Entwicklungsländer der Gegenwart nicht rechnen dürfen.

Die Diskussion darüber, welche Erfahrungen aus dem europäischen Übergangsgeschehen nutzbringend auf die Entwicklungspolitik der Gegenwart angewendet werden können, wird noch lange andauern. Exemplarische Standpunkte vertreten *N. Eberstadt* und wiederum *Knodel* und *van de Walle*. *Eberstadt* besinnt sich auf die sozialen Mechanismen in Europa, die auch ohne dezidierte Geburtenkontrolle zu mäßigem Fruchtbarkeitsniveau geführt hätten und rät nicht wie die antiwestliche Kapitalismuskritik zu allgemeiner Entwicklung und Neuverteilung des Weltreichtums, sondern zu Formen von Entwicklungshilfe, die Änderungen der Bevölkerungsstruktur nach sich ziehen[313]). Die Effizienz der Familienplanung würde auch erhöht werden, wenn Entwicklungsprojekte generell auf ihre Bevölkerungsrelevanz (population impact) überprüft und danach ausgerichtet werden.

Investitionen in die Armee erhöhen rein rechnerisch den technologischen Stand von Entwicklungsländern. Die Schaffung verarbeitender Industrie dagegen, die den Frauen Ausbildung und Beschäftigung ermöglicht, erhöht neben der Produktion zusätzlich das Heiratsalter und leitet gleichzeitig den Geburtenrückgang in den betreffenden Regionen ein.

Knodel und *van de Walle* äußern sich ebenfalls zu „Lektionen" aus dem europäischen Fruchtbarkeitsübergang für die Dritte Welt. Danach ist vom Standardmodell keinesfalls abzugehen, lediglich die Zeitvorstellungen, die sich mit dem europäischen Modell verbinden, werden gegenstandslos: „The underlying process seems similar but the pace faster[314])." Das Gesetzmäßige und Unumstößliche scheint also doch das stufenförmige Verlaufsmuster zu sein: analog der Spruchweisheit, daß die Natur keine Sprünge macht, kann dies offenbar auch für Bevölkerung als historisch gewordene Ganzheit gelten. Spekulationen über unendlich viele Übergangskombinationen dürfen in Vergessenheit geraten.

Selbst *D. J. Loschky* und *W. C. Wilcox*, die aus der formallogischen Kritik am Übergangsmodell sonst nicht herausfinden, halten den typologischen Stufenbau für entscheidend: Würde man diesen herausbrechen, so würde man unwillkürlich in den rohen Malthusianismus oder in Abstraktionen wie der logistischen Kurve zurückverfallen[315]).

Die theoretische Schwäche des Modells, über die Dauer der einzelnen Phasen nur Vermutungen anstellen zu können, wird dagegen zur Stärke in einem bevölkerungspolitischen Orientierungsrahmen: in einem solchen ergeben sich Aussagen über den Zeithorizont ohnehin zwingend aus der Planung. Offenbar nehmen aber auch die Erfahrungswerte über Dauer der Übergangsstadien unter kulturspezifischen Bedingungen zu. Die relative Kürze der Abschwungphase ist inzwischen verbürgt[316]).

Nach *Knodel* und *van de Walle* enthält das europäische Modell wesentliche Aussagen: Eine davon ist, daß sich der Übergang innerhalb von Sprach- und Kulturgrenzen vollzieht, was auch die „Schwellentheorie" der demographischen Entwicklung bestätigt[317]). Ein gewisses Aufsehen hat aber doch ihre Deutung des Mißerfolges erregt, den die Familienplanung in weiten Teilen der Dritten Welt hinnehmen mußte. Dieser wurde fälschlicherweise auf nicht gesunkene Kindersterblichkeit zurückgeführt und jener „conventional belief", daß konstant hohe Fruchtbarkeit eine Reaktion auf hohe Kindersterblichkeit sei, welche zuerst gesenkt werden müsse, um Interesse an Geburtenkontrolle zu wecken, bedürfe einer Revision, – ja das Gegenteil wäre richtig: ein Teil der hohen Kindersterblichkeit geht bereits auf das Konto brutaler Geburtenkontrolle, die mangels anderer Maßnahmen weitverbreitet war: Selbst Coitus interruptus war erstaunlich wenig bekannt und wenig benutzt in der Ehe, vor allem wegen patriarchalisch-mythischer Einstellungen, denen beide Geschlechter unterlagen. Das Ausmaß an Kinderarbeit und Kindesvernachlässigung in der heutigen Dritten Welt läßt den Schluß zu, daß die Frauen mehr Interesse an Kontrazeption haben als angenommen – jedenfalls mehr als ihre Männer. Ein breites Angebot von Kontrazeptiva, aus dem kulturkonforme Methoden selegiert werden können, muß den Geburtenrückgang beschleunigen. Diese Interpretation, die aus *Knodel* und *van de Walle* herausgelesen wird[318]), kann zu Mißverständnissen führen, zumal eine kulturbezogene Übergangstheorie wohl kaum hemmungslose Geburtenkontrollpropaganda würde begründen wollen. Nur während der Phase des starken und beharrlichen Rückgangs der ehelichen Fruchtbarkeit kann eine Forcierung von Kontrazeption und Geburtenkontrolle sinnvoll sein. Alle diese Erkenntnisse haben in die Formulierung einer Entwicklungspolitik, die zielsicher in jede Phase der irreversiblen Nachwuchsbeschränkungen mündet, einzufließen.

Alle Institutionen sind hier auf die ‚Botschaft von Bukarest' verwiesen, obwohl die Chancen und die Realität einer „integrierten Politik" vielfach skeptische Beurteilungen erfahren.

Schlußbemerkung

Die Chancen, seitens der Wissenschaft Entwicklungs- und Bevölkerungspolitik beeinflussen zu können, werden unterschiedlich beurteilt. Die Wissenschaft schätzt sich glücklich, wenn sie sich als Beweger und Wegweiser, wenigstens über Kurzstrecken, erkennen kann. Doch kommen auf die Bevölkerungswissenschaft bei der Anwendung des demographischen Übergangs, ja bei Bevölkerungspolitik überhaupt Probleme zu, die über das Demographisch-Technische weit hinausgehen: es ist die Konfrontation mit „Weltbildern" von Entwicklungsgesellschaften, in die sich das jeweilige demographische Bewußtsein von Nationen eingebettet findet. Es ist der Kulturanthropologie zu danken, daß sie auf Bevölkerung nicht nur als Ergebnis von Zählung und Messung, sondern auch als Mentalitätsprodukt aufmerksam macht: „A major determination of population size is the degree of evolutionary success or failure of that fuzzy cloud of unknowing which is a society's image of its own world-structure[319])."

Daß vorwissenschaftliche Deutungen und Selbsteinschätzungen das politische Handeln von Nationen und Einzelwesen, besonders in einem frühen Entwicklungsstadium, deutlicher prägen als schmale objektive sozialwissenschaftliche Erkenntnis, bedeutet eine Komplikation für eine Bevölkerungspolitik, und wirft die Frage auf, ob nicht in der ideologiekritischen Betrachtung nationaler Weltbilder die wesentliche Vorarbeit für Bevölkerungspolitik bestünde. Dies würde den Ablauf der Weltbevölkerungskonferenzen verständlich machen und erklären, warum die Staaten, die regelmäßig von den Vereinten Nationen um Definition ihrer demographischen Lage befragt werden, so unterschiedlich antworten, selbst wenn sie – objektiv gesehen – sich in der gleichen Lage befinden.

Es liegt auf der Hand, daß auf internationalen Bevölkerungskonferenzen, die ‚Botschaft von Bukarest' weniger von Daten getragen als von Weltbildern strapaziert wird und die versöhnende Konzeption, die sie darstellt, immer aufs Neue gefährdet.

Die angelsächsische Welt tendiert zu einem logischen Endzeitkalkül, einem „planetarischen Malthusianismus", wonach allein begrenzte Umwelt und Ressourcen das Bevölkerungswachstum bestimmen und Bevölkerung sich in den Grenzen nicht erneuerbarer Ressourcen zu halten hätte, um das „Überleben" am Planeten zu ermöglichen. Die Neigung, das Bevölkerungsvolumen der Subsistenzbasis unvermittelt und abstrakt gegenüberzustellen, ist hier unverkennbar.

Die Theorie, wonach allein Entwicklungspolitik und soziale Revolution den demographischen Übergang herbeiführten, hat ihre antikapitalistische (antimalthusianische) Tendenz beibehalten und scheint gegenwärtig in eine ebenso antiwestliche Umverteilungstheorie zu schlüpfen – unter dem Motto der „sozialen Gerechtigkeit". Unter ihren Vertretern finden sich so ungleiche Brüder wie lateinamerikanische nationalistische Intellektuelle, Kommunisten Osteuropas, um die Entwicklungsländer zu verstärkten Forderungen gegenüber dem Westen zu verleiten und selbst der Vatikan, um von Empfängnisverhütung und Geburtenkontrolle abzulenken.

Nach der „Social Theory of Demographic Transition"[320]) sinken Sterblichkeit und Fruchtbarkeit in dem Maße, in dem alle sozialen Segmente (Schichten und Gruppen) der Gesellschaft an Wachstum und Verbesserung der Lebensbedingungen teilhaben. Dies ist aber erst – jedenfalls im europäischen Vorbild – im Abschwung des Übergangs sichtbar. Die revolutionäre Ungeduld dieses Ansatzes zeigt sich darin, daß er die Errungenschaften, die am Ausklingen des demographischen Übergangs winken, schon in die eigentliche

Übergangsphase vorverlegen will, wo die ökonomische Belastung jeder Entwicklungsgesellschaft am größten ist.

Selbst das gegenwärtige Bestreben, im Rahmen der Neuen Weltwirtschaftsordnung auch das Verhältnis von Bevölkerungswachstum, Ressourcen, Technologie einzufügen, droht gegenüber Verteilungskämpfen und ökonomischen Forderungen ins Hintertreffen zu geraten[321]).

Diese Gefahren sollen keinesfalls verdecken, daß mit der Konzeption des demographischen Übergangs eine weltpolitische Orientierungshilfe geschaffen ist, an der weiterzuarbeiten die Bevölkerungswissenschaft aufgerufen ist. Die Vereinten Nationen (UN Fund for Population Activities/UNFPA) beriefen 1977, drei Jahre nach der Bukarester Konferenz, ein Expertentreffen über den Stand des demographischen Übergangs in Abhängigkeit von der sozioökonomischen Entwicklung der Dritten Welt ein, da die Konzeption bereits in den Entwicklungsabteilungen der Sonderorganisationen als ‚general conceptual framework' Verwendung findet[322]).

Auf ihrer 20. Session im Jahre 1979 hat die UN-Bevölkerungskommission verlangt, daß den bevölkerungspolitischen und bevölkerungsrelevanten Maßnahmen innerhalb der nationalen Entwicklungspläne mehr Prioritäten eingeräumt werden sollte. An die Länder der Dritten Welt erging ein Katalog von Vorschlägen, mit deren Beachtung sie Entwicklungsziele rascher erreichen könnten. Die wesentlichsten Punkte betreffen die Einbeziehung der Frau in den gesamten Entwicklungsprozeß und ihre größere Teilnahme am Bildungsprozeß, in Beschäftigung und öffentlichem Leben; eine gerechtere Verteilung des Einkommens und von Grund und Boden sowie der sozialen Dienstleistungen, Beseitigung der Kinderarbeit und staatlicher Festlegung eines Mindestheiratsalters[323]).

In Mittel- und Nordeuropa ist der demographische Übergang Geschichte und wenn man ihn in den Zeitraum der sozialen Evolution dieses Raumes stellt, dann umfaßt er nur eine kurze Zeitspanne, wenn auch mit gravierenden Folgen. Die immer stärkere Einbindung der südeuropäischen Staaten in die europäische Entwicklung hat auch sie in den 70er und noch mehr in den 80er Jahren in die geburtensenkende Abschlußphase gebracht.

1984 konnte seit der Bukarester Konferenz 1974 wieder eine „Internationale Bevölkerungskonferenz" von den Vereinigten Nationen in Mexiko City ausgerichtet werden. Auf ihr hat sich gezeigt, daß die vorangegangenen Nord-Süd-Verhandlungen und die damit verbundene realistischere Einschätzung der Entwicklungsmöglichkeiten, vor allem des Tempos, zu einer abgeklärteren Haltung zum Thema Bevölkerung und Entwicklungspolitik geführt haben. Der Kolonialismus-Vorwurf trat deutlich hinter den Aufweis der lokalen Schwächen in der Dritten Welt zurück. Die demonstrative Härte, die die Volksrepublik China in ihrer Geburtenkontrolle an den Tag legt, hat der Bevölkerungspolitik viel von ihrem imperialistischen Schreckensbild genommen. Auf der anderen Seite haben hoffnungsvolle Länder auf dem Entwicklungswege große außen- und finanzwirtschaftliche Schlappen erlitten („Schuldenkrise der Schwellenländer"). Das hat erneut die Notwendigkeit einer Kombination von Bevölkerungspolitik und wirtschaftlicher Investition in der Dritten Welt vor Augen geführt. Die Weltbank hat sich nachdrücklich dafür ausgesprochen und sie zur eigenen Politik erklärt.

Die beobachteten Geburtenrückgänge in Entwicklungsländern, ob sie rasch voranschreiten wie in Ostasien, oder sich als zähe, nur mühsam zu verändernde Größe erweisen, wie in Indien, in arabischen und lateinamerikanischen Staaten, führen zu laufender Modifikation und Erkenntnisgewinn an dieser Konzeption, die eine entscheidende Wende in der Geschichte der Menschheit in Forschung und Praxis begleiten wird.

Summary

The theory of demographic transition is the most influential and perhaps the only population theory which integrates the knowledge relating to population development in the past and the future into a general frame of reference. Demographic transition is a discovery of the 20th century which, after hesitant and rather vague beginnings, has proved itself as a thinking model ("paradigm") of social science and social demography, covering all relevant phenomena and problems, and which in itself on account of its comprehensiveness and effectuality would suffice to dethrone (raw) Malthusianism.

The work expounds on a (population-) sociological basis the origin, development/maturing and the epistemological value of the theory of demographic transition. The method serving as a paradigm was the German historical-sociological population theory, for which population represents "a spatially oriented social process" and which sees a connection between changes in reproductive structures (demographic régimes) on the one hand and the general changes in social and cultural respects on the other.

It is only since a few years that there has existed an overall picture of demographic transitional developments in Europe. The growing trend of making inter-cultural comparisons, particularly with respect to population movements in the Third World, is conducive to the consolidation of the cognitive basis of demographic processes and permits the practical application to the Third World, i.e., as far as development work and population policies are concerned.

The historically orientated social analysis, above all with regard to the declining birth rates in the past and the present, leads to the realization that social development and completion of the demographic transition are linked by an inseparable, but also ambiguous and difficult-to-foresee relationship.

This deprives the demographic transition of the character of a strict theory and rather lends it the character of a flexible conception, i.e., a framework of orientation for population-related problems of the present.

The irrefutable part of the demographic transition model is the sequence of transitional levels, while the question relating to the duration of the individual transitional levels/phases is a spatially and time-oriented cultural specific. As far as the Third World is concerned, where effective fertility brakes as we know them in Europe are lacking, the following has to be noted: because of the historically unique population growth, the Third World is in need of development investments with a "population impact": this would, in accordance with the European pattern (higher age at marriage), lower the natural fertility, and would advance "with all means available" the phase of the fertility transition with family planning and limitation of progeny. The differences between Old Europe and today's Third World lie in the pace and in the very much greater quantities, which the developing countries in the course of the demographic transition have to reckon with and – most probably with outside help – will have to control.

The dimension of demographic transition as related to development policies gained significance for the first time in the so-called "Bukarest Manifesto" of 1974, which recommended an integration of population policies into the general development schemes in the Third World as the proper course to follow. The precarious social world situation and the continuing population growth up to the end of the next century make the refinement of knowledge of demographic transitional developments the most pressing task of population science.

Résumé

La théorie de la transition démographique est la théorie démographique la plus influente, sinon la seule, permettant de replacer dans un cadre de rapports général les connaissances relatives au développement de la population dans le passé et à l'avenir. La transition démographique est une découverte du 20ème siècle qui, après des débuts hésitants et flous, s'est avérée un modèle de pensée couvrant les phénomènes et les problèmes („paradigme") des sciences sociales et de la démographie sociale, suffisamment compréhensif et efficace pour détrôner le malthusianisme (primitif).

L'oeuvre analyse, sur une base sociologique (démographique), l'origine, l'évolution/la maturation et la valeur épistémologique de la théorie de la transition démographique. Comme méthode de pensée y servait la théorie démographique historico-sociologique allemande pour laquelle la population est un „événement social dans l'espace" et qui considère l'évolution des structures génératrices (des régimes démographiques) comme étant en rapport avec l'évolution sociale et culturelle générale.

Depuis quelques années seulement, il existe une vue d'ensemble des événements de la transition démographique en Europe. La comparaison interculturelle croissante, surtout des mouvements de la population dans le Tiers monde, permet une consolidation de la base des connaissances sur les processus démographiques et une application au Tiers monde à des buts pratiques, c'est-à-dire dans la politique du développement et de la population.

L'analyse historico-sociale, surtout de la dénatalité dans le passé et à l'époque actuelle, débouche sur la constatation que l'évolution sociale et l'achèvement de la transition démographique se trouvent dans un rapport inséparable, mais aussi ambigu et difficile à prévoir.

Cela enlève à la transition démographique le caractère de la théorie stricte, lui donnant le caractère de la conception flexible, d'un cadre d'orientation pour les problèmes de la population de l'époque actuelle.

La partie péremptoire du modèle de la transition démographique est la succession d'étapes de la transition, alors que la question de la durée des différentes étapes/phases de la transition est un spécifique culturel dans l'espace et le temps. Pour le Tiers monde où les principaux freins à la fécondité font encore défaut que nous trouvons en Europe, on peut en relever ce qui suit: en raison de l'accroissement de la population unique dans l'histoire, le Tiers monde a besoin d'investissements de développement ayant un „impact démographique": cela diminuerait la fécondité naturelle à l'exemple européen (âge au mariage plus élevé) et avancerait la phase de la transition de la fécondité grâce au planning familial/à la limitation de la progéniture „par tous les moyens". Les différences entre la vieille Europe et l'actuel Tiers monde se manifestent dans la vitesse et les quantités bien plus grandes auxquelles les pays en voie de développement doivent s'attendre et qu'ils doivent contrôler – probablement à l'aide de tiers – au cours de la transition démographique.

La dimension de la transition démographique sur le plan de la politique de développement a pris de l'importance pour la première fois dans ce que l'on appelle le „Message de Bucarest" de 1974 où est recommandée comme la bonne voie une intégration de la politique démographique dans les projets de développement généraux dans le Tiers monde. La situation sociale précaire du monde et l'accroissement continu de la population jusqu'à la fin du siècle prochain demandent une plus grande subtilité des commaissances du déroulement de la transition démographique et en font la tâche prépondérante de la démographie.

Anmerkungen

[1]) *P. K. Landis; P. H. Hatt,* Population Problems — A Cultural Interpretation, New York 1954, S. 2
[2]) *C. Goldscheider,* Population, Modernization, and Social Structure, Boston 1971, S. 3
[3]) Es soll nicht unerwähnt bleiben, daß auch der Begriff „Bevölkerung" einen Bedeutungswandel mitgemacht hat. In den absoluten Fürstenstaaten des 18. Jahrhunderts bekommt eine Frühform bevölkerungswissenschaftlichen oder genauer bevölkerungspolitischen Handelns einen ersten Namen: „Populationistik". Darunter verstand man alle Maßnahmen der „Populierung" oder Volkreichmachung einer Stadt oder eines (meist neu erworbenen) Landstrichs. „Bevölkerung" wurde damals noch in seiner ursprünglichen aktiven Wortbedeutung gebracht, während man heute darunter „Bevölkerungsstand" versteht. Vgl. *P. Mombert,* Bevölkerungslehre, Jena 1929 (dort Passagen zu J. J. Becher, 1625–1685, S. 138 f.); *J. Schmid.* Einführung in die Bevölkerungssoziologie, Reinbek 1976, S. 19 f.
[4]) *K. M. Bolte,* Bevölkerungssoziologie und soziologische Bevölkerungslehre, in: Wörterbuch der Soziologie, (Hrsg.: *W. Bernsdorf*), Frankfurt/M. 1972, Band 1, S. 111–115; vgl. auch K. Mayer, Bevölkerungslehre und Demographie, in: *R. König* (Hrsg.), Handbuch der empirischen Sozialforschung, Stuttgart (Enke), 3. Aufl., Bd. 1, 1974
[5]) *N. B. Ryder,* Notes on the Concept of a Population, in : Am. J. of Sociol., Vol. 69, 1964, S. 448
[6]) Trotz des geringen Bevölkerungswachstums in dieser Phase der Menschheitsgeschichte (nahe am Nullwachstum), darf nicht übersehen werden, daß die Wachstumsrate starken Schwankungen ausgesetzt war und Phasen schnellen und langsamen Wachstums und der Bevölkerungsstagnation oft rasch aufeinander folgten; vgl. dazu W. Petersen, Population, New York — London (Macmillan) 1975, 3. Aufl.
[7]) *E. S. Deevey jr.,* The Human Crop, in: Scientific American, Sept. 1960; vgl. *A. Desmond,* How Many People have ever Lived on Earth?, in: *St. Mudd* (ed.) The Population Crisis and the Use of World Resources, Bloomington, Ind. 1964, S. 27 ff.; *N. Keyfitz,* How Many People have lived on the Earth in: Demography, Vol. 3, Nr. 2, 1966
[8]) *J.-N. Biraben,* Essai sur l'Evolution du Nombre des Hommes. In: Population, Vol. 34, 1979, S. 13–25
[9]) *A. Sauvy,* Malthus et les deux Marx (Le problème de la faim et de la guerre dans le monde), Paris 1963, S. 18 f.

Die *„Geborenenziffer"* errechnet sich folgendermaßen:

$$\frac{\text{Lebendgeborene eines Jahres (ohne Totgeburten)}}{\text{Bevölkerung zur Mitte des Jahres}} \times 100$$

Analog errechnet sich die „Sterbeziffer", indem die Sterbefälle des betreffenden Jahres eingesetzt werden.

[10]) Nach übereinstimmendem Urteil von Kulturanthropologen hätten die natürlichen Sterbefälle nicht ausgereicht, die Überlebenden im Rahmen des Nahrungsspielraums zu halten. Der Steinzeitmensch hätte schon mit Tötungsritualen dieser Balance nachhelfen müssen. Vgl. *R. B. Lee; I. De Vore* (eds.), Man the Hunter, Chicago (Aldine) 1968; ebenso gilt Abtreibung als das älteste Mittel der Geburtenkontrolle. Vgl.: *G. Devereux,* A Typological Study of Abortion in 350 Primitive, Ancient and Pre-industrial Societies, in: *H. Rosen* (ed.), Abortion in America, Boston (Beacon Press) 1967
[11]) *A. Sauvy,* ibid.
[12]) Es ist bedauerlich, daß das erdrückende Kulturanthropologische Material zum demographischen Verhalten noch nicht hinreichend in die Bevölkerungssoziologie inkorporiert werden konnte. Die Darstellung dessen, was dadurch an ‚idealtypischen Vorurteilen' zur Bevölkerungsgeschichte revidiert werden müßte, würde den Rahmen dieses Kapitels sprengen; vgl. Josef Schmid, Bevölkerung und Ökologie, Wiesbaden (Bundesinstitut für Bevölkerungsforschung) 1983, unveröff. Manuskript
[13]) *W. Köllmann,* Zur Bevölkerungsentwicklung der Neuzeit; *H.-J. Teuteberg,* Zur Frage des Wandels der deutschen Volksernährung durch Industrialisierung, beide in: R. Koselleck (Hrsg.), Studien zum Beginn der modernen Welt, Stuttgart 1977, S. 68–96
[14]) *M. R. Reinhard; A. Armengaud,* Histoire Générale de la Population Mondiale, Paris 1961, S. 126; hier nach D. Bogue, Principles of Demography, New York 1969 S. 57

[15] Dieses Wachstum weist m. a. W. einen ‚hohen Bevölkerungsumsatz' auf. Das Wachstumsmerkmal ‚Bevölkerungsumsatz' hat *Hans Linde* entdeckt: er bezeichnet ihn als arithmetisches Mittel aus Geburten und Sterbefällen in räumlicher und zeitlicher Begrenzung.

[16] *G. Mackenroth*, Bevölkerungslehre, a.a.O., S. 441; vgl. auch den klärenden Artikel von *W. Köllmann*, Gesellschaftliche Grundlagen der Bevölkerungsbewegung, in: *F.-X. Kaufmann* (Hrsg.), Bevölkerungsbewegung zwischen Quantität und Qualität, Stuttgart 1975, S. 20—29

[17] *E. K. Wilson,* Sociology (Rules, Roles and Relationships) Homewood, Ill., 1971, S. 42 f.

[18] *E. S. Zimmermann,* World Resources and Industries, New York 1951, S. 15

[19] Die Bevölkerungswissenschaft spricht in dem Fall von „Lastenquotient": Er errechnet sich aus der Bevölkerung der abhängigen Jahrgänge (Jugend unter 15/20 + Alter über 60/65) dividiert durch die Erwerbsbevölkerung (15/20 — 60/65) × 100.
Die „Geschlechterproportion" gibt die Zahl der Männer auf 100 Frauen einer Bevölkerung zu einem bestimmten Zeitpunkt an: (Pm/Pw · 100)
Sie kann auch für ausgewählte Jahrgänge erstellt werden.

[20] 1650 aus United Nations, The World Population Situation in 1970, New York 1971, S. 46; 1950 und 1975 aus United Nations, World Population Prospects as Assessed in 1973 (ST/ESA/SER.A/60), New York 1983 und 2000 aus „1983 World Population Data Sheet" — ed. Population Reference Bureau, Washington, D.C. 1983.

[21] *A. Sauvy,* Malthus et les deux Marx, a.a.O., S. 74

[22] Vgl.: *H. Gille,* The Demographic History of the Northern European Countries in the Eighteenth Century, in: Population Studies, Vol. 3, 1949, S. 3—65; *G. Fidlizius,* Sweden, in: *W. R. Lee* (ed.), European Demography and Economic Growth, New York 1979, S. 340—404

[23] *H. J. Habakkuk,* English Population in the Eighteenth Century, in: Economic History Review, Vol. 6, Dec. 1953, zit. in: United Nations (UN), The Determinants and Consequences of Population Trends, Vol. I, New York 1973, S. 25

[24] *A. Sauvy,* La Population, Paris 1975, S. 81 f.
Diese Erfahrung von Generationen von Franzosen, daß das Bevölkerungswachstum der europäischen Nachbarn, besonders der Deutschen, bei ihnen ausbleibt, hat ein nationales Trauma begründet, dem Frankreich seit über einem halben Jahrhundert mit bevölkerungspolitischen Maßnahmen zu begegnen trachtet.

[25] *P. R. Cox,* Demography, London 1959, S. 248

[26] *C. Lévy; L. Henry,* Ducs et Pairs sous l'Ancien Régime. Caractéristiques demographiques d'une Caste, in: Population, Vol. 15, 1960, S. 807—830; *Th. H. Hollingsworth,* A Demographic Study of British Ducal Families, in: Population Studies, Vol. 11, Juli 1957, S. 4—26

[27] ‚Industrialisierung' als komplexes Syndrom ist Gegenstand späterer Erörterungen.

[28] Wegen der langen territorialen Zersplitterung Deutschlands waren Angaben zur vorindustriellen Bevölkerung immer umstritten; Volkszählungen setzten aber Mitte des 18. Jahrhunderts in Österreich, Preußen, Mecklenburg und Bayern ein. Vgl. *W. R. Lee,* Introduction, zu *W. R. Lee* (ed.), a.a.O., S. 10—26; *W. Köllmann,* Grundzüge der Bevölkerungsgeschichte Deutschlands im 19. und 20. Jahrhundert, in: Studium Generale, Bd. 12, 1959; knappe und übersichtliche Darstellung der deutschen Bevölkerungsgeschichte, vgl. *K. M. Bolte; D. Kappe,* Struktur und Entwicklung der Bevölkerung, Opladen 1967, S. 24 ff.

[29] Zur deutschen Bevölkerungsentwicklung vgl. *R. v. Ungern-Sternberg; H. Schubnell,* a.a.O.; *G. Mackenroth,* a.a.O., Kap. I und II; *W. Köllmann; P. Marschalk* (Hrsg.), Bevölkerungsgeschichte, a.a.O.; *J. Schmid,* Einführung in die Bevölkerungssoziologie, a.a.O., S. 283 ff.; *K. M. Bolte; D. Kappe; J. Schmid,* Bevölkerung (Statistik, Geschichte und Politik des Bevölkerungsprozesses), Opladen 1980, Kap. 4

[30] *L. Henry,* La fécondité naturelle: Observation, théorie, resultats, in: Population, Vol. 16, No. 4, 1961, S. 625—635; *H. Leridon; J. Menken* (eds.), Natural Fertility/Fécondité Naturelle, Liège (IUSSP), B-Dolhain 1979

[31] Das Studium der Bevölkerungsveränderungen, vor allem der Geburtenrückgänge wurde vom Office of Population Research an der Princeton University N.J. gestartet. Ausgangspunkt war *A. J. Coale,* The Decline in Fertility in Europe from the French Revolution to World War II, in: *S. J. Behrman; L. Corsa Jr.; R. Freedman* (eds.), a.a.O.; dann folgten *M. Livi Bacci,* A Century of Portuguese Fertility, Princeton N.J., 1971; *J. E. Knodel,* The Decline of Fertility in Germany, 1871—1939, Princeton N.J. 1974; *E. van de Walle,* The Female Population of France in the Nineteenth Century, Princeton N.J. 1974; *J. E. Knodel; E. van de Walle,* Europe's Fertility

Transition: New Evidence and Lessons for Today's Developing World, in: Population Bulletin, Vol. 34, Nr. 6, Feb. 1980, S. 1–41; *A. J. Coale; B. Anderson; E. Harm,* Human Fertility in Russia since the Nineteenth Century, Princeton N.J. 1979; exemplarisch auch: *P. Demeny,* Early Fertility Decline in Austria-Hungary: A Lesson in Demographic Transition, in: Daedalus, Vol. 97, 1968

[32]) *R. Mackensen,* Theoretische Erwägungen zur Vielgestaltigkeit des „Demographischen Übergangs", in: *W. Köllmann; P. Marschalck* (Hrsg.), Bevölkerungsgeschichte, Köln 1972, S. 76–83

[33]) *A. Gräfin zu Castell Rüdenhausen,* Die Überwindung der Armenschule (Schülerhygiene an den Hamburger öffentlichen Volksschulen im Zweiten Kaiserreich), in: Archiv für Sozialgeschichte, Bd. XXII (1982), Bonn, S. 201–226.

[34]) Der Wert des menschlichen Lebens in einzelnen Sozial- und Bevölkerungsstrukturen wurde untersucht von *A. Sauvy,* Coût et Valeur de la Vie Humaine, Paris 1977.

[35]) *J. Knodel; E. van de Walle,* Europe's Fertility Transition... a.a.O.; *A. E. Imhof,* Die gewonnenen Jahre, München 1981.

[36]) Repräsentative Werke der Bevölkerungsstatistik sind: *G. Feichtinger,* Bevölkerungsstatistik, Berlin–New York 1973; *G. W. Barclay,* Techniques of Population Analysis, New York 1958; *H. S. Shryock/J. S. Siegel,* The Methods and Materials of Demography, New York – San Francisco – London 1976; *O. Taeuber,* Census, in: *D. L. Sillets* (ed.), Encycl. of the Soc. Sciences, New York 1968, Vol. 2, S. 360–364; United Nations, Principles and Recommandations for a Vital Statistics System (ST/STAT/SER.M/19/Rev. 1), New York 1973; United Nations, Towards a System of Social and Demographic Statistics (ST/ESA/STAT/SER.F/18), New York 1975.

[37]) *J. Pfanzagl,* Allgemeine Methodenlehre der Statistik, Bd. 1, Berlin 1965, Kap. 7.

[38]) Errechung des prozentualen Zuwachsfaktors (r) für ein Jahresintervall nach $r = B_2 - B_1/B_1 \times 100$; der durchschnittliche Zuwachsfaktor (r) für mehrere Jahre errechnet sich nach $r = \sqrt[n]{B_2/B_1} - 1$; wobei B_1 wieder der Bevölkerungsstand des Ausgangsjahres, B_2 die Bevölkerungszahl nach dem Endjahr und n der Jahresabstand zwischen B_1 und B_2 ist.

[39]) *K. M. Bolte; D. Kappe; J. Schmid,* Bevölkerung – Statistik, Geschichte, Theorie und Politik des Bevölkerungsprozesses, Opladen 1980; die dort vorgenommene Begriffsänderung hatte schon *Alfred Sauvy* 1959 vorgeschlagen (Théorie Générale de la Population, Paris 1959, Vol. II: Biologie Sociale).

[40]) Es sei hier auf die weitreichende Anwendung der ‚Vertafelung' verwiesen, die sich für Größen mit Zugang und Abgang eignet. Neben der ‚Sterbetafel' für die Gruppe der Überlebenden können ‚Heiratstafeln', ‚Ehedauertafeln' und ‚Fruchtbarkeitstafeln' erstellt werden. Letztere berechnet für eine Generation von 100 000 Frauen, die ehelich und unehelich geborenen Kinder und die Kinderzahlen pro Ehe bei verschiedenem Heiratsalter und verschiedener Ehedauer. Es handelt sich um eine ‚kombinierte Tafel' mit hohem Daten- und Rechenaufwand. Methodische Hinweise, Kritik und weiterführende Literatur sind zu finden in *Höhn, Charlotte,* Der Familienzyklus – Zur Notwendigkeit einer Konzepterweiterung; Schriftenreihe des Bundesinstituts für Bevölkerungsforschung, Band 12; Boppard: Boldt, 1982.

[41]) Bei Naturvölkern, deren soziale Ordnung durch unmittelbaren und starken Kontakt mit modernen Gesellschaften zerstört wird, ist dies nicht immer der Fall. Bei Indianerstämmen nehmen in diesem Fall Alkoholismus und Selbstmordraten zu.

[42]) Siehe Kap. III, 4.

[43]) *B. S. Phillips,* Sociology: Social Structure and Change, Boston 1969, S. 237.

[44]) Vgl. die Statistischen Jahrbücher der Bundesrepublik Deutschland.

[45]) Ausnahmen bilden Regionen, in denen die genannte ‚Erbteilung' die Idee der Geburtenkontrolle fördert; in diesem Fall kann auch die Landregion zur Quelle kultureller Diffusion werden, vgl. *H. J. Habakkuk,* Family Structure and Economic Change in Nineteenth Century Europe, in: The Journal of Economic History, Vol. XV, No. 1, 1955, S. 1–12.

[46]) *H. Linde,* Die Bedeutung von Th. Robert Malthus für die Bevölkerungssoziologie, in: Ztschr. f. d. gesamte Staatswiss. Bd. 118, 4., 1962, S. 705–720, hier S. 714.

[47]) *K. Marx,* Das Kapital I, S. 660 (MEW Bd. 23).

[48]) *G. Mackenroth,* Bevölkerungslehre, in: *A. Gehlen; H. Schelsky* (Hrsg.), Soziologie, Köln – Düsseldorf 1955, S. 68.

[49]) *K. M. Bolte,* Bevölkerungssoziologie und soziologische Bevölkerungslehre, in: W. Bernsdorf (Hrsg.), Wörterbuch der Soziologie, Frankfurt/M. (Fischer TB) 1972, Bd. 1, S. 114.

[50]) *F. Lorimer,* The Development of Demography, in: Hauser/Duncan, a.a.O., S. 158 f.

[51]) *D. Bogue,* Principles of Demography, New York – London – Sidney – Toronto 1969.

⁵²) *H. Linde,* Die Bedeutung von TH. Robert Malthus, a.a.O., S. 706.
⁵³) *H. Schubnell,* Die Bedeutung der Demographie für Raumordnung und Raumforschung aus der Sicht des Demographen, in: Deutsche Akademie für Bevölkerungswissenschaft an der Universität Hamburg (Hrsg.), Ausgewählte Themen zu den räumlichen Aspekten der Demographie, Hamburg (Akademie-Veröffentlichungen Reihe A, Nr. 14) 1970, S. 10.
⁵⁴) *H. Schubnell,* a.a.O., S. 10.
⁵⁵) *K. Davis,* Human Society (1949), hier nach New York – London 1966; *K. Davis,* Social Demography, in: B. Berelson (ed.), The Behavioral Sciences Today, New York – London 1963, S. 204–221; *Th. R. Rod; G. F. de Jong* (eds.), Social Demography, Englewood Cliffs, N.J. 1970; *K. E. Täuber; L. L. Bumpass; J. A. Sweet* (eds.), Social Demography, New York – San Francisco – London 1978.
⁵⁶) *K. Davis,* Human Society, a.a.O., S. 551 f.
⁵⁷) *J. Matras,* Introduction to Population – A Sociological Approach, Englewood Cliffs, N.J. 1977, S. 13.
⁵⁸) *C. Goldscheider,* Population, Modernization and Social Structure, Boston 1971, S. viii.
⁵⁹) *D. Bogue,* Principles of Demography, New York etc. 1969, S. 2.
⁶⁰) United Nations, Multilingual Demographic Dictionary, New York 1958, S. 3.
⁶¹) *G. Mackenroth,* Bevölkerungslehre, in: *Gehlen;Schelsky,* a.a.O., S. 69; Nach dem Zeugnis von *H. Linde* wurden *G. Ipsen* und *G. Mackenroth* von dem Gedanken getragen, das bei *K. Marx* fehlende Kapitel über Bevölkerung zu liefern. In gewisser Hinsicht muß dies als gelungen bezeichnet werden, wenn die Autoren sich auch nicht der marxistischen Terminologie befleißigt hatten. *Mackenroth* schrieb im Stile der historischen Ökonomie und klassischen Soziologie, *G. Ipsen* benutzt die Sprache des nationalen Romantizismus; *H. Linde,* der sein Mitarbeiter war, erkennt darin Sprachmuster der Jugendbewegung, *R. Mackensen* sogar die des „idealistischen Rassismus".
⁶²) *A. Landry,* Les Trois Théories Principales de la Population (1909), abgedr. in: derselbe, La Révolution Démographique: Etudes et Essais sur les Problèmes de la Population, Paris 1934.
⁶³) Diese Gedanken hat *A. Landry* in einer späteren Publikation ausgeführt: *A. L.* et al., Traité de Démographie, Paris 1949, S. 535–547, vgl. dazu UN, The Determinants and Consequences, a.a.O., Vol. 1, S. 58. Im Anschluß an *A. Landry* wird das Übergangsgeschehen häufig als „demographische Revolution" bezeichnet, so u. a. von *Wilbert E. Moore.*
⁶⁴) *W. S. Thompson,* Population, in: Am. J. of Sociol., Vol. 34, Nr. 6, Mai 1929, S. 959–975.
⁶⁵) Ibid., S. 971.
⁶⁶) Vgl. *E. Charles:* „There is now Real Danger of Underpopulation" (aus: The Twilight of Parenthood, 1936).
⁶⁷) *W. S. Thompson,* Plenty of People, New York 1948; ders., Population and Peace in the Pacific, Chicago 1946; *Kingsley Davis,* The Population of India and Pakistan, Princeton, N.J. 1951; ders., The World Demographic Transition (1945), abgedr. in: ders., Human Society, New York 1949; ders., Sozialer Wandel und internationale Beziehungen, in: *W. Zapf* (Hrsg.), Theorien des sozialen Wandels, Köln-Berlin 1969, S. 484–499; *Ph. M. Hauser* (ed.), Population and World Politics, 1958.
⁶⁸) *C. P. Blacker,* Stages in Population Growth, in: The Eugenics Review, Vol. 29, Oct. 1947, S. 88 (vom Verf. übers.).
⁶⁹) Gelegentlich wird die Blacker'sche „späte Wachstumsphase" (3.) noch in eine a) mittlere (Geburten leicht fallend/Sterbewerte rasch fallend) und eine b) späte (rasch fallende Geburtenwerte/bereits niedrige Sterbewerte) geteilt.
⁷⁰) *C. P. Blacker,* ibid., S. 100 f.
⁷¹) *F. W. Notestein,* Population – The Long View, in: Th. W. Schultz (ed.), Food for the World, Chicago 1945, S. 36–57; ders., The Population of the World in the Year 2000, in: Journal of the American Statistical Association, Washington, D.C., Vol. 45 (1950), Nr. 251, S. 335–345; ders., Economic Problems of Population Change (8th Internat. Conference of Agricultural Economics, 1953), abgedr. in: *J. Overbeek* (ed.), The Evolution of Population Theory, Westport/Conn. – London 1977, S. 140–152; ders., „Eine Geburtenbeschränkung würde das wirtschaftliche Wachstum erleichtern", in: Unesco-Kurier (15) 1974, Nr. 5, S. 22 ff.
⁷²) Vgl. *R. B. Vance,* The Demographic Gap: Dilemma of Modernization Programs, in: Approaches to Problems of High Fertility in Agrarian Societies, Milbank Memorial Fund, 1952, S. 9–17; *Ph. M. Hauser* (ed.), The Population Dilemma, Englewood Cliffs, N.J. 1969, 2. ed.
⁷³) Die Notestein'sche Terminologie hat sich im angelsächsischen Raum durchgesetzt und wurde zur

Charakterisierung des Wachstums- und Übergangsstadiums benutzt; vgl. *R. Thomlinson,* Population Dynamics, New York 1965; *J. Matras,* Population and Societies, Englewood Cliffs, N.J. 1973; *Kingsley Davis,* a.a.O.; etc. Die Blacker'sche Einteilung dient weiterhin zur besonderen Feingliederung der Übergangstypen.

[74] *F. W. Notestein,* The Population of the World in the Year 2000, in: Journal of the American Statistical Association (Washington, D.C.), Vol. 45 (1950), Nr. 251 (September), S. 335.
[75] *F. W. Notestein,* The Population of the World in the Year 2000, a.a.O., S. 335.
[76] *F. W. Notestein,* The Population of the World ... (1950), a.a.O., S. 344.
[77] *M. A. Vinovskis,* Demographic History and the World Population Crisis, New York 1976, S. 41 ff.; *K. Davis,* Sozialer Wandel ..., in: *Zapf,* a.a.O.
[78] *F. W. Notestein,* Economic Problems ... a.a.O., S. 140.
[79] *S. F. Hartley,* Population – Quantity vs. Quality (a sociological examination of the causes and consequences of the population explosion), Englewood Cliffs, N.J., 1972, S. 299.
[80] *J. R. Weeks,* Population – An Introduction to Concepts and Issues, Belmont, Calif. 1978, S. 29 (vom Verf. übers.).
[81] Zum Verhältnis von Konzepten und Theorien in der Soziologie vgl. *J. Hage,* Techniques and Problems of Theory Construction in Sociology, New York etc., 1972.
[82] *P. Demeny,* Early Fertility Decline in Austria-Hungaria: A Lesson in Demographic Transition, in: Daedalus, Vol. 97, 1968, S. 502.
[83] *C. Goldscheider,* a.a.O., S. 14.
[84] Dieser von *Goldscheider* vorgebrachte Mangel scheint durch einige bedeutende Beiträge über ‚Migrationsmuster im demographischen Übergang' behoben: *J. W. Bennett,* The Ecological Transition (Cultural Anthropology and Human Adaptation), New York etc. 1976, S. 119 f.; *W. Zelinsky,* The Demographic Transition: Changing Patterns of Migration, in: *A. J. Coale; IUSSP* (ed.), Population Science in the Service of Mankind, Liège/Belgien 1979, S. 165–189.
[85] *P. K. Hatt; N. L. Farr; E. Weinstein,* Types of Population Balance, in: Am. J. Sociol., Vol. 20, 1, 1955, S. 15.
[86] *I. Taeuber,* Japan's Demographic Transition Re-Examined, in: Population Studies, Vol. XIV, 1, Juli 1960, S. 28.
[87] *Ph. M. Hauser; O. D. Duncan,* Introduction, dieselben (Hrsg.), The Study of Population: An Inventory and Appraisal, Chicago 1959, S. 94.
[88] *S. F. Hartley,* a.a.O., S. 299.
[89] *R. Mackensen,* Theoretische Erwägungen zur Vielgestaltigkeit des ‚Demographischen Übergangs', in: *W. Köllmann; P. Marschalck* (Hrsg.), Bevölkerungsgeschichte, Köln 1972, S. 77; derselbe, Der Begriff der ‚Generativen Struktur' und seine statistische Indikation, in: Institut International de Sociologie (ed.), La Sociologia y las Sociedades en Desarollo Industrial, Tomo III, Communicaciones al XX Congreso Internacional de Sociologia, Cordoba 1963, S. 277–295; – ders., Entwicklung und Situation der Erdbevölkerung, in: *R. Mackensen; H. Wewer* (Hrsg.), Dynamik der Bevölkerungsentwicklung, München 1973, S. 40–79.
[90] *F.-X. Kaufmann,* Makrosoziologische Überlegungen zu den Folgen eines Bevölkerungsrückgangs, in: derselbe (Hrsg.), Bevölkerungsbewegung zwischen Quantität und Qualität, Stuttgart 1975, S. 49.
[91] *P. Flora,* Modernisierungsforschung (zur empirischen Analyse der gesellschaftlichen Entwicklung), Opladen 1974, S. 39 f.
[92] *R. Mackensen,* Der Begriff der ‚Generativen Struktur', a.a.O., S. 278 f.
[93] *P. Flora,* a.a.O., S. 23 und 40; vgl. auch derselbe, Quantitative Historical Sociology, in: Current Sociology, Vol. XXIII (1975) No. 2, bes. S. 80–88; derselbe, Indikatoren der Modernisierung (Ein historisches Datenbuch), Opladen 1975, S. 15–56.
[94] *G. J. Stolnitz,* Demographic Transition: From High to Low Birth Rates and Death Rates, in: *R. Freedman* (ed.), Population: The Vital Revolution, New York 1964, S. 30.
[95] *S. E. Beaver,* Demographic Transition Theory Reinterpreted, Lexington, Mass. 1975, S. 11.
[96] Die deutschen Geborenenziffern, die erst nach der Jahrhundertwende deutlich sinken, erweisen sich hier als zu ungenaues Maß. In der wegweisenden Arbeit von *A. J. Coale,* The demographic Transition, Belgrad 1965 und Liège 1973 (a.a.O.), mit der die Wiederbeschäftigung mit dem demographischen Übergang beginnt, wird grundsätzlich „eheliche Fruchtbarkeit" als Geburtenmaß eingeführt. Dies würde aber an dieser Stelle eine zu starke familiendemographische Orientierung bedeuten.

⁹⁷) Zur Debatte um die ‚abweichenden Fälle' der Konzeption des demographischen Übergangs siehe besonders *S. E. Beaver,* a.a.O., Toronto – London 1975; und *H. V. Muhsam,* The Demographic Transition: From Wastage to Conservation of Human Life, in: IUSSP (ed.), Population Science in the Service of Mankind, Wien/Liège 1979, S. 143–163.

⁹⁸) Dazu *R. Kreckel,* Soziologische Erkenntnis und Geschichte, Opladen 1972; *G. G. Hempel,* Fundamentals of Concept Formation in Empirical Science, Chicago – London 1965.

⁹⁹) *S. E. Beaver,* a.a.O., S. 15 ff.

¹⁰⁰) In der Dritten Welt ist ein Geburtenanstieg häufig die erste Reaktion auf „Modernisierung", die durchwegs traditionelle Fruchtbarkeitsbremsen (hoher Brautpreis, verlängerte Stillzeiten, Polygynie u. a. m.) zersetzt. Vgl. hierzu: *M. Nag,* How Modernization can also increase fertility, in: Current Anthropology, Vol. 21, Nr. 5, 1980, S. 571–587.

¹⁰¹) *G. Carlsson,* Decline of Fertility: Innovation or Adjustment Process, in: Population Studies, (20) 1966, S. 149–174; *A. J. Coale* (1969) a.a.O.

¹⁰²) Daten über sozioökonomische Entwicklung und Sterblichkeitsrückgang liefert *S. Kuznets,* Postwar Economic Growth, Cambridge, Mass., 1964; *R. R. Kuczynski,* The Balance of Births and Deaths, Washington, Vol. I, (1928), Vol. II (1931).

¹⁰³) *D. J. Bogue,* Principles of Demography, New York etc. 1969, S. 60.

¹⁰⁴) *Th. R. Malthus,* a.a.O., S. 68.

¹⁰⁵) *Th. R. Malthus,* Das Bevölkerungsgesetz (Dt. Erstausgabe von 1798), München 1977, S. 17 f.; vgl. zum folgenden auch *J. Schmid,* Themenwechsel in der Bevölkerungswissenschaft: Aufstieg und Fall des Vulgärmalthusianismus im Lichte der Wissenschaftssoziologie, in: *S. Rupp; K. Schwarz,* (Hrsg.), Beiträge aus der bevölkerungswissenschaftlichen Forschung: Festschrift für Hermann Schubnell, Schriftenreihe des Bundesinstituts für Bevölkerungsforschung, Bd. 11, Wiesbaden 1983.

¹⁰⁶) Vgl. *A. E. Imhof,* Einführung in die Historische Demographie, München 1977.

¹⁰⁷) Vgl. *D. Meadows; D. Meadows* et al., Die Grenzen des Wachstums (Erster Bericht des Club of Rome zur Lage der Menschheit), Reinbek 1973.

¹⁰⁸) *Ch. Gide; Ch. Rist,* Geschichte der volkswirtschaftlichen Lehrmeinungen, Jena 1923.

¹⁰⁹) *L. Elster,* Bevölkerungslehre und Bevölkerungspolitik, in: Hdwb. d. Staatswiss. (Hsg. L. Elster, u. a.), Jena 1924, 2. Bd., S. 735–712.

¹¹⁰) *K. W. Taylor,* zit. in: J. J. Spengler, Demographic Factors and Early Modern Economic Development, in: Daedalus, Vol. 93, 1968, S. 433–446 (übers. v. Verf.).

¹¹¹) *H. Linde,* Die Bedeutung von *Th. R. Malthus* für die Bevölkerungssoziologie, a.a.O.

¹¹²) *Th. R. Malthus,* A Summary View of the Principle of Population, zit. in: *H. J. Habakkuk,* Population Growth and Economic Development Since 1750, Leicester 1971, S. 11 ff. (übers. v. Verf.).

¹¹³) *Th. S. Kuhn,* Die Struktur wissenschaftlicher Revolutionen, Frankfurt/M. 1976. *P. Weingart,* (Hrsg.) Wissenschaftssoziologie 1, Frankfurt/M. 1972. *W. L. Bühl,* Einführung in die Wissenschaftssoziologie, München 1974, S. 128–147.

¹¹⁴) *C. A. Weinhold,* Über die Population und die Industrie oder kritischer Beweis, daß die Bevölkerung in hochkultivierten Ländern den Gewerbefleiß stets überelle (Sr. Excellenz dem ... Herrn *Freiherrn von Stein zum Altenstein* ... ehrfurchtsvoll zugeeignet vom Verfasser), Leipzig 1828; *G. Rümelin,* Reden und Aufsätze, Neue Folge, Tübingen 1881; United Nations, The Determinants and Consequences, a.a.O., Vol. 1, S. 60 f.

¹¹⁵) *W. Sombart,* Der moderne Kapitalismus (1902), München – Leipzig 1928, Bd. III/2, S. 307.

¹¹⁶) *C. Clark,* Population Growth and Living Standards, in: Internat. Labor Review (ILO Genf), Vol. 28, 2, Augs. 1953; zit. in: *P. Khalatbari,* Überbevölkerung in den Entwicklungsländern, Berlin (Akademie-Verlag) 1968, S. 38.

¹¹⁷) *L. Brentano,* Konkrete Bedingungen der Volkswirtschaft (Ges. Aufsätze), Leipzig 1925, S. 287; vgl. die bahnbrechende Arbeit Brentanos zur Wohlstandstheorie: „Die Malthus'sche Lehre und die Bevölkerungsbewegung der letzten Dezennien", München (Abhandlungen der Historischen Klasse der Königlich Bayerischen Akademie der Wissenschaft), 24, 1909, S. 565–625.

¹¹⁸) *P. Mombert,* Bevölkerungslehre, Leipzig 1914, S. 41.

¹¹⁹) Die Weltwirtschaftskrise hat diese These weitgehend bestätigt: um 1930 geschlossene Ehen hatten nur noch durchschnittlich 2 Kinder. Vgl. *K. Schwarz,* Entwicklung und Ursachen des Geburtenrückgangs, in: Medien- & Sexualpädagogik, Bd. 1, 2, 1973, S. 26.

¹²⁰) *M. Scheler,* Bevölkerungsprobleme als Weltanschauungsfrage, in: Schriften zur Soziologie und Weltanschauungslehre, Berlin – München 1963, S. 309.

[121] J. Wolf, Die neue Sexualmoral und das Geburtenproblem unserer Tage, Jena 1928, S. 20.
[122] R. von Ungern-Sternberg, Die Ursachen des Geburtenrückgangs im westeuropäischen Kulturkreis, Veröffentlichungen aus dem Gebiete der Medizinalverwaltung, Berlin 1932, Bd. 36, S. 319.
[123] P. Feyerabend wandte gegenüber R. Popper ein, daß es nicht eine einzige dominierende Theorie gäbe, sondern konkurrierende dominante Theorien. Danach könnte man behaupten, daß ein neues Paradigma auf verschütteten oder verdrängten Traditionen aufbaut und diese hervorkehrt, vgl. W. L. Bühl, Einführung in die Wissenschaftssoziologie, München 1974, S. 137 ff.
[124] Montesquieu, L'Esprit des Lois, 1748, Kap. I, 23. Buch; zit. in: P. Mombert, Bevölkerungslehre, Jena 1929. – Die zitierte Äußerung ist bedeutsam, weil Montesquieu und Quesnay den Malthus'schen Grundgedanken, daß die Bevölkerung immer die ‚Reichtümer' übersteige, zuerst gefaßt haben sollen. Vgl. J. Wolf, Bevölkerungsfrage, in: A. Vierkant (Hrsg.), Hdwb. der Soziologie (1931), Stuttgart 1959, S. 52–66, hier S. 54.
[125] A. Quételet, Sur l'Homme et le Développement de ses Facultés; ou Essai de Physique Sociale, Paris, 1835 (2 Bde); F. P. Verhulst, Récherches Mathématiques sur la loi d'acroissement de la Population, Nouveaux Mémoires de l'Academie Royale de Sciences..., Brüssel, 1847, 20, S. 1–32; u. a. m.
[126] R. Pearl, The Natural History of Population, New York 1939, R. Pearl; L. J. Reedy; J. F. Kish, The Logistic Curve and the Census Count of 1940, in: Science, 92 (2395), 22. Nov. 1940.
[127] P. Sorokin, Contemporary Sociological Theories, 1928, S. 376 ff.
[128] J. B. Calhoun, Population Density and Social Pathology, in: G. Hardin (ed.), Population, Evolution, and Birth Control, San Francisco 1969, S. 101–105.
[129] R. Pearl, The Natural History of Population, a.a.O., S. 24.
[130] A. M. Carr-Saunders, World Population, Oxford 1936, S. 105.
[131] W. C. Robinson, The Development of Modern Population Theory, in: K. C. W. Kammeyer (ed.), Population Studies: Selected Essays and Research, Chicago 1969, S. 44 (übers. vom Verf.).
[132] A. J. Coale; E. M. Hoover, Population Growth and Economic Development in Low Income Countries, Princeton 1958, S. 12 f.
[133] ‚Bevölkerungsweise' verwendete zuerst G. Ipsen, der Bevölkerung als „das immerwährende Geschehen... im Raum... jeweils geschichtlich bestimmt... durch Lebensführung, Arbeitsordnung und Familienverfassung, durch den Willen zum Dasein und das Verhältnis zum Tode" bestimmte (G. I., Bevölkerungslehre, in: Hwb. d. Grenz- und Auslandsdeutschtums, Bd. 1, (Breslau), 1933, S. 426 f.). ‚Generative Strukturen' entdeckte zuerst H. Linde: Er verbindet damit die „Vorstellung von der interdependenten Abgestimmtheit einer Vielzahl (in princip: aller) demostatistischen Werte aufeinander" (H. L., Die generative Form spezifischer Bevölkerungen, 1952; hier nach H. L., Generative Strukturen, in: Studium Generale, Bd. XII, 1959, S. 343–350, hier S. 344).
[134] G. Mackenroth, Bevölkerungslehre, a.a.O., S. 408 und 415.
[135] F. Lorimer, Culture and Fertility, Paris (Unesco) 1954.
[136] G. Mackenroth, Bevölkerungslehre, in: A Gehlen; H. Schelsky (Hrsg.), Soziologie, Köln – Düsseldorf 1955, S. 69.
[137] G. Mackenroth, Bevölkerungslehre, a.a.O., S. 110. 1. Heiratsstruktur, a) durchschnittliches Heiratsalter, b) Heiratshäufigkeit, c) Scheidungshäufigkeit. 2. Struktur der Fruchtbarkeit, a) eheliche Fruchtbarkeit, b) uneheliche Fruchtbarkeit, c) Gebäralter und Geburtenfolge (durchschnittlicher Generationenabstand), d) Fehl- und Totgeburtenhäufigkeit (einschließlich der Abtreibungen). 3. Struktur der Sterblichkeit (alters- und geschlechtsspezifische Absterbeordnung), a) Säuglingssterblichkeit, b) Kleinkindersterblichkeit, c) Jugendlichensterblichkeit, d) Erwachsenensterblichkeit, e) Greisensterblichkeit.
[138] Es geht hier nicht um eine ‚weltgeschichtliche Sinndeutung' im kulturphilosophischen Sinne, sondern um geschichtstypologische Methoden (Max Weber) und evolutionistische, wie sie bei A. Comte, T. Parsons und auch N. Luhmann in der Soziologie etabliert sind.
[139] Vgl. R. Mackensen, Bevölkerung und Gesellschaft in Deutschland – die Entwicklung 1945–1978, in: J. Matthes (Hrsg.), Sozialer Wandel in Westeuropa (Verhdlg. des 19. Dt. Soziologentages) Frankfurt/M. – New York 1969, S. 461 ff.
[140] G. Mackenroth, Bevölkerungslehre, a.a.O., S. 111.
[141] W. E. Moore, Sociology and Demography, in: P. H. Hauser; O. D. Duncan (eds.), The Study of Population – An Inventory and Appraisal, Chicago – London (1959), 1972, 7. Aufl., S. 832–851.

142) Vgl. Kap. III, 2.: „Bevölkerung als regulatives System".
143) R. Mackensen, Der Begriff der „Generativen Struktur", a.a.O., S. 284 ff.
144) T. Parsons, Some Considerations on the Theory of Change, in: S. N. Eisenstadt (ed.), Readings in Social Evolution and Development, Oxford etc. 1970, S. 95–121 (hier Abstractum S. 95).
145) K. Davis, Human Society, a.a.O., S. 634 (vom Verf. übersetzt).
146) Vgl. Kap. III. 3.
147) W. Petersen, The Demographic Transition in the Netherlands, in: Am. Sociol. Review, Vol. 25, 1960, S. 334–47; I. B. Taeuber, Demographic Modernization: Continuities and Transitions, in: Demography, Vol. 3, 1966, S. 90–108; D. Friedlander, Demographic Responses and Population Change, in: Demography, Vol. 6, 1969, S. 359–381; R. Freedman; J. Y. Takeshita; T. H. Sun, Fertility and Family Planning in Taiwan: A Case Study of the Demographic Transition, in: Am. J. of Sociol., Vol. LXX, Juli 1964, S. 16–27.
148) Vgl. R. P. Appelbaum, Theories of Social Change, Chicago 1970.
149) W. E. Moore, Strukturwandel der Gesellschaft, München 1967; – W. L. Bühl, Evolution und Revolution, München 1970; – T. Parsons, Some Considerations on the Theory of Social Change, in: S. H. Eisenstadt (ed.), Readings on Social Evolution and Development, Oxford etc., 1970, S. 95–121; – B. F. Hoselitz; W. E. Moore (eds.), Industrialization and Society, Unesco, (Paris: Mouton) 1968; – W. Zapf (Hsg.), Theorien des sozialen Wandels, Köln – Berlin 1969; – H. Strasser; S. C. Randall, Einführung in die Theorien des sozialen Wandels, Darmstadt und Neuwied 1979.
150) W. E. Moore, a.a.O., S. 148.
151) W. W. Rostow, Stadien des wirtschaftlichen Wachstums, Göttingen 1967; J. Fourastié, Die große Hoffnung des 20. Jahrhunderts, Köln 1954.
152) Vgl. S. Kuznets, Consumption, Industrialization and Urbanization; in: B. F. Hoselitz; W. E. Moore, (eds.) a.a.O., S. 99–114.
153) Die Massengesellschaftstheorie ist eine liberale kulturkritische Position mit hohem Plausibilitätsgrad; vgl. E. Shils, The Theory of Mass Society, in: Diogenes, Vol. 39, 1962, S. 48 ff.; – W. Kornhauser, The Politics of Mass Society, London 1965; – D. Bell, America as a Mass Society: A Critique, in: S. C. McNall (ed.), The Sociological Perspective, Boston 1971, S. 1369–1383.
154) Vgl. T. Parsons, Evolutionäre Universalien der Gesellschaft, W. Zapf, (Hrsg.), Theorien des sozialen Wandels, a.a.O., S. 55–74.
155) Weitere Vertreter dieser Theorie sind auch T. Parsons, N. J. Smelser, S. N. Eisenstadt, W. E. Moore.
156) Vgl. W. W. Rostow, a.a.O.; E. Shils, Political Developments in the New States, Den Haag 1965; S. E. Apter, The Politics of Modernization, Chicago 1965.
157) G. A. Almond, A developmental Approach to Political Systems, in: World Politics, Vol. 18, 1965, S. 183–215; – derselbe, The Civic Culture, Princeton, N.J. 1963; D. Lerner, Toward A Communication Theory of Modernization, in: L. W. Pye (ed.), Communications and Political Development, Princeton N.J., 1963, S. 327–350.
158) Die Abhandlung der Kritikpunkte an der Modernisierungstheorie verdankt viel W. L. Bühl, Evolution und Revolution, a.a.O., S. 75–90.
159) Vgl. die Kataloge von Aberle, et al., W. E. Moore, K. Davis u. a., vgl. auch die universellen Begriffe von Identität, Stabilität, Kontinuität, Kohärenz, Kohäsion im Zusammenhang mit realen Gesellschaftszuständen.
160) R. Bendix, Die vergleichende Analyse historischer Wandlungen, in: W. Zapf (Hrsg.), Theorien des sozialen Wandels, Köln – Berlin 1969, S. 177–187; vgl. R. P. Appelbaum, Theories of Social Change, Chicago 1971, S. 45 ff.
161) W. E. Moore, Strukturwandel, a.a.O.
162) W. L. Bühl, Evolution und Revolution, a.a.O., S. 89.
163) S. E. Beaver, Demographic Transition Theory . . . a.a.O.; Ph. Cutright; W. R. Kelly, Modernization and Other Determinants of National Birth, Death and Growth Rates 1958–1972, in: R. F. Tomasson (ed.), Challenging Biological Problems, New York 1972, S. 237–252; A. M. Guest, The Relationship of the Crude Birth Rate and its Components to Social and Economic Development, in: Demography Vol. 11, 3, Aug. 1974, S. 457–472.
164) K. Davis, Human Society, a.a.O., (Part V: Population and Society); derselbe, The Theory of Change and Response in Modern Demographic History, in: Population Index, Vol. 29, 1963, 4, S. 345–366.

[165]) *D. J. Bogue,* Principles of Demography, New York – London 1969, Chap. 3: The Growth of World: Population and the Theory of Demographic Regulation.

[166]) *W. Buckley,* Society as a Complex Adaptive System, in: *W. Buckley* (ed.), Sociology and Modern Systems Theory, Englewood Cliffs, N.J. 1967, S. 493 (übers. vom Verf.) (siehe hierzu auch:) *D. E. Davis,* The Regulation of Human Population, in: *J. A. Behnke* (ed.), Challenging Biological Problems, New York 1972, S. 237–252. *E. R. Pianka* unterscheidet hinsichtlich der Existenzform von Systemen bzw. Populationen eine ‚Equilibrium Species', die im Einklang mit ihrer Ressourcenlage wächst und eine ‚Opportunistic Species', die schwankenden Naturfaktoren ausgeliefert sind. Evolution ist als Transformation von ‚opportunistischer', d. h. situationsabhängiger Daseinsform (vgl. das vorindustrielle Bevölkerungswachstum) zur gleichgewichtigen Daseinsform über Lernprozesse zu verstehen. Vgl. *E. R. Pianka,* Evolutionary Ecology, New York etc. 1978, S. 120–125.

[167]) *J. C. Caldwell* (ed.), The Persistence of High Fertility: Population Prospects in the Third World; *L. T. Ruzicka* (ed.), The Economic and Social Supports for High Fertility; beides: Demography Department, Australian National University, Canberra 1977.

[168]) *E. Boserup,* Population and Technology, Oxford U.K. 1981; *V. Abernethy,* Population Pressure and Cultural Adjustment, New York – London 1979.

[169]) *H. A. Thelen,* Emotionality and Work in Groups, in: *L. D. White* (ed.), The State of the Social Sciences, Chicago 1956, S. 184 ff., zit. in: *W. Buckley,* a.a.O. S. 493 (490–513).

[170]) *J. H. Steward,* Theory of Culture Change, Urbana Ill., 1955; *E. E. Ruyale,* Genetic and Cultural Pools: Some Suggestions for a Unified Theory of Biocultural Evolution, in: Human Ecology, I, 1973, S. 201–215; *D. L. Hardesty,* Ecological Anthropology, New York etc., 1977, S. 38 ff.

[171]) Vgl. *J. H. Turner,* The Ecosystem (The Interrelationships of Society and Nature), in: *D. H. Zimmerman* et al. (eds.), Understanding Social Problems, New York 1976, S. 292–322, bes. 298 ff.

[172]) *W. A. Lewis,* The Theory of Economic Growth (1955) zit., in: *J. C. Caldwell,* Theory of Fertility Decline, a.a.O., S. 270.

[173]) *J. C. Caldwell,* a.a.O., S. 278.

[174]) *A. M. Carr-Saunders,* Population, London 1925, S. 40, zit. in: *Ch. Tilly* (ed.), Historical Studies of Changing Fertility, Stanford, Calif. 1978 (vgl. *Ch. Tilly,* The Historical Study of Vital Processes, S. 19).

[175]) *A. Imhof,* Einführung in die historische Demographie, München 1977, Kap. 2.

[176]) Zu dieser Debatte vgl. *Th. McKeown,* The Modern Rise of Population, London 1976.

[177]) United Nations, The Determinants and Consequences, a.a.O., S. 108.

[178]) Die Kindersterblichkeitsziffer errechnet sich aus der Anzahl der Sterbefälle innerhalb des ersten Lebensjahres, bezogen auf die Gesamtzahl der Geborenen desselben Jahres.

[179]) Zu Aufbau und Inhalt der Sterbetafel vgl. *Josef Schmid,* Einführung in die Bevölkerungssoziologie, a.a.O., S. 136 ff. Vgl. *G. Feichtinger,* Demographische Analyse und populationsdynamische Modelle (Grundzüge der Bevölkerungsmathematik), Wien-New York 1979, Kap. 2.3.

[180]) Vgl. *J. Schmid,* ibid.,; *G. Feichtinger,* ibid., S. 22 ff.

[181]) Vgl. *C. Goldscheider,* a.a.O., S. 249.

[182]) Die Konzeption des epidemiologischen Übergangs wurde entwickelt von *A. R. Omram.* The Epidemiologic Transition: A Theory of the Epidemiology of Population Change, in: Milbank Memorial Fund Quarterly, Vol. 49, No. 4, Oct. 1971, S. 509–538; und ders., Epidemiologic Transition in the U.S., Population Bulletin, Vol. 32, No. 2, May 1977.

[183]) *K. Davis,* The Amazing Decline of Mortality in Underdeveloped Areas, in: Am. Econ. Review, Vol. 46, No. 2, May 1956, S. 305–318.

[184]) *J. Knodel; E. van de Walle,* Europe's Fertility Transition: New Evidence and Lessons for Today's Developing World, in: Population Bulletin, Vol. 34, Nr. 6, Feb. 1980, S. 1–41; *A. E. Imhof,* Unterschiedliche Säuglingssterblichkeit in Deutschland, 18. bis 20. Jahrhundert – Warum? in: Zeitschrift für Bevölkerungswissenschaft, Heft 3, 1981, S. 343–382.

[185]) *W. R. Lee* (ed.), European Demography and Economic Growth, ... a.a.O., 1979; *R. I. Rotberg; Th. K. Rabb* (eds.), Marriage and Fertility Studies in Interdisciplinary History, Princeton N.J.: Princeton University Press, 1980.

[186]) Vgl. *R. Gehrmann,* Einsichten und Konsequenzen aus neueren Forschungen zum generativen Verhalten im demographischen Ancien Régime und in der Transitionsphase, in: Zeitschrift für Bevölkerungswissenschaft, Vol. 5, Heft 4, 1979, S. 455–486; vgl. jedoch die Kritik von *Hilde*

Wander an *J. E. Knodel,* The Decline of Fertility in Germany, 1871–1939, a.a.O., 1974 Bevölkerungs- und Wirtschaftswachstum im Entwicklungsprozeß, a.a.O., 1979.

[187]) *E. van de Walle; J. E. Knodel,* Lessons from the Past: Policy Implications of Historical Fertility Studies, in: Population and Development Review, Vol. 5, 1979, S. 217–245; *J. E. Knodel; E. van de Walle,* Europe's Fertility Transition . . . a.a.O.; beiden Studien wird in der weiteren Darlegung gefolgt.

[188]) Vgl. Standardwerke von *D. Glass; R. Revelle* (eds.) a.a.O.; und *D. Glass; D. E. C. Eversley* (eds.) a.a.O.

[189]) *J. E. Knodel; E. van de Walle,* Fertility Decline, in: *J. A. Ross* (ed.), Int. Enc. of Population, New York-London 1982, Vol. 1, S. 270.

[190]) Die Entgegensetzung von moderner und vormoderner Bevölkerungsweise hat in der Bio-Mathematik und medizinalstatistischen Demographie ein Pendant, wenn eine Bevölkerung mit „Natural Fertility" einer „Perfect Contraceptive Population" gegenübergestellt wird. Inzwischen wurden diese Modelle als formale Vergleichsbasis entdeckt und als Indices instrumentalisiert.

[191]) *J. Schmid,* Einführung in die Bevölkerungssoziologie, Reinbeck 1976; S. 59 f.

[192]) *A. J. Coale; T. J. Trussel,* Model Fertility Schedules: Variations in the Age Structure of Child Bearing in Human Populations, in: Population Index, Vol. 40, April 1974, S. 185–258.

[193]) *A. J. Coale,* The Demographic Transition, in: International Union for the Scientific Study of Population (IUSSP), International Population Conference, Liège 1973, Vol. 1, S. 53–72; *A. J. Coale,* The Decline of Fertility in Europe from the French Revolution to World War II, in: *S. J. Behrman; L. Corsa, Jr.; R. Freedman* (eds.), Fertility and Family Planning – A World View, Ann Arbor, Mich. 1969, S. 3–19.

[194]) *N. B. Ryder,* Fertility, in: *Ph. M. Hauser; O. D. Duncan* (eds.), a.a.O., S. 400 ff. (Kap. 18).

[195]) *R. Freedman,* The Sociology of Human Fertility: An Annotated Bibliography, New York 1975, S. 13.

[196]) *A. M. Guest,* The Relationship of the Crude Birth Rate and its Components to Social and Economic Development, in: Demography, Vol. 11, Nr. 3, Aug. 1974, S. 457–472; – zur Bevölkerungsökologie vgl. *A. H. Hawley,* Population and Society: An Essay on Growth, in: *S. J. Behrman,* et al., (eds.) a.a.O., S. 189–209.

[197]) *H. C. Taylor* (ed.), Physiology, Population and Family Planning, New York, (The Population Council) 1976, Vol. 2, S. 220.

[198]) *R. Freedman,* ibid., S. 15 (vom Verf. bearbeitet).

[199]) United Nations, Population Bulletin of the UN (ST/SOA/SER.N/7) 1965, S. 1 f.

[200]) *K. Davis; J. Blake,* Social Structure and Fertility: An Analytic Framework, in: Economic Development and Cultural Change, Vol. IV, April 1956, S. 211–235 (Vom Verf. erstmals ins Deutsche übers.).

[201]) *F. Lorimer,* Culture and Fertility, Paris (UNESCO) 1954; – *E. T. Hiller,* A Culture Theory of Population Trends, in: *J. J. Spengler; O. D. Duncan* (eds.), Population Theory and Policy, Glencoe III. 1956, S. 371 ff.

[202]) *A. Sauvy,* General Theory of Population, London 1969, Ka. 8; Bestimmte Erbgesetze (‚Erbteilung') führen zu einem frühen Interesse an Geburtenkontrolle auch in Landregionen.

[203]) *A. Sauvy,* ibid., S. 361 f.

[204]) World Bank, ‚Population'-Section Paper, March 1972, Paris-Washington D.C.

[205]) *K. Davis; J. Blake,* a.a.O., S. 213 (Vom Verf. übers.).

[206]) *J. Matras.* The Social Strategy of Family Formation: Some Variations in Time and Space, in: Demography, Vol. 2, 1965, S. 349–362; vgl. derselbe, Population and Societies, Englewood Cliffs, N.J. 1973, Kap. II, 7.

[207]) *E. van de Walle,* Marriage and Marital Fertility, in: Daedalus 1968, S. 486–501; *R. B. Dixon,* Explaining Cross-Cultural Variations in Age at Marriage and Proportions never Marrying, in: Population Studies, Vol. 25, 1971, S. 215–233.

[208]) *D. Llewellyn-Jones,* Human Reproduction and Society, London 1974 (vgl. Kap. 10: „A History of Contraception"), vgl. *Wilkinson,* a.a.O.; *N. E. Himes,* Medical History of Contraception, New York 1963.

[209]) *D. Llewellyn-Jones,* ibid., S. 230.

[210]) *D. Llewellyn-Jones,* a.a.O., S. 242; vgl. auch: *Ch. F. Westoff; N. B. Ryder,* The Contraceptive Revolution, Princeton, N.J. 1977.

[211]) Im angelsächsischen Bereich ist durchwegs von ‚Normen zur Familiengröße' (Norms about Family

Size) die Rede; in der deutschen Bevölkerungswissenschaft war der Ausdruck bisher nicht üblich; man sprach von ‚Kinderzahl'; im typologischen Vergleich scheint der Begriff der Familiengröße jedoch passend.

[212] Das Verhältnis von Normen und Fruchtbarkeit behandelt eingehend *R. Freedman,* Norms for Family Size in Underdeveloped Areas, in: *D. M. Heer* (ed.), Readings on Population, Englewood Cliffs, N.J. 1968, S. 157–180.

[213] Zwischen 1972 und 1977 hatten von 100 Ehen, die schon zehn Jahre bestehen, 15 keine Kinder. Vgl. Stat. Bundesamt, Die Situation der Kinder in der Bundesrepublik Deutschland, Stuttgart 1979.

[214] *J. Stoetzel,* Les Attitudes et la Conjoncture Démographique: la Dimension idéale de la Famille, in: Proceedings of the World Population Conference 1954, VI, New York (UN ed.) 1955, S. 1019–1033; *R. Freedman; D. Goldberg; H. Sharp.* „Ideals" about Family Size in the Detroit Metropolitan Area: 1954, in: Milbank Memorial Fund Quarterly (23) 1955, S. 187–197.

[215] *P. K. Whelpton; A. A. Campbell; J. E. Patterson,* Fertility and Family Planning in the United States, Princeton N.J. 1966, S. 32–68.

[216] *R. Freedman; G. Baumert; K. M. Bolte,* Expected Family Size and Family Size Values in West Germany, in: Population Studies, Vol. XIII, 1959/60; *H. J. Jürgens; K. Pohl,* Kinderzahl – Wunsch und Wirklichkeit, Stuttgart 1975.

[217] *H. C. Taylor* (ed.), a.a.O., S. 219; die ausgewählten Industrienationen sind die Bundesrepublik Deutschland, Ungarn, Großbritannien, Japan, Frankreich, Italien; die Entwicklungsländer sind Indien, Taiwan, Pakistan, Chile, Indonesien und Ghana.

[218] *D. Gittin,* Fair Sex (Family Size and Structure, 1900–1939), London 1982, S. 13.

[219] Diesen Vorgang schildert eindrucksvoll *W. Sombart,* Der moderne Kapitalismus, a.a.O., vgl. derselbe, Die deutsche Volkswirtschaft im neunzehnten Jahrhundert, Darmstadt 1954; *W. Köllmann,* Die Bevölkerung Rheinland-Westfalens in der Hochindustrialisierungsperiode, in: VSWG, Bd. 58, 1971.

[220] *Thorstein Veblen* spricht von ‚Conspicuous Consumption'; in der Aristokratie dürfte noch hohe Fruchtbarkeit die Norm sein, weil der auf die Kinder übergehende Adelstitel für Eltern und Kinder einen Statusverlust in der Gesellschaft praktisch ausschließt.

[221] *W. F. Ogburn,* Die Ursachen für die Veränderung der Familie, in: ibid., S. 238–252, *W. F. Ogburn,* Erfindungen, Bevölkerung und Geschichte, in: ders., Kultur und sozialer Wandel, Neuwied-Berlin 1969, S. 112, vgl. ders., Die Technik als Umwelt, in ibid., S. 125–133.

[222] *W. F. Ogburn,* Die Ursachen . . . a.a.O., S. 249.

[223] *R. Reichardt,* Wertstruktur im Gesellschaftssystem – Möglichkeiten makrosoziologischer Analysen und Vergleiche, in: *H. Klages; P. Kmieciak* (Hrsg.), Wertwandel und gesellschaftlicher Wandel, Frankfurt/M.-New York 1979, S. 24.

[224] *L. Rainwater,* And the Poor Get Children, Chicago 1960; *H. Th. Groat; A. G. Neal,* Social Psychological Correlates of Urban Fertility, in: Am. Sociol. Review, Vol. 32, 1967, S. 945–959; *J. A. Kahl,* The measurement of Modernisms: A Study of Values in Brazil and Mexico, Austin 1968; *W. B. Clifford,* Modern and Traditional Value Orientations and Fertility Behaviour: A Social Demographic Study, in: Demography, Vol. 8, 1971; *W. B. Clifford; Th. R. Ford,* Variations and Value Orientations and Fertility Behaviour: in: Social Biology, Vol. 21, 1974, S. 185–194.

[225] *F. R. Kluckhohn; F. L. Strodtbeck,* Variations in Value Orientations, Evanston, Ill., 1961, zit. in: W. B. Clifford, a.a.O.

[226] *R. LaRossa,* Conflict and Power in Marriage (Expecting the First Child), Beverly Hills-London, S. 129, *Th. Held,* Soziologie der ehelichen Machtverhältnisse, Darmstadt-Neuwied 1978.

[227] *R. König,* Die Familie der Gegenwart, München 1977, 2. Aufl., *W. J. Goode* (ed.) Readings on the Family, Englewood Cliffs, N.J. 1964; *C. Mühlfeld,* Familiensoziologie – Eine systematische Einführung, Hamburg 1976; *M. Mitterauer; R. Sieder,* Vom Patriarchat zur Partnerschaft – Zum Strukturwandel der Familie, München 1977.

[228] *G. P. Murdock,* Social Structure, New York 1949; *R. Anshen* (ed.), The Family: Its Function and Destiny, New York 1949; *R. Bierstedt,* The Social Order, New York 1963; *K. Davis,* Human Society, New York 1948 (Stud. Ed. 1966), Kap. 15; *H. M. Hodges jr.,* Conflict and Consensus: An Introduction to Sociology, New York etc., 1971, Kap. 9, S. 257–301; *J. M. Johnson,* Sociology: A Systematic Introduction, New York-Chicago-Burlingame 1960, Kap. 6, S. 146–176; ders., Strukturell-funktionale Theorie der Familien- und Verwandtschaftssysteme, in: *G. Lüschen; E. Lupri* (Hrsg.), Soziologe der Familie (SH der KZSS), Köln-Opladen 1974, 2. Aufl., S. 32–48; *R. Hill,*

Research on Human Fertility, in: Int. Soc. Sc. Journal, Vol. 20, 1968, S. 226–262; dt. in *G. Lüschen; E. Lupri,* a.a.O.; *H. C. Bredemeier; R. M. Stephenson,* The Analysis of Social Systems, New York etc., 1965, Kap. 7; *T. Parsons,* The Social System, a.a.O. (s. kinship/parental roles); *H. Rodman,* Talcott Parsons' View of the Changing American Family, in: *H. Rodman* (ed.), Marriage, Family, and Society, New York 1965, S. 262–283.

[229]) Das Verhältnis von Familientypus und Fruchtbarkeit wird vorbildlich abgehandelt von *P. L. van den Berghe,* Human Family Systems: An Evolutionary View, New York 1979.

[230]) *G. R. Leslie,* The Family in Social Context, New York 1976, S. 19 bzw. 27.

[231]) *F. Lorimer,* Culture and Human Fertility, a.a.O., S. 198.

[232]) Nach *A. Sauvy* ist das Aufkommen der Erziehungsaufgabe ein Zeichen für den steigenden ‚Wert des Kindes'; es entstehe eine eigene ‚puericulture'; vgl. *A. Sauvy,* General Theory of Population, a.a.O., S. 363 ff.

[233]) *H. Rodman,* a.a.O., *H. M. Johnson,* Strukturell-funktionale Theorie. a.a.O., S. 43; vgl. *J. M. Biesanz,* Introduction to Sociology, Englewood Cliffs, N.J. 1969, S. 535 f.

[234]) *Th. K. Burch,* Household and Family Demography: A Bibliographic Essay, in: Population Index, Vol. 45, Nr. 2, 1979, S. 173–195.

[235]) *J. Hajnal,* European Marriage Patterns in Perspective, in: *D. V. Glass; D. E. C. Eversley* (eds.), Population in History: Essays in Historical Demography, London 1965, S. 101–143.

[236]) *Th. King* (World Bank), Population Policies and Economic Development, Baltimore-London 1974, S. 14.

[237]) *P. Marschalck,* Quantitative Kritik an der Dichotomie ‚Großfamilie-Kleinfamilie', in: *K. Schwarz* (Dt. Ges. für Bevölkerungswissenschaft), Eheschließung und Familienbildung heute – Neue Entwicklungen in In- und Ausland (Verhandlungen der Jahrestagung der Dt. Ges. für Bev. wiss., Darmstadt, 26.–28. 3. 1980); ders., Aus der Geborgenheit in die Isolation? – Die Beurteilung moderner Familienstrukturen aus sozialhistorischer Sicht, in: *S. Rupp; K. Schwarz* (Hrsg.) Beiträge aus der Bevölkerungswissenschaftlichen Forschung (Festschrift für Hermann Schubnell-BIB Wiesbaden), Boppard a. M. 1983, S. 445–455.

[238]) *M. Mitterauer,* Der Mythos von der vorindustriellen Großfamilie, in: *H. Rosenbaum* (Hrsg.), Seminar: Familie und Familienstruktur, Frankfurt/M 1978, S. 128–151.

[239]) *Ch. Höhn,* Der Familienzyklus – Zur Notwendigkeit einer Konzepterweiterung, in: Schriftenreihe des Bundesinstituts für Bevölkerungsforschung, Bd. 12, Wiesbaden 1982.

[240]) Eine ökonomische Theorie fühlt sich dann besonders aufgerufen, die Modalitäten des Entschlusses zum Kind zu klären. Dieses Unternehmen verbindet sich mit dem Namen *Gary S. Becker, Harvey Leibenstein, Richard Easterlin, Theodor W. Schultz,* um die bedeutendsten zu nennen: *G. S. Becker,* An Economic Analysis of Fertility, in: Demographic and Economic Change in Developed Countries, (Universities-National Bureau Conference Series, 11) Princeton 1960, S. 209–231; dazu, Comments von *B. Okura* und *J. S. Dvesenberry,* S. 231–240; *H. Leibenstein,* Economic Backwardness and Economic Growth, New York 1957; ders., The Economic Theory of Fertility Decline, in: The Quart. J. of Economics, Vol. 89, 1965, S. 1–31; ders., The Economic Theory of Fertility – Survey, Issues and Considerations, in: IUSSP, International Population Conference, Mexico 1977, Vol. 2, S. 49–64; *R. Easterlin,* Towards a Socioeconomic Theory of Fertility: A Survey of Recent Research on Economic Factors in American Fertility, in: *S. J. Behrman* et. al., a.a.O., S. 127–156; ders. An Economic Framework for Fertility Analysis, in: Studies in Family Planning, Vol. 6, 1975, S. 54–63; *Th. W. Schultz* (ed.), Economics of the Family: Marriage, Children, and Human Capital, Chicago 1974; *B. Turchi,* Microeconomic Theories of Fertility: A Critique, in: Social Forces, Vol. 45, Sept. 1975, S. 107–125; *H. Wander,* Ökonomische Theorien des generativen Verhaltens, in: Ursachen des Geburtenrückgangs – Aussagen, Theorien und Forschungsansätze zum generativen Verhalten (Schriftenreihe des Bundesministers für Jugend, Familie und Gesundheit, Bd. 63), Stuttgart-Berlin-Köln-Mainz 1979, S. 61–76.

[241]) *Th. W. Schultz,* . . . a.a.O., S. 6 ff.

[242]) *G. S. Becker,* A Theory of the Allocation of Time, in: Econ. Journal, Vol. 75, Sept. 1965, S. 493–517.

[243]) *J. Mincer,* ‚Market Prices, Opportunity Costs and Income Effects', in: *C. Christ* et al. (eds.), Measurement in Economics: Studies in Mathematical Economics in Memory of Yehuda Grunfeld, Palo Alto, Cal.: Stanford University Press 1963.

[244]) *B. A. Turchi,* Microeconomic Theories of Fertility . . . a.a.O.; *R. Easterlin,* Towards a Socioeconomic Theory of Fertility, . . . a.a.O.

²⁴⁵) *R. Easterlin,* The Conflict between Aspirations and Resources, in: Population and Development Review, Vol. 2, 1976, S. 417–435, darin eine Diskussion der „Easterlin-Hypothese" mit V. K. Oppenheimer, The Easterlin Hypothesis: Another Aspect of the Echo to Consider, ibid., S. 433–457 and *R. D. Lee,* Demographic Forecasting and the Easterlin Hypothesis, ibid., S. 459–468; derselbe, The Economics and Sociology of Fertility: A Synthesis, in: *Ch. Tilly* (ed.), Historical Studies of Changing Fertility, Stanford Calif. 1978, S. 57–133; in dt. liegt nur vor R. Easterlin, Lange Wellen im amerikanischen Bevölkerungs- und Wirtschaftswachstum. Einige Ergebnisse zur Untersuchung historischer Strukturen, in: *W. Köllmann; P. Marschalck* (Hrsg.), Bevölkerungsgeschichte, a.a.O., S. 45–68. Zu Anwendungsbeispielen und auch Anwendungsproblemen der Easterlin-Hypothese vgl. *J. Ermisch,* The Relevance of the ‚Easterlin Hypothesis' and the ‚New Home Economics' to Fertility Movements in Great Britain, in: Pop. Studies, Vol. 33, March 1979, S. 39–58; derselbe, Time Costs, Aspirations and the Effect of Economic Growth on German Fertility, in: Oxford Bulletin of Economics and Statistics, Vol. 42, May 1980, S. 125–144; derselbe, Changes in the Socio-Economic Environment and the Emergence of Below-Replacement Fertility, in: International Population Conference Manila 1981 (International Union for the Scientific Study of Population/IUSSP), Liège 1981, Vol. 1, S. 181–197; *H. Wander,* Ursachen des Geburtenrückgangs in ökonomischer Sicht, in: Kieler Diskussionsbeiträge, Sept. 1980.

²⁴⁶) *R. Hill; J. M. Stycos; K. W. Back,* The Family and Population Control: A Puerto Rican Experiment in Social Change, Chapel Hill, N.C. 1959; vgl. auch *J. Blake,* Family Structure in Jamaica: The Social Context of Reproduction, New York 1961.

²⁴⁷) *K. W. Back,* New Frontiers in Demography and Social Psychology, in: Demography, Vol. 3, 1968, S. 90–97; derselbe, Neglected Psychological Issues in Population Research, in: American Psychologist, Vol. 28, 1973, S. 567–572.

²⁴⁸) *J. T. Fawcett,* The Satisfactions and Costs of Children: Theories, Concepts, Methods (East-West Population Institute, Honolulu) 1972; ders. (ed.), Psychological Perspectives on Population, New York 1973; ders. The Value and Cost of Children: Converging Theory and Research, in: *L. T. Ruzicka* (ed.), The Economics and Social Supports for High Fertility (Department of Demography, The Australian National University) Canberra, 1977, S. 91–144; *L. W. a. M. L. Hoffmann,* The Value of Children to Parents, in: *J. T. Fawcett* (ed.), Psychological Perspectives... a.a.O., S. 19–76; *R. Bulatao,* The Value of Children: A Cross-National Study, Vol. 2, Philippines (East-West Institute) Honolulu 1975; – *Fred Arnold,* et al., The Value of Children.. a.a.O., Vol. 1, 1975; *R. Bulatao,* The Transition in the Value of Children and the Fertility Transition, in: *Ch. Höhn; R. Mackensen* (eds.), Determinants of Fertility Trends: Theories Re-examined; Liège: Ordina, 1982, S. 95–122.

²⁴⁹) *J. T. Fawcett,* a.a.O., in: *L. T. Ruzicka* (ed.), a.a.O., S. 91.

²⁵⁰) *L. u. M. Hoffmann,* a.a.O., S. 46.

²⁵¹) Vgl. *Lujo Brentano,* die Malthussche Lehre und die Bevölkerungsbewegung der letzten Dezennien (Abhandlungen der historischen Klasse der Königlich Bayer. Akademie der Wissenschaften) München 1909, Bd. 24, 3, S. 565–625.

²⁵²) *G. Simmel,* Die Großstädte und das Geistesleben, in: *G. Simmel,* Brücke und Tür, Stuttgart 1957.

²⁵³) *P. Flora,* Indikatoren der Modernidierung, Opladen 1975, Kap. III; *D. B. Holsinger; J. D. Kasarda,* Education and Human Fertility: Social Perspectives, in: *R. G. Ridker* (ed.), Population and Development (The Search for Selective Interventions), Washington D.C., 1976, S. 154–181; *D. N. De Tray,* Population Growth and Educational Policies: An Economic Perspective, in: ibid., S. 182–209; United Nations, The Determinants and Consequences... a.a.O., S. 98 f.

²⁵⁴) Die amerikanische Fertilitätsforschung bestätigt diese Zusammenhänge: *Cl. V. Kiser,* Social, Economic and Religious Factors in the Differential Fertility of Low Fertility Countries, in: UN, Proceedings of the World Population Conference, Belgrad 1965, Vol. II, S. 222; *C. Tietze; P. Lauriat,* Age at Marriage and Educational Attainment in the United States, in: Population Studies, Vol. IX, 1955, S. 159–166 (hier 164); *W. H. Grabill; C. V. Kiser; P. K. Whlepton,* The Fertility of American Woman, New York 1958, S. 184 ff.; *R. Freedman; P. K. Whelpton; A. A. Campbell,* Family Planning, Sterility and Population Growth, New York 1959, S. 165.

²⁵⁵) *C. Oppong; E. Haario-Mannila,* Woman, Population and Development, in: *Ph. M. Hauser* (ed.), World Population and Development (Challenge and Prospects), New York 1979, S. 440–485.

²⁵⁶) *J. Busfield; M. Padden,* Thinking about Children (Sociology and Fertility in Post-War England), Cambridge 1977, S. 32–46.

[257]) *Schmid, J.; Ch. Höhn:* Socio-Cultural Change with Reference to Female Employment, Educational Characteristics and Housing Conditions in Western Countries where Fertility is Around or Below Replacement, in: International Population Conference, Manila, International Union for the Scientific Study of Population, Liège 1981, Vol. 1, S. 159–180.

[258]) Der deutsche Ausdruck dieses Fertilitätsmaßes ist bis heute nicht endgültig geklärt, ‚Index der Gesamtfruchtbarkeit' ist eine bisher verwendete Konstruktion. Gebräuchlicher ist der angelsächsische Ausdruck ‚Total Fertility Rate', abgekürzt ‚TFR', der in der Fachliteratur am häufigsten Verwendung findet; sie ist die Summe der altersspezifischen Geborenenziffern a. T.

[259]) *A. O. Tsui; D. J. Bogue,* Declining World Fertility: Trends, Causes, Implications, Population Bulletin, Vol. 33, Nr. 4, Okt. 1978, S. 9 ff.

[260]) *H. Schubnell,* Das Experiment, die Zahl der Menschen exakt zu planen, in: *Fischer; Graf Krockow; Schubnell,* China – Das neue Selbstbewußtsein, München-Zürich, 1978.

[261]) *M. S. Teitelbaum,* The Relevance of Demographic Transition Theory for Developing Countries, in: Science, S. 188, 1975; abgedr. in: *R. Reining; J. Trinker* (eds.), a.a.O.

[262]) *J. Schmid,* Das Weltbevölkerungsproblem und die Vereinten Nationen, a.a.O.

[263]) *J. C. Caldwell,* Toward a Restatement of Demographic Transition Theory, in: Population and Development Review, Vol. 2, Nr. 2/3, 1976, S. 321–366; ders., A Theory of Fertility: From High Plateau to Destabilization, in: Population and Development Review, Vol. 4, Nr. 4, 1978, S. 553–577.

[264]) *J. C. Caldwell,* ibid., S. 356.

[265]) *G. Feichtinger,* Demographische Analyse und populationsdynamische Modelle (Grundzüge der Bevölkerungsmathematik), Wien-New York 1979.

[266]) *N. Keyfitz,* Bevölkerungsprobleme, in: *P. Cloud* (Hrsg.), Wovon können wir morgen leben? Frankfurt/Main 1973, S. 66 f.

[267]) *N. Keyfitz,* On the Momentum of Population Growth, in: Demography, Vol. 8, Nr. 1, 1971, S. 71–80.

[268]) *R. Salas,* International Population Assistance: The First Decade, Oxford (Pergamon) 1979.

[269]) *D. O. Cowgill,* The Use of the Logistic Curve and the Transition Model in Developing Nations, in: *A. Bose; P. B. Desai; S. P. Jain* (eds.), Studies in Demography, London 1980, S. 163.

[270]) United Nations, Concise Report on the World Population Situation 1970–1975 and its Long-range Implications, New York 1974.

[271]) Die ersten Weltbevölkerungskonferenzen waren noch reine Expertentreffen, so Genf 1926, Rom 1954 und Belgrad 1965. Die letzte und größte ihrer Art war die Bukarester Konferenz 1974 mit offiziellen Regierungsvertretern, denen Stellungnahmen abverlangt wurden.

[272]) *K. Davis,* World Population in Transition, in: *K. D. Human Society,* a.a.O., S. 608 ff.

[273]) *Ph. M. Hauser,* The Social, Economic and Technological Problems of Rapid Urbanization, in: *B. F. Hoselitz; W. E. Moore* (eds.), Industrialization and Society, Unesco (Paris), 1968, S. 199–217; ders., Urbanization, in: *P. Lengyel* (ed.), Approaches to the Science of Socio-Economic Development, Paris, (Unesco) 1971, S. 107–111; – *K. Davis,* World Urbanization 1950–1970, 2 Bde., Berkeley 1969 und 1979; S. Preston, Urban Growth in Developing Countries: A Demographic Reappraisal, in: Population and Development Review, Vol. 5, Nr. 2, 1979, S. 195–215.

[274]) Als typischen Standpunkt noch der sechziger Jahre vgl. *N. Keyfitz,* Zur Bevölkerungsbewegung in vorindustriellen Gesellschaften, in: Beilage zur Wochenzeitung ‚Das Parlament', 4/67, 18. 1. 1967, S. 12 f.; zur gegenwärtigen Lage vgl. *W. Ruhenstroth-Bauer,* Wachstum des Hungers, in: *P. J. Opitz* (Hrsg.), Weltprobleme (Bayer. Landeszentrale für pol. Bildungsarbeit) München 1982, S. 77–98.

[275]) ‚Population, Labour and Social Policy', International Labour Review, Vol. 109, Nos. 5–6, 1974; (ILO, Genf).

[276]) *S. Kuznets,* Underdeveloped Countries and the Preindustrial Phase in the Advanced Countries: An Attempt at Comparison, in: Proceedings of the World Population Conference, Rome 1954, Vol. V, S. 947–968.

[277]) *L. Tabah,* The Changing Demographic Balance, in: Populi (UNFPA), Vol. 6, No. 2, 1979, S. 40.

[278]) *W. Vogt,* The Road to Survival, dt.: Die Erde rächt sich, Frankfurt/M. 1950, zit. in: *P. Khalatbari,* Überbevölkerung in den Entwicklungsländern, Berlin (Ost) 1968, S. 142 f.

[279]) *E. M. Rogers,* Communication Strategies for Family Planning, New York-London 1973, S. 86.

[280]) *J. M. Stycos,* Human Fertility in Latin America: Sociological Perspectives, Ithaca, N.Y., 1968, S. 14.

²⁸¹) *B. Berelson,* On Family Planning Communication, in: *D. J. Bogue* (ed.), Mass Communication and Motivation for Birth Control, Chicago 1967.
²⁸²) *A. Sauvy,* Le Neo-malthusianisme anglo-saxon, in: Population, avril–juin 1947, S. 221–242; *R. Symonds; M. Carder,* The United Nations and the Population Question 1945–1970, New York 1973, S. 35.
²⁸³) Eine ähnliche Haltung nahm auch der Vatikan ein, weshalb ironisch von einer ‚Communist-Catholic Axis' gesprochen wurde: *S. F. Hartley,* Population . . . a.a.O., S. 309; *K. McQuillan,* Common Themes in Catholic and Marxist Thaught on Population and Development, in: Population and Development Review, Vol. 5, Nr. 4, Dec. 1979, S. 689–698.
²⁸⁴) *J. Schmid,* Einführung in die Bevölkerungssoziologie, a.a.O., Kap. I, 7; *R. Symonds; M. Carder,* a.a.O., S. 37.
²⁸⁵) Ibid., S. 99.
²⁸⁶) *K. H. Mehlan,* The Socialist Countries of Europe, in: *B. Berelson* et al. (eds.), Family Planning and Population Programs, Chicago 1966, S. 190–205.
²⁸⁷) In: *W. I. Lenin,* Werke Bd. 19, Berlin (Ost), 1962, S. 227.
²⁸⁸) Vgl. *V. Stolte-Heiskanen,* Familienplanungs-Konzeption neu betrachtet: ein kritischer überblick, in: *P. Khalatbari,* Demoökonomische Probleme, a.a.O., S. 181–198.
²⁸⁹) *H. M. Raulet,* Family Planning and Population Control in Developing Countries, in: Demography, vol. 7, Nr. 2, May 1970, S. 211–234, hier S. 213.
²⁹⁰) In: Science, 163, 1969, S. 533–543; abgedr. in: *R. Reining/J. Trinker* (eds.), Population: Dynamics, Ethics and Policy Washington, D.C. (AAAS) 1975, S. 17–27.
²⁹¹) *K. Davis,* Population Policy: Will Current Programs Succeed? (1967), in: *R. Reining; J. Trinker,* a.a.O., S. 27–36.
²⁹²) *R. W. Gillespie,* Family Planning in Taiwan (Population Council, Taiching 1965), zit. in: *K. Davis,* ibid., S. 32.
²⁹³) *K. Davis,* ibid., S. 34.
²⁹⁴) Eine entsprechende Reorientierung auf gesamtgesellschaftliche Bezüge nahm daraufhin auch die größte nationale Entwicklungshilfeorganisation vor: die US Agency for International Development (USAID); vgl. AID's Family Planning Strategy, in: *R. Reining; J. Trinker,* (eds.), a.a.O., S. 53.
²⁹⁵) Es entwickelte sich eine begleitende Forschung, die sog. „family planning research", die auf Vorschlag von *D. Bogue* als spezieller Zweig der Demographie ausgebaut wurde. Vgl. *D. J. Bogue,* The End of the Population Explosion, in: The Public Interest, No. 7, 1967, S. 11–20; ders., Principles of Demography, a.a.O., S. 824–828. *J. A. Ross; A. Germain; J. E. Forrest; J. van Ginnken,* Findings from Family Planning Research, Reports on Population/Familiy Planning (The Population Council), Oct. 1972, Nr. 12.
²⁹⁶) *J. J. Spengler,* zit. in: A. L. Levine, Economic Science and Population Theory, in Population Studies, Vol. 19, 1965, S. 139–154, hier S. 146; vgl. auch: *K. K. Galbraith,* Three Models of Developing Nations, in: Dialogue, Vol. I, 1968, S. 3–12. Die ‚Demoökonomie' hat umfangreiches Material zu diesen äußerst komplexen Zusammenhängen von Wirtschafts- und Bevölkerungs- entwicklung vorgelegt und kommt häufig zu unterschiedlichen Urteilen, vgl. *Raulet,* ibid. Der einflußreiche liberale Ökonom *Julian Simon* behauptete schon anläßlich der Weltbevölkerungs- konferenz 1974 in Bukarest, daß Bevölkerungswachstum einer unterentwickelten Wirtschaft nur förderlich sein könne. Er steht mit seinem arglosen Liberalismus ziemlich allein. Vgl. seine Gegenthesen zu *L. Frank* unter dem Titel: „Bevölkerungswachstum ergibt auf lange Sicht bessere wirtschaftliche Resultate als eine stagnierende Bevölkerung", in: UNESCO-Kurier Nr. 5/1974; seine Thesen untermauerte er in seinem Hauptwerk „The Economics of Population Growth" (Princeton N.J. 1977); jüngst erklärte er das Bild der demographisch induzierten „Armutsfalle" für unhaltbar; Vgl. J. S., There is no Low-Level Fertility and Development Trap, in: Population Studies, Vol. 34, Nr. 3, Nov. 1980, S. 476–486. Es bleibt dann die Frage, warum Investitionen allein so wenig, d. h. nie entsprechend ihrem eingesetzten Quantum an Besserung in der Dritten Welt bewirken, wo sie doch im Bevölkerungswachstum ein „Schwungrad zum take-off" hätten.
²⁹⁷) Seit ihrem bevölkerungspolitischen Engagement hat sich die Weltbank diesem Vorwurf gegenüber rechtfertigen müssen; auch Äußerungen amerikanischer Präsidenten führten zu derartigen Verdächtigungen: Eine Investition von 5 $ in die Geburtenplanung sei soviel wert wie eine von 100 $ in die Wirtschaftsentwicklung; so *L. B. Johnson* zum 20. Jahrestag der Gründung der Vereinten Nationen, San Francisco am 25. 6. 1965; vgl. *R. Symonds; M. Carder,* a.a.O., S. 199.

[298]) Vgl. *B. Urlanis,* Demographic Factors and Planning of Economic Development, in: UN-Seminar on Planning Techniques, Moskau Juli 1966 (Report, S. 102–112); zit. in: *P. Khalatbari,* Überbevölkerung, a.a.O.; *Y. N. Guzevaty,* Economic and Social Determinants of Contemporary Demographic Behaviour, in: UN, The Population Debate, a.a.O., Vol. I, S. 534–537; – *A. G. Wischnewski,* Die demographische Revolution, in: Sowjetwissenschaft, 1973, Heft 6, S. 633–645; – *P. Khalatbari* (Hrsg.), Demoökonomische Probleme der Entwicklungsländer, a.a.O.

[299]) *A. O. Tsiu; D. J. Bogue,* Declining Wort Fertility: Trends, Causes, Implications, Population Bulletin, Vol. 33, Nr. 4, Oct. 1978.

[300]) *W. P. Mauldin; B. Berelson,* Conditions of Fertility Decline in Developing Countries, 1965–1975, Studies in Family Planning, Vol. 9, Nr. 5, May 1978, S. 110 f.

[301]) *W. P. Mauldin; B. Berelson,* a.a.O., S. 89.

[302]) Als verfeinertes Fruchtbarkeitsmaß dient auch die Bruttoreproduktionsziffer (BRZ), Mädchengeburten pro Frau ungeachtet der Sterbeverhältnisse. Eine BRZ von 2 gilt als ‚Entwicklungsschwelle'.

[303]) *B. Berelson,* Prospects and Programs to Fertility Reduction: What? Where? in: Population and Development Review, Vol. 4, Nr. 4, 1978, S. 579–616, hier S. 582 (vgl. Indikatorentabelle Kap. II, 3, S. 73).

[304]) *K. S. Srikantan,* The Family Planning in the Socioeconomic Context, New York (The Population Council) 1977, S. 6 ff.; vgl. *R. K. Godwin,* Comparative Policy Analysis – The Study of Population Policy Determinants in Developing Countries, Toronto-London 1975, S. 226 ff.

[305]) *B. Berelson,* a.a.O.

[306]) *J. Knodel; E. van de Walle* weisen nach, daß kulturelle Heterogenität einen größeren Einfluß auf das Fruchtbarkeitsniveau haben kann, als der allgemeine ökonomische Entwicklungsstand. Sie nennen als Beispiel die Sowjetunion, die über einen relativ gleichartigen Entwicklungsstand verfügt, in deren außereuropäischen Republiken sich eine hohe Fruchtbarkeit aber bis heute hält: *J. Knodel; E. van de Walle,* Lessons from the Past: Policy Implications of Historical Fertility Studies, in: Population and Development Review, Vol. 5, 1979, S. 217–245.

[307]) Dt. Übers. des Weltbevölkerungsaktionsplans, in: Der Bundesminister des Inneren, Bericht über die Weltbevölkerungskonferenz der Vereinten Nationen vom 19.–30. August in Bukarest, Bonn, Juli 1975, § 32; zu diesem Komplex vgl. bes. *H. Wander* (Hrsg.), Bedingungen und Möglichkeiten der Integrierung bevölkerungspolitischer Programme in die nationale und internationale Entwicklungspolitik, Frankfurt/M.-Bern-Cirencester/v. K., 1980.

[308]) The World Bank, World Development Report, 1979, New York 1979, Tabelle 24.

[309]) *J. Ratcliffe,* Kerala: Testbed for Transition Theory, in: „Populi" (UNFPA), Vol. 5, Nr. 2, 1978, S. 11–16.

[310]) *A. J. Coale,* The Demographic Transition, in: International Union für Scientific Study of Population (IUSSP), International Population Conference, Liège, 1973, Vol. 1, S. 53–72, hier S. 65 f.

[311]) „Age at Marriage and Fertility", Population Reports, Nr. 4, Nov. 1979 (The John Hopkins University, Baltimore).

[312]) Vgl. den Positivismus-Streit in der deutschen Soziologie der 60er Jahre, vor allem die Kontroverse *Hans Albert-Jürgen Habermas.*

[313]) *N. Eberstadt,* a.a.O., inzw. abgedr. in: N. E. (ed.) Fertility Decline in the Less developed Countries, New York (Praeger) 1981.

[314]) *J. Knodel; E. van de Walle,* Europe's Fertility Transition, . . . a.a.O., S. 38.

[315]) *D. J. Loschky; W. C. Wilcox,* Demographic Transition: A Forcing Model, In: Demography, Vol. 11, May 1974, 2, S. 215–225.

[316]) Vgl. *Chesnais,* a.a.O., Abb. 42; Übergangsverläufe nach Geborenen- und Sterbeziffern in 8 Weltregionen (mittlere Variante der UN-Schätzung 1974).

[317]) *K. S. Srikatan,* a.a.O.

[318]) Vgl. Europe's Historic Birth Decline: New Findings Challenge Classic Transition Theory, in: Intercom, Vol. 8, No. 2, Febr. 1980.

[319]) *E. Ardener,* Social Anthropology and Population, in: *H. D. Perry* (ed.) Population and its Problems: A Plan Man's Guide, Oxford 1974, S. 25.

[320]) *J. Ratcliffe,* Kerala: a.a.O.

[321]) *V. L. Urquidi,* Population and a New International Order: A Missing Link? In: Population Bulletin of the United Nations, No. 12 – 1979, p. 63–68.

[322]) United Nations, Demographic Transition and Socio-Economic Development New York 1979.

[323]) UNO-Chronique Mensuell, Vol. XVI, No. 3, Mars 1979, S. 27 f.

Literaturverzeichnis

Abernethy, J. (1979): Population Pressure and Cultural Adjustment. New York-London
Almond, G. A. (1963): The Civic Culture. Princeton, N.J.
Almond, G. A. (1965): A Developmental Approach to Political Systems. In: World Politics, Vol. 18, S. 183–215
Andorka, R. (1978): Determinants of Fertility in Advanced Societies. London
Anshen, R. (Ed.) (1949): The Family: Its Function and Destiny. New York
Appelbaum, R. P. (1970): Theories of Social Change. Chicago
Apter, S. E. (1965): The Politics of Modernization. London
Barcley, G. W. (1958): Techniques of Population Analysis. New York
Beaver, S. E. (1975): Demographic Transition Theory Reinterpreted. Lexington, Mass.
Becker, G. S. (1960): An Economic Analysis of Fertility. In: Demographic and Economic Change in Developed Countries (Universities-National Bureau Conference Series, 11). Princeton
Behrmann, D. J.; Corsa, L.; Freedman, R. (Eds.) (1969): Fertility and Family Planning – A World View. Ann Arbor, Mich.
Bell, D. (1971): America as a Mass Society: A Critique. In: *McNall, S. C.* (Ed.), The Sociological Perspective. Boston, S. 369–383
Bendix, R. (1965): Die vergleichende Analyse historischer Wandlungen. In: Kölner Zeitschrift für Soz. und Soz.psychologie, Bd. 17, S. 429–446
Bennet, J. W. (1976): The Ecological Transition (Cultural Antropology and Human Adaptation). New York etc.
Berelson, B. (Ed.) (1969): Family Planning and Population Programs – A Review of World Developments. London
Berelson, B. (1978): Prospects and Programs to Fertility Reduction: What? Where? In: Population and Development Review, Vol. 4, Nr. 4, S. 579–616
Blacker, C. P. (1947): Stages in Population Growth. In: The Eugenics Review, Vol. 39
Bogue, D. J. (1969): Principles of Demography. New York
Bogue, D. J. (1967: The End of the Population Explosion. In: The Public Interest, No. 7, S. 11–20
Bogue, D. J. (Ed.) (1967): Mass Communication and Motivation for Birth Control. Chicago
Bolte, K. M. (1972): Bevölkerungssoziologie und soziologische Bevölkerungslehre. In: Wörterbuch der Soziologie (Hrsg.: *Bernsdorf, W.*). Frankfurt/M. Bd. 1, S. 111–115
Bolte, K. M. (1954): Bevölkerungsentwicklung und Leistungspotenzial. In: Ztschr. des Instituts für Weltwirtschaft, Bd. 73, S. 111–161
Bolte, K. M.; Kappe, D. (1967): Struktur und Entwicklung der Bevölkerung. Opladen
Bolte, K. M.; Kappe, D.; Schmid, J. (1980): Bevölkerung – Statistik, Geschichte, Theorie und Politik des Bevölkerungspozesses. Opladen
Borcherdt, C.; Mahnke, H. P. (1978): Die „Tragfähigkeit der Erde" als wissenschaftliches Problem. In: Kuls, W. (Hrsg.), Probleme der Bevölkerungsgeographie. Darmstadt, S. 361–384
Boserup, E. (1981): Population and Technology. Oxford, U.K.
Boughey, A. S. (1973): Population Characteristics. In: Ecology of Populations. New York, Second Edition, S. 1–24
Bredemeier, H. C.; Stephenson, R. M. (1965): The Analysis of Social Systems. New York etc.
Brentano, L. (1925): Konkrete Bedingungen der Volkswirtschaft. Leipzig
Brentano, L. (1909): Die Malthussche Lehre und die Bevölkerungsbewegung der letzten Dezennien. (Abhandlungen der Historischen Klasse der Königlich Bayerischen Akademie der Wissenschaft), 24. München, S. 565–625
Buckley, W. (1967): Society as a Complex Adaptive System. In: *ders.,* (Ed.), Sociology and Modern Systems Theory. Englewood Cliffs, N.J., S. 490–513
Burch, TH. K. (1979): Household and Family Demography: A Bibliographic Essay. In: Population Index, Vol. 45, Nr. 2, S. 173–195
Bühl, W. L. (1974): Einführung in die Wissenschaftssoziologie. München
Bühl, W. L. (1970): Evolution und Revolution. München
Caldwell, J. C. (1977): The Persistence of High Fertility: Population Prospects in the Third World. Demography Department, Australian National University, Canberra

Caldwell, J. C. (1981): The Mechanisms of Demographic Change in Historical Perspective. In: Population Studies, Vol. 35, Nr. 1, S. 5—27

Caldwell, J. C. (1980): The Failure of Theories of Social and Economic Change: Puzzles of Modernization or Westernization. Canberra

Caldwell, J. C. (1976): A Theory of Fertility: From High Plateau to Destabilization. In: Population and Development Review, Vol. 4, Nr. 4, S. 553—577

Caldwell, J. C. (1978): Toward a Restatement of Demographic Transition Theory. In: Population and Development Review, Vol. 2, Nr. 2/3, S. 321—366

Calhoun, J. B. (1969): Population Density and Social Pathology. In: Population, Evolution and Birth Control. San Francisco, S. 101—105

Carlson, G. (1966): The Decline of Fertility: Innovation or Adjustment Process. In: Population Studies, Vol. XX, No. 2, S. 149—174

Chesnais, J.-C. (1979): L'Effet Multiplicatif de la Transition Demographique. In: Population Vol. 34, No. 6, S. 1138—1144

Clark, C. (1953): Population Growth and Living Standards. In: International Labor Review (ILO Genf), Vol. 28, Nr. 2

Clifford, W. B.; Ford, Th. R. (1974): Variations and Value Orientations and Fertility Behaviour. In: Social Biology, Vol. 21, S. 185—194

Coale, A. J. (1969): The Decline in Fertility in Europe from the French Revolution to World War II. In: *Behrmann S. J.; Corsa jr., L.; Freedman, R.* (Eds.), Fertility and Family Planning — A World View. Ann Arbor, Mich.

Coale, A. J. (1973): Demographic Transition. In: IUSSP, World Population Conference. Liege, Vol. 1

Coale, A. J.; Anderson, B.; Harm, E. (1979): Human Fertility in Russia since the Nineteenth Century. Princeton, N.J.

Coale, A. J.; Hoover, E. M. (1958): Population Growth and Economic Development in Low Income Countries. Princeton

Coale, A. J.; IUSSP (Ed.) (1979): Population Science in the Service of Mankind. Vienna/Liège

Cochran, L. T.; O'Kane, J. M. (Jan. 1977): Urbanization — Industrialization and the Theory of Demographic Transition. In: Pacific Sociological Review, Vol. 20, S. 113—134

Connell, K. H. (1968): Catholicism and Marriage in the Century after the Famine. In: Irish Peasant Society. Oxford, S. 113—161

Council of Europe (1981): Recent Demographic Developments in the Member States of the Council of Europe (Country Reports prepared by members of the Steering Committee on Population). Strasbourg

Cowgill, D. O. (1970): The Use of the Logistic curve and the Transition Model in Developing Nations. In: *Bose, A.; Desai, P.-B.; Jain, P.* (Eds.) Studies in Demography. London

Cowgill, D. O. (1963): Transition Theory as General Population Theory. In: Social Forces, Vol. 41, S. 270—274

Cowgill, D. O. (1949): The Theory of Population Growth Cycles. In: Am. J. of Sociology, Vol. 55, S. 163—170

Cox, P. R. (1959): Demography. London

Cutright, Ph.; Kelly, W. R. (1978) Modernization and Other Determinants of National Birth, Death and Growth Rates 1958—1972. In: *Tomasson, R. F.* (Ed.), Comparative Studies in Sociology. Greenwich, Conn., Vol. 1, S. 17—46

Davis, D. E. (1972): The Regulation of Human Population. In: *Behnke, J. A.* (Ed.), Challenging Biological Problems. New York, S. 237—252

Davis, K. (1963): The Theory of Change and Response in Modern Demographic History. In: Population Index, Vol. 29, S. 345—366

Davis, K. (1969): Sozialer Wandel und internationale Beziehungen. In: *Zapf, W.* (Hrsg.), Theorien des sozialen Wandels. Köln-Berlin, S. 484—499

Davis, K. (1945) The World Demographic Transition. abgedr. In: *ders.,* Human Society. New York

Davis, K. (1951): The Population of India and Pakistan. Princeton, N.J.

Davis, K. (1967): Population Policy: Will Current Programs Succeed? In: *Reining, R.; Trinker, J.,* a.a.O., S. 27—36

Davis, K. (1966): Human Society. New York

Davis, K. (Mai 1956): The Amazing Decline of Mortality in Underdeveloped Areas. In: Am. Econ. Review, Vol. 46, Nr. 2, S. 305—318

Davis, K.; Blake, J. (April 1956): Social Structure and Fertility: An Analytic Framework. In: Economic Development and Cultural Change, Vol. IV
Davis, K. (1963): Social Demography. In: *Berelson, B.* (Ed.), The Behavioral Sciences Today. New York-London 1963, S. 204–221
Deevey, E. S. jr. (September 1960): The Human Crop. In: Scientific American
Demeny, P. (1968): Early Fertility Decline in Austria-Hungary: A Lesson in Demographic Transition. In: Daedalus, Vol. 97
Deutsch, K. W. (1969): Soziale Mobilisierung und politische Entwicklung. In: *Zapf, W.* (Hsrg.), Theorien des sozialen Wandels. Köln-Berlin, S. 329–350
Devereux, G. (1967): A Typological Study of Abortion in 350 Primitive, Ancient and Pre-industrial Societies. In: *Rosen, H.* (Ed.), Abortion in America. Boston (Beacon Press) 1967
Dreitzel, H. P. (Hrsg.) (1967): Sozialer Wandel. Neuwied-Berlin
Easterlin, R. (1975): An Economic Framework for Fertility Analysis. In: Studies in Family Planning, Vol. 6, S. 54–63
Easterlin, R. (1969): Towards a Socioeconomic Theory of Fertility: A Survey of Recent Research on Economic Factors in American Fertility. In: *Behrmann, S. J.* et. al., a.a.O.
Easterlin, R. (1975): An Economic Framework for Fertility Analysis. In: Studies in Family Planning, Vol. 6, S. 54–63
Eberstadt, N. (Januar 1980): Recent Declines in Fertility in Less Developed Countries and What 'Population Planners' May Learn from them. In: World Development, Vol. 8, S. 37–60
Eisenstadt, S. N. (Ed.) (1970): Readings in Social Evolution and Development. Oxford, etc. (Pergamon Press)
Elohim, J. L. et al. (1979): Searching Out the Rational Performance of Mexico City Government. In: *Ericson, R. F.* (Ed.), Improving the Human Condition: Quality and Stability in Social Systems. Berlin-Heidelberg-New York (Springer)
Elster, L. (1924): Bevölkerungslehre und Bevölkerungspolitik. In: Hdwb. d. Staatswiss. (Hrsg. *Elster, L.* u. a.). Jena, Bd. 2, S. 735–812
Espenshade, T. J. (1977): The Value and Cost of Children. In: Population Bulletin, Vol. 32, Nr. 1
Fawcett, J. T. (1977): The Value and Cost of Children: Converging Theory and Research. In: *Ruzicka, L. T.* (Ed.), The Economics and Social Supports for High Fertility (Department of Demography, The Australian National University). Canberra, S. 91–114
Fawcett, J. T. (1972): The Satisfactions and Costs of Children: Theories, Concepts, Methods. East-West Population Institute Honolulu
Fawcett, J. T. (Ed.) (1973): Psychological Perspectives on Population. New York
Feichtinger, G. (1979): Demographische Analyse und populationsdynamische Modelle (Grundzüge der Bevölkerungsmathematik). Wien-New York
Feichtinger, G. (1973): Bevölkerungsstatistik. Berlin-New York
Flora, P. (1975): Indikatoren der Modernisierung (ein historisches Datenbuch). Opladen
Flora, P. (1975): Quantitative Historical Sociology. In: Current Sociology, Vol. XXIII, No. 2
Flora, P. (1974): Modernisierungsforschung (Zur empirischen Analyse der gesellschaftlichen Entwicklung). Opladen
Ford, Th. R.; DeJong, G. F. (Eds.) (1970): Social Demography. Englewood Cliffs, N.J.
Fourastie, J. (1954): Die große Hoffnung des 20. Jarhunderts. Köln
Frederikson, H. (1975): Feedbacks in Economic and Demographic Transition. In: *Reining, R.; Trinker, J.,* a.a.O.
Freedman, R. (1975): The Sociology of Human Fertility: An Annotated Bibliography. New York
Freedman, R. (1968): Norms for Family Size in Underdeveloped Areas. In: *Heer, D. M.* (Ed.), Readings on Population. Englewood Cliffs, N.J., S. 157–180
Freedman, R. (Ed.) (1964): Population: The Vital Revolution. New York
Freedman, R.; Baumer, G.; Bolte, K. M. (1959/60): Expected Family Size and Family Size Values in West Germany. In: Population Studies, Vol. XIII
Freedman, R.; Goldberg, D.; Sharp, H. (1954): 'Ideals' about Family Size in the Detroit Metropolitan Area. In: Milbank Memorial Fund Quarterly (23)
Freedman, R.; Takeshita, J. Y.; Sun, T. H. (Juli 1964): Fertility and Family Planning in Taiwan: A Case Study of the Demographic Transition. In: Am. J. of Sociology (LXX), S. 16–27
Freedman, R.; Whelpton, P. K.; Campbell, A. A. (1959): Family Planning, Sterility and Population Growth. New York

Frejka, Th. (1973): The Future of Population Growth: Alternative Paths to Equilibrium. New York
Friedlander, D. (1977): The Effect of Child Mortality on Fertility: Theoretical Framework of the Relationship. In: *IUSSP.* Mexico, Vol. 1
Friedlander, D. (1969): Demographic Responses and Population Change. In: Demography, Vol. 6, S. 359–381
Galbraith, J. K. (1968): Three Models of Developing Nations. In: Dialogue, Vol. I, S. 3–12
Gaspari, C.; Millenhofer, H. (1978): Konturen einer Wende – Strategien für die Zukunft. Graz-Wien-Köln
Gide, Ch.; Rist, Ch. (1923): Geschichte der volkswirtschaftlichen Lehrmeinungen. Jena
Gille, H. (1949): The Demographic History of the Northern Europeans Countries in the Eighteenth Century. In: Population Studies, Vol. 3, S. 3–65
Godwin, R. K. (1975): Comparative Policy Analysis – The Study of Population Policy Determinants in Developing Countries. Toronto-London
Goldschneider, C. (1971): Population, Modernization, and Social Structure. Boston
Goode, W. J. (1964): Readings on the Family. Englewood Cliffs, N.J.
Goode, W. J. (1968): Industrialization and Family Change. In: *Hoselitz, B. F.; Moore, W. E.* (Eds.), Industrialization and Society. Paris (UNESCO), S. 237–255
Grabill, W. H.; Kiser, C. V.; Whelpton, P. K. (1958): The Fertility of American Woman. New York
Groat, H. Th.; Neal, A. G. (1967): Social Psychological Correlates of Urban Fertility. In: Am. Sociol. Review, Vol. 32, S. 945–959
Guest, A. M. (1967): The Relationship of the Crude Birth Rate and its Components to Social and Economic Development. In: Demography, Vol. 11, Nr. 3, S. 457–472
Guzevaty, Y. N. (1975): Economic and Social Determinants of Contemporary Demographic Behaviour. In: The Population Debate . . . a.a.O., Vol. I, S. 534–537
Habakkuk, H. J. (1971): Population Growth and Economic Development Since 1750. Leicester
Habakkuk, H. J. (1953): English Population in the Eighteenth Century. In: Economic History Review, Vol. 6, zit. in: UN, The Determinants and Consequences . . . a.a.O., Vol. I
Habakkuk, H. J. (1955): Family Structure and Economic Change in Nineteenth Century Europe. In: The Journal of Economic History, Vol. XV, No. 1, S. 1–12
Hage, J. (1972): Techniques and Problems of Theory Construction in Sociology. New York, etc.
Hagen, E. E. (1962): On the Theory of Social Change: How Economic Growth Begins. Homewood, Illinois
Hajnal, J. (1965): European Marriage Patterns in Perspective. In: *Glass, D. V.; Eversley, D. E. C.* (Eds.), Population in History: Essays in Historical Demography. London, S. 101–143
Hardesty, D. L. (1977): Ecological Anthropology. New York
Hartley, S. F. (1972): Population – Quantity vs. Quality (A Sociological Examination of the Causes and Consequences of the Population Explosion). Englewood Cliffs, N.J.
Hatt, P. K.; Farr, N. L.; Weinstein, E. (1955): Types of Population Balance. In: Am. J. Sociol., Vol. 20, No. 1, S. 15
Hauser, J. A. (1982): Bevölkerungslehre. Bern
Hauser, J. A. (Dezember 1980): Zur Theorie der demographischen Transformation. In: Mitteilungsblatt der „österreichischen Gesellschaft für Statistik und Informatik", Vol. 10, Nr. 40, S. 134–147
Hauser, J. A. (1974): Bevölkerungsprobleme der Dritten Welt. Bern
Hauser, Ph. M. (1968): The Social, Economic and Technological Problems of Rapid Urbanization. In: *Hoselitz, B. F.; Moore, W. E.* (Eds.), Industrialization and Society. Paris (UNESCO), S. 199–217
Hauser, Ph. M. (1971): Urbanization. In: *Lengyel, P.* (Ed.), Approaches for the Science of Socioeconomic Development. Paris (UNESCO), S. 107–111
Hauser, Ph. M. (Ed.) (1979): World Population and Development. New York
Hauser, Ph. M. (Ed.) (1969): The Population Dilemma. Englewood Cliffs, N.J., 2. Ed.
Hauser, Ph. M. (Ed.) (1958): Population and World Politics. Englewood Cliffs, N.J.
Hauser, Ph. M.; Duncan, O. D. (Eds.) (1959): The Study of Population: An Inventory and Appraisal. Chicago
Hempel, G. G. (1965): Fundamentals of Concept Formation in Empirical Science. Chicago-London
Henry, L. (1961): La fecondité naturelle: Observation, theorie, resultats. In: Population, Vol. 16, No. 4, S. 625–635
Hill, R. (1968): Researach on Human Fertility. In: Int. Soc. Sc. Journal, Vol. 20, S. 226–262; Dt. In: *Lüschen G; Lupri, E.,* a.a.O.

Hillser, E. T. (1965): A Culture Theory of Population Trends. In: *Spengler, J. J.; Duncan, D. O.,* a.a.O.
Himes, N. E. (1963): Medical History of Contraception. New York
Hodges, H. M. jr. (1971): Conflict and Consensus. An Introduction to Sociology. New York, etc.
Hollingsworth, Th. H. (Juli 1957): A Demographic Study of British Ducal Families. In: Population Studies, Vol. 11
Holsinger, D. B.; Kasarda, J. D. (1976): Education and Human Fertility: Social Perspectives. In: *Ridker, R. G.* (Ed.) Population and Development (The Search for Selective Interventions). Washington D.C.
Hoselitz, B. F.; Moore, W. E. (Eds.) (1968): Industrialization and Society. UNESCO (Paris: Mouton)
Hull, T. H.; Hull, V. J.; Singarimbun, M. (1977): Indonesia's Family Planning Story: Success and Challenge. In: Population Bulletin, Vol. 32, Nr. 6
ILO (1974): 'Population, Labour and Social Policy'. International Labour Review, Vol. 109, No. 5–6. Genf
Imhof, A. E. (1977): Einführung in die Historische Demographie. München
Imhof, A. E. (1981): Die gewonnenen Jahre. München
Inkeles, A.; Smith, D. H. (1974): Becoming Modern: Individual Change in Six Developing Countries. London
Ipsen, G. (1933): Bevölkerungslehre. In: Hdwb. des Grenz- und Auslandsdeutschtums, Bd. 1. Breslau
Jacobsen, W. J. (1979): Populaton Education – A Knowledge Base. New York
Johnson, H. M. (1974): Strukturell-funktionale Theorie der Familien- und Verwandschaftssysteme. In: *Lüschen G.; Lupri, E.* (Hrsg.), Soziologie der Familie, (SH der KZSS). Köln-Opladen
Johnson, H. M. (1960): Sociology: A Systematic Introduction. New York-Chicago, Burlingame
Kahl, J. A. (1968): The Measurement of Modernism: A study of Values in Brazil and Mexico. Austin
Kaufmann, F.-X. (Hrsg.) (1975): Bevölkerungsbewegung zwischen Quantität und Qualität. Stuttgart
Keyfitz, N. (1971): On the Momentum of Population Growth. In: Demography, Vol. 8, Nr. 1, S. 71–80
Keyfitz, N. (18. 1. 1967): Zur Bevölkerungsbewegung in vorindustriellen Gesellschaften. In: Beilage zur Wochenzeitung „Das Parlament", 4/67
Keyfitz, N. (1966): How Many People have Lived on the Earth? In: Demography, Vol. 3, Nr. 2
Khalatbari, P. (Hrsg.) (1979): Demoökonomische Probleme der Entwicklungsländer. Berlin (Ost)
Khalatbari, P. (1968): Überbevölkerung in den Entwicklungsländern. Berlin (Ost)
Khalatbari, P. (1983): Demographic transition: Beiträge zur Demographie, Nr. 7. Berlin (Ost)
King, Th. (1974): Population Policies and Economic Development. World Bank. Baltimore-London
Kiser, Cl. V. (1965): Economic and Religious Factors in the Differential Fertility of Low Fertility Countries. In: UN, Proceedings of the World Population Conference. Belgrad. Vol. II
Knodel, J.; van de Walle, E. (Februar 1980): Europe's Fertility Transition: New Evidence and Lessons for Today's Developing World. In: Population Bulletin, Vol. 34, Nr. 6
Knodel, J.; van de Walle, E. (1979): Lessons from the Past: Police Implications of Historical Fertility Studies. In: Population and Development Review, Vol. 5, S. 217–245
Knodel, J. E. (1974): The Decline of Fertility in Germany, 1871–1939. Princeton, N.J.
Kornhauser, W. (1965): The Politics of Mass Society. London
Koselbeck, R. (Hrsg.) (1977): Studien zum Beginn der modernen Welt. Stuttgart, S. 68–96
Kreckel, R. (1972): Soziologische Erkenntnis und Geschichte. Opladen
Kuczynski, R. R. (1928/1931): The Balance of Births and Deaths. Washington, Vol. I, Vol. II
Kuhn, Th. S. (1976): Die Struktur wissenschaftlicher Revolution. Frankfurt/M.
Kuznets, S. (1968): Consumption, Industrialization and Urbanization. In: *Hoselitz, B. F.; Moore, W. E.* (Eds.), a.a.O., S. 99–114
Kuznets, S. (1954): Underdeveloped Countries and the Proindustrial Phase in the Advanced Countries: An Attempt at Comparison. In: Proceedings of the World Population Conference. Rome, Vol. V, S. 937–968
Köllmann, W. (1975): Gesellschaftliche Grundlagen der Bevölkerungsbewegung. In: *Kaufmann, F.-X.* (Hrsg.), Bevölkerungsbewegung zwischen Quantität und Qualität. Stuttgart, S. 20–29
Köllmann, W. (1959): Grundzüge der Bevölkerungsgeschichte Deutschlands im 19. und 20. Jahrh. In: Studium Generale, Bd. 12
Köllmann, W.; Marschalck, P. (Hrsg.) (1972): Bevölkerungsgeschichte. Köln

König, R. (1977): Die Familie der Gegenwart. München, 2. Aufl.
Landis, P. H.; Hatt P. K. (1954): Population Problems – A Cultural Interpretation. New York
Landry, A. (1909): Les Trois Théories Principales de la Population. Abgedr. in: *ders.,* La Revolution Demographique: Etudes et Essais sur les Problems de la Population. Paris
Landry, A. et al. (1949): Traite de Demographie. Paris
Lee, R. B.; De Vore I. (Eds.) (1968): Man the Hunter. Chicago (Aldine)
Lee, W. R. (Ed.) (1979): European Demography and Economic Growth. New York
Leibenstein H. (1977): The Economic Theory of Fertility – Survey, Issues and Considerations. In: *IUSSP,* International Population Conference. Mexico, Vol. 2
Leibenstein, H. (1965): The Economic Theory of Fertility Decline. In: The Quart. J. of Economics, Vol. 89, S. 1–31
Leibenstein, H. (1957): Economic Backwardness and Economic Growth. New York
Leridon, H.; Menken J. (Eds.) (1979): Natural Fertility/Fecondite Naturelle. Liège (IUSSP), B.-Dolhain
Lerner, D. (1964): The Passing of Traditional Society: Modernizing the Middle East. New York
Lerner, D. (1963): Toward a Communication Theory of Modernization. In: Communications and Political Development. In: *Pye, W.* (Ed.). Princeton, N.J., S. 327–350
Leslie, G. R. (1976): The Family in Social Context. New York
Levine, A. L. (1965): Economic Science and Population Theory. In: Population Studies, Vol. 19, S. 139–154
Levy, C.; Henry, L. (1960): Ducs et Pairs sous l'Ancien Regime. Carachteristiques demographiques d'une Caste. In: Population, Vol. 15
Lewis, W. A. (1955): The Theory of Economic Growth. In: *Caldwell, J. C.* Theory of Fertility Decline
Linde, H. (Oktober 1962): Die Bedeutung von Th. R. Malthus für die Bevölkerungssoziologie. In: Ztschr. f. d. ges. Staatswiss., Bd. 118
Linde, H. (1959): Generative Strukturen. In: Studium Generale, Bd. XII
Livi Bacci, M. (1968): Fertility and Population Growth in Spain in the Eigthteenth and Nineteenth Centuries. In: Daedalus, a.a.O., S. 523–535
Livi Bacci, M. (1971): A Century of Portuguese Fertility. Princeton
Llewellyn-Jones, D. (1974): Human Reproduction and Society. London
Lorimer, F. (1954): Culture and Fertility. Paris (UNESCO)
Loy, G. (1981): Theoretische Ansätze zur Erklärung des veränderten generativen Verhaltens in der Bundesrepublik Deutschland. In: Bundesinstitut für Bevölkerungswissenschaft (Hrsg.): Materialien zur Bevölkerungswissenschaft, Heft 25, Wiesbaden
Mackenroth, G. (1955): Bevölkerungslehre. In: *Gehlen, A.; Schelsky, H.* (Hrsg.), Soziologie. Köln-Düsseldorf
Mackenroth, G. (1953): Bevölkerungslehre. Berlin-Göttingen-Heidelberg
Mackensen, R. (1979): Bevölkerung und Gesellschaft in Deutschland – die Entwicklung 1945–1978. In: *Matthes, J.* (Hrsg.), Sozialer Wandel in Westeuropa (Verhdlg. des 19. Dt. Soziologentages). Frankfurt/M.-New York, S. 461 ff.
Mackensen, R. (1973): Entwicklung und Situation der Erdbevölkerung. In: *Mackensen R.; Wewer, H.* (Hrsg.), Dynamik der Bevölkerungsentwicklung. München
Mackensen, R. (1968): Probleme der Weltbevölkerung. In: Allg. Stat. Archiv, Band 52, Heft 1
Mackensen, R. (1963): Der Begriff der „Generativen Struktur" und seine statistische Indikation. In: Institut International de Sociologie (Ed.), La Sociologia y las Sociedades en Desrollo Industrial, Tomo III, Communicaciones al XX Congreso Internacional de Sociologia. Cordoba, S. 277–295
Mackensen, R. (1972): Theoretische Erwägungen zur Vielgestaltigkeit des „Demographischen Übergangs". In: *Köllmann, W.; Marschalck, M.* (Hrsg.), Bevölkerungsgeschichte. Köln
Malthus, Th. R. (1977): Das Bevölkerungsgesetz (Deutsche Erstausgabe von 1798). München
Marschalck, P. (1980): Quantitative Kritik an der Dichotomie „Großfamilie-Kleinfamilie". In: *Schwarz, K.* (Dt. Gesellschaft für Bevölkerungswissenschaft), Eheschließung und Familienbildung heute – Neue Entwicklungen in In- und Ausland (Verhandlungen der Jahrestagung der Dt. Ges. für Bev.wiss. Darmstadt, 26.–28. 3. 1980)
Matras, J. (1977): Introduction to Population – A Sociological Approach. Englewood Cliffs, N.J., S. 13
Matras, J. (1973): Population and Societies. Englewood Cliffs, N.J., Kap. II, 7

Matras, J. (1965): The Social Strategy of Family Formation: Some Variations in Time and Space. In: Demography, Vol. 2, S. 349–362

Mauldin, W. P. (April 1978): Patterns of Fertility Decline in Developing Countries 1950–1975. In: Studies in Family Planning, Vol. 9

Mauldin, W. P.; Berelson, B. (1978): Conditions of Fertility Decline in Developing Countries, 1965–1975. In: Studies in Family Planing, Vol. 9, Nr. 5

Mayer, K. (1974): Bevölkerungslehre und Demographie. In: *König, R.* (Hrsg.), Handbuch der empirischen Sozialforschung. Stuttgart (Enke), 3. Auflage, Bd. 4, S. 1–50

McKeown, Th. (1976): The Modern Rise of Population. London

McQuillen, K. (Dezember 1979): Common Themes in Catholic and Marxist Thaught on Population and Development. In: Population and Development Review, Vol. 5, Nr. 4, S. 689–698

Meadows, D.; Meadows, D. et al. (1973): Die Grenzen des Wachstums (Erster Bericht des Club of Rome zur Lage der Menschheit). Reinbek

Mehlan, K. H. (1966): The Socialist Countries of Europe. In: *Berelson, V.* et al. (Eds.), Family Planning and Population Programs. Chicago, S. 190–205

Mitterauer, M. (1978): Der Mythos von der vorindustriellen Großfamilie, In: *Rosenbaum, H.* (Hrsg.), Seminar: Familie und Familienstruktur. Frankfurt/M., S. 128–151

Mitterauer, M.; Sieder, R. (1977): Vom Patriarchat zur Partnerschaft – zum Strukturwandel der Familie. München

Mombert, P. (1929): Bevölkerungslehre. Jena

Moore, W. W. (1967): Strukturwandel und Gesellschaft. München

Mudd, St. (Ed.) (1964): The Population Crisis and the Use of World Resources. Bloomington, Ind. S. 27 ff.

Muhsam, H. V. (1979): The Demographic Transition: From Wastage to Conservation of Human Life. In: Coale A. J.; IUSSP, a.a.O.

Murdock, G. P. (1949): Social Structure. New York

Myrdal, G. (1968): Asian Drama: An Inquiry into the Poverty of Nations. New York

Mühlfeld, C. (1976): Familiensoziologie – Eine systematische Einführung. Hamburg

Nag, M. (1980): How Modernization Can also Increase Fertility. In: Current Antropology, Vol. 21, Nr. 5, S. 571–587

Noin, Daniel (1983): La Transition Démographique dans le Monde, Paris (PUF)

Notestein, F. W. (1974): „Eine Geburtenbeschränkung würde das wirtschaftliche Wachstum erleichtern". In: UNESCO-Kurier, (15), Nr. 5, S. 22 ff.

Notestein, F. W. (1977): Economic Problems of Population Change (8th Internat. Conference of Agricultural Economics, 1953). abgedr. in: *Overbeek, J.* (Ed.), The Evolution of Population Theory. Westport/Conn.-London, S. 140–152

Notestein, F. W. (1950): The Population of the World in the Year 2000. In: Journal of the American Statistical Association. Washington, D.C., Vol. 45, Nr. 251, S. 335–345

Notestein, F. W. (1945): Population – The Long View. In: *Schultz, Th. W.* (Ed.), Food for the World. Chicago, S. 36–57

Nöel-Biraben, J. (1979): Essai sur l'Evolution du Nombre des Hommes. In: Population, Vol. 34, S. 13–25

Ogburn, W. F. (1969): Kultur und sozialer Wandel. Neuwied-Berlin

Olsen, M. E. (1968): The Process of Social Organization. New York etc.

Omram, A. R. (Mai 1977): Epidemiologic Transition in the United States. In: Population Bulletin, Vol. 32, No. 2

Omram, A. R. (Oktober 1971): The Epidemiologic Transition: A Theory of the Epidemiology of Population Change. In: Milbank Memorial Fund Quarterly, Vol. 49, No. 4, S. 509–538

Oppong, C.; Haario-Mannila, E. (1979): Woman, Population and Development. In: *Hauser, Ph. M.* (Ed.), World Population and Development (Challenge and Prospects). New York

Organski, K.; Organski A. F. K. (1961): Population and World Power. New York

Owen, D. F. (1974): What is Ecology? London-Oxford-New York

Parsons, T. (1969): Evolutionäre Universalien der Gesellschaft. In: *Zapf, W.* (Hrsg.), Theorien des sozialen Wandels, a.a.O., S. 55–74

Parsons, T. (1970): Some Considerations on the Theory of Change. In: *Eisenstadt, S. N.* (Ed.), Readings in Social Evolution and Development. Oxford, etc., S. 95–121

Parsons, T. (1964): Soziologische Theorie (Hrsg. von *Rüschemeyer, D.*). Neuwied-Berlin

Parsons, T. (1948): The Position of Sociological Theory. In: Am. Soc. Review, (ASR), Vol. 13
Parsons, T.; Bales, R. F.; Shils, E. A. (1953): Working Papers in the Theory of Action. Glencoe, III
Pearl, R. (1939): The Natural History of Population. New York
Petersen, W. (1975): Population. New York-London (Macmillan), 3. Auflage
Petersen, W. (1960): The Demographic Transition in the Netherlands. In: Am. Sociologic Review, Vol. 25, S. 334—347
Pfanzagl, J. (1965): Allgemeine Methodenlehre der Statistik. 2 Bde., Berlin
Phillips, B. S. (1969): Sociology: Social Structure and Change. Boston
Pianka, E. R. (1978): Evolutionary Ecology. New York etc.
Poursin, J.-M. (1976): La Population Mondiale. Paris
Preston, S. (1979): Urban Growth in Developing Countries: A Demographic Reappraisal. In: Population and Development Review, Vol. 5, Nr. 2, S. 195—215
Rainwater, L. (1960): And the Poor Get Children. Chicago
Ratcliffe, J. (1978): Kerala: Testbed for Transition Theorie. In: *Populi* (UNFPA). Vol. 5, Nr. 2
Raulet, H. M. (Mai 1970): Family Planning and Population Control in Developing Countries. In: Demography, Vol. 7, Nr. 2, S. 211—234
Reichardt, R. (1979): Wertstrukturen im Gesellschaftssystem — Möglichkeiten makrosoziologischer Analysen und Vergleiche. In: *Klages, H.; Kmieciak, P.* (Eds.), Wertwandel und gesellschaftlicher Wandel, Frankfurt/M.-New York
Reinhard, M. R.; Armengaud, A. (1961): Histoire Générale de la Population Mondiale. Paris, hier nach *Bogue, D.,* Principles of Demography, a.a.O.
Reining, R.; Trinker, J. (Eds.) (1975): Population: Dynamics, Ethics and Policy. Washington, D.C. (AAAS)
Ridker, R. R. (Ed.) (1976): Population and Development. Baltimore-London
Rindfuss, R.; Sweet, J. A. (1977): Postwar Fertility Trends and Differentials in the United States. New York etc.
Robinson, W. C. (1969): The Development of Modern Population Theory. In: *K. S. W. Kammeyer* (Ed.), Population Studies: Selected Essays and Research. Chicago
Rodman, H. (1965): *Talcott* Parsons' View of the Changing American Family. In: *Rodman, H.* (Ed.), Marriage, Family and Society. New York
Rogers, E. M. (1973): Communication Strategies for Family Planning. London-New York
Rosen, H. (Ed.) (1967): Abortion in America. Boston (Beacon Press)
Ross, J. A.; Germain, A.; Forrest, J. E.; van Ginken, J. (Oktober 1972): Findings from Family Planning Research. Reports on Population/Family Planning (The Population Council), Nr. 12
Rostow, W. W. (1967): Stadien des wirtschaftlichen Wachstums. Göttingen
Rotberg, R. I.; Rabb, Th. K. (Eds.) (1980): Marriage and Fertility Studies in Interdisciplinary History. Princeton, N.J., Princeton University Press
Ruhenstroth-Bauer, W. (1982): Wachstum des Hungers. In: *Opitz, P. J.* (Hrsg.), Weltprobleme (Bayerische Landeszentrale für politische Bildungsarbeit). München, S. 77—98
Ruzicka, L. T. (Ed.) (1977): The Economic and Social Supports for High Fertility. Demography Department, Australian National University. Canberra
Ryder, N. B. (1975): Reproductive Behaviour and the Family Cycle. In: United Nations, The Population Debate . . ., a.a.O., Vol. II, S. 278—312
Ryder, N. B. (1959): Fertility. In: *Hauser, M.; Duncan, O. D.* (Eds.), a.a.O., S. 400 ff. (Kap. 18)
Ryder, N. B.; Westoff, Ch. F. (November 1969): Fertility Planning Status: United States. In: Demography, Vol. 4, Nr. 4, S. 435
Ryder, N. B. (1964): Notes at the Concept of a Population. In: American Journal of Sociology, Vol. 69, S. 448
Rückert, G.-R. (1978): Schichtenspezifische Unterschiede des generativen Verhaltens. Manuskript des Bundesinstituts für Bevölkerungsforschung (BIB). Wiesbaden
Sauvy, A. (1977): Cout et Valeur de la Vie Humaine. Paris
Sauvy, A. (1975): La Population. Paris
Sauvy, A. (1969): General Theory of Population. London
Sauvy, A. (1948): Le Neo-malthusianisme anglo-saxon. In: Population, S. 221—242
Sauvy, A. (1963): Malthus et les deux Marx (Le Probleme de la Faim et de la Guerre dans le Monde). Paris

Scheler, M. (1963): Bevölkerungsprobleme als Weltanschauungsfrage. In: Schriften zur Soziologie und Weltanschauungslehre. Berlin-München

Schmid, J. (1983): Themenwechsel in der Bevölkerungswissenschaft: Aufstieg und Fall des Vulgärmalthusianismus im Lichte der Wissenschaftssoziologie. In: *Rupp, S.; Schwarz, K.* (Hrsg.), Beiträge aus der bevölkerungswissenschaftlichen Forschung: Festschrift für Hermann Schubnell, Schriftenreihe des Bundesinstituts für Bevölkerungsforschung, Bd. 11. Wiesbaden

Schmid, J. (1983): Bevölkerung und Ökologie. Wiesbaden (Bundesinstitut für Bevölkerungsfoschung), unveröff. Manuskript

Schmid, J. (1982): The Family Today: Sociological Highlights on an Embattled Institution. In: European Demographic Information Bulletin, Vol. XIII, No. 2, The Hague, S. 49–72

Schmid, J. (1982): Das Weltbevölkerungsproblem und die Vereinten Nationen. In: *Opitz P. J.* (Hrsg), Weltprobleme (Landeszentrale für pol. Bildung). München, S. 31–75

Schmid, J. (1976): Einführung in die Bevölkerungssoziologie. Reinbek

Schmid, J.; Höhn, Ch. (1981): Socio-Cultural Change with Reference to Female Employment, Educational Characteristics and Housing Conditions in Western Countries where Fertility is Around or Below Replacement. In: International Population Conference, Manila, International Union for the Scientific Study of Population. Liege, Vol. 1, S. 159–180

Schnell, G. A. (März 1970): Demographic Transition: Threat to Developing Nations. In: Journal of Geography, Vol. 69

Schubnell, H. (1970): Die Bedeutung der Demographie für Raumordnung und Raumforschung aus der Sicht des Demographen. In: Deutsche Akademie für Bevölkerungswissenschaft an der Universität Hamburg (Hrsg.), Ausgewählte Themen zu den räumlichen Aspekten der Demographie. Hamburg (Akademie-Veröffentlichungen Reihe A, Nr. 14), S. 10

Schubnell, H. (1978): Das Experiment, die Zahl der Menschen exakt zu planen. In: *Fischer Graf Krockow; Schubnell, H.* China – Das neue Selbstbewußtsein. München-Zürich

Schubnell, H. (1968): Probleme der Weltbevölkerung. In: Allg. Stat. Archiv, Bd. 52, Heft 1, S. 27–43

Schultz, Th. W. (1975): Economics of the Family: Marriage, Children and Human Capital. Chicago

Schwarz, K. (1959): Die Fruchtbarkeit der Ehen in Deutschland vor und nach dem Zweiten Weltkrieg, Internationaler Bevölkerungskongress. Wien, S. 337 f.

Schwarz, K. (1962): Kinderzahlen der Ehejahrgänge 1900 und früher und bis 1960, Wirtschaft und Statistik, Heft 10, S. 275 f.

Schwarz, K. (1964): Die Kinderzahlen in den Ehen nach Bevölkerungsgruppen, Wirtschaft und Statistik, Heft 2, S. 331 f.

Schwarz, K. (1973): Entwicklung und Ursachen des Geburtenrückgangs. In: Medien- und Sexualpädagogik, Bd. 1, 2.

Schwarz, K. (1981): Erwerbstätigkeit der Frau und Kinderzahl, Zeitschrift für Bevölkerungswissenschaft, Heft 1, S. 59 f.

Schwarz, K. (1982): Bericht 1982 über die demographische Lage in der Bundesrepublik Deutschland, Zeitschrift für Bevölkerungswissenschaft, Heft 2, S. 121 f.

Segal, Sh. J.; Nordberg, D. Sch. (1977): Fertility Regulation Technology: Status and Prospects. Population Bulletin, Vol. 31, Nr. 6 (Pop. Reference Bureau, Washington D.C.)

Shils, E. (1965): Political Development in the New States. Den Haag

Shryock, H. S.; Siegel, J. S. (1977): The Methods and Materials of Demography. New York-San Francisco-London 1976

Simmel, G. (1957): Die Großstädte und das Geistesleben. In: *Simmel, G.*, Brücke und Tür. Stuttgart

Simon, J. (1980): There is No Low-Level Fertility and Development Trap. In: Population Studies, Vol. 34, No. 3, S. 476–486

Simon, J. (1977): The Economics of Population Growth. Princeton. N.J.

Singarimbun, M.; Hull, T. H. (1977): Social Responses to High Mortality which act to Support High Fertility. In: *IUSSP* (Eds.), International Population Conference. Mexico, Vol. 1, Kap. 1.4

Sombart, W. (1954): Die deutsche Volkswirtschaft im neunzehnten Jahrhundert. Darmstadt

Sorokin, P. (1928): Contemporary Sociological Theories. New York

Spengler J. J.; Duncan, O. D. (Eds.) (1956): Demographic Analysis. Glencoe, Ill.

Spengler, J. J. (1974): Population Change, Modernization and Welfare. Englewood Cliffs, N.J.

Spengler, J J. (1968): Demographic Factors and Early Modern Economic Development. In: Daedalus, Vol. 93, S. 443–446

Spengler, J. J.; Duncan, O. D. (Eds.) (1965): Population Theory and Policy. Glencoe, Ill.

Srikantan, K. S. (1977): The Family Planning in the Socioeconomic Context. New York (The Population Council), S. 6 ff.
Statistisches Bundesamt (1979): Die Situation der Kinder in der Bundesrepublik Deutschland. Stuttgart
Steward, J. H. (1955): Theory of Culture Change. Urbana Ill.
Stoetzel, J. (1954): Les attitudes et la conjoncture demographique: la dimension ideale de la famille. In: Proceedings of the World Population Conference, VI. New York (UN Ed.)
Stolnitz, G. J. (1964): Demographic Transition: From High to Low Birth Rates and Death Rates. In: *Freedman, R.* (Ed.), Population: The Vital Revolution. New York
Strasser, H.; Randall, S. C. (1979): Einführung in die Theorien des sozialen Wandels. Darmstadt und Neuwied
Stycos, J. M. (1968): Human Fertility in Latin America: Sociological Perspectives. Ithaca, N.Y., S. 14
Symonds, R.; Carder, M. (1973): The United Nations and the Population Question 1945–1970. New York
Tabah, L. (Ed.) (1976): Population Growth and Economic Development in the Third World. Liège (IUSSP), o. J. 2 Bde.
Tabah, L. (1979): The Changing Demographic Balance. In: *Populi* (UNFPA), Vol. 6, No. 2
Tabutin, D. (1980): Problèmes de Transition Demographique. Lourain-La-Neuve (Cabay)
Taeuber, I. B. (1966): Demographic Modernization: Continuities and Transitions. In: Demography, Vol. 3, S. 90–108
Taeuber, I. B. (Juli 1960): Japan's Demographic Transition Re-Examined. In: Population Studies, Vol. XIV, No. 1
Taeuber, O. (1968): Census. In: *Sills, D. L.* (Ed.), Encycl. of the Soc. Sciences. New York, Vol. 2, S. 360–364
Taylor, H. C (Ed.) (1976): Physiology, Population and Family Planning. New York (The Population Council), 3 Bde.
Teitelbaum, M. S. (1975): Relevance of Demographic Transition Theory for Developing Countries. In: Reining; Trinker, a.a.O., S. 174–179
Terhune, K. W.; Kaufman, S. (November 1973): The Family Size Utility Function. In: Demography, Vol. 10, Nr. 4, S. 599–618
Thomlinson, R. (1965): Population Dynamics. New York
Thompson, W. S. (Mai 1929): Population. In: American J. of Sociology, Vol. 34, Nr. 6, S. 959–975
Thompson, W. S. (1946): Population and Peace in the Pacific. Chicago
Thompson, W. S (1948): Plenty of People. New York
Tietze, C. (1969): Induced Abortion as a Method of Fertility Control. In: *Behrman,* et al., (Eds.), a.a.O.
Tietze, C.; Lauriat, P. (1955): Age at Marriage and Educational Attainment in the United States. In: Population Studies, Vol. IX, S. 159–166
Tilly, Ch. (Ed.) (1978): Historical Studies of Changing Fertility. Stanford, California
Trebici, V. (1979): Typen der demographischen Transition in den Entwicklungsländern. In: *Khalatbari, P.* (Hrsg.), Demoökonomische Probleme der Entwicklungsländer. Berlin (Ost), S. 43–68
Tsui, A. O.; Bogue, D. J. (Oktober 1978): Declining World Fertility: Trends, Causes, Implications. In: Population Bulletin, Vol. 33, Nr. 4, S. 9 ff.
Turchi, B. (September 1975): Microeconomic Theories of Fertility: A Critique. In: Social Forces, Vol. 45, S. 107–125
Turner, J. H. (1976): The Ecosystem (The Interrelationships of Society and Nature). In: *Zimmermann, D. H.* et al. (Eds.), Understanding Social Problems. New York, S. 292–322
United Nations (1979): Demographic Transition and Socio-Economic Development. New York
United Nations (1973, 1978): The Determinants and Consequences of Population Trends. New York, Vol. I, Vol. II
United Nations (1975): The Population Debate: Dimensions and Perspectives (Papers of the World Population Conference, Bukarest 1974). New York, 2 Bde.
United Nations (1975): Toward a System of Social and Demographic Statistics (ST/ESA/STAT/SER.F/18). New York
United Nations (1973): Principles and Recommendations for a Vital Statistic System (ST/STAT/SER.M/19/Rev.1). New York

United Nations (1973): World Population Prospects as Assessed in 1973 (ST/ESA/SER.A/60). New York
United Nations (1974): Concise Report on the World Population Situation in 1970–1975 and its Long-Range Implications. New York
United Nations (1971): The World Population Situation in 1970. New York
United Nations (1965): Population Bulletin of the UN (ST/SOA/SER.N/7). New York
Van de Walle, E. (1974): The Female Population of France in the Nineteenth Century. Princeton, N.J.
Van de Walle, E. (1968): Marriage and Marital Fertility. In: Daedalus, S. 486–501
Van der Tak, J.; Haub, C.; Murphy, E. (1979): Our Population Predicament: A New Look. In: Population Bulletin, Vol. 34, Nr. 5 (PRB)
Vance, R. B. (1952): The Demographic Gap: Dilemma of Modernization Programs. In: Approaches to Problems of High Fertility Agrarian Societies, Milbank Memorial Fund, S. 9–17
Vinovskis, M. A. (1976): Demographic History and the World Population Crisis. New York
Vogt, W. (1950): The Road Survival, dt.: Die Erde rächt sich. Frankfurt/Main
von Ungern-Sternberg, R. (1932): Die Ursachen des Geburtenrückgangs im westeuropäischen Kulturkreis. Veröffentlichungen aus dem Gebiet der Medizinalverwaltung. Berlin, Bd. 36
Wander, H. (1979): Bevölkerungs- und Wirtschaftswachstum im Entwicklungsprozeß. In: Beihefte zur Konjunkturpolitik, Heft 26
Wander, H. (Hrsg.) (1980): Bedingungen und Möglichkeiten der Integrierung bevölkerungspolitischer Programme in die nationale und internationale Entwicklungspolitik. Frankfurt/M.-Bern-Cirencester/U.K.
Ware, H. (1977): The Relationships between Infant Mortality and Fertility: Replacement and Insurance Effects. In: *IUSSP*, Mexico, Vol. 1, a.a.O.
Weeks, J. R. (1978): Population – An Introduction to Concepts and Issues. Belmont, Calif.
Weingart, P. (Hrsg.) (1972): Wissenschaftssoziologie 1. Frankfurt/Main
Westoff, Ch. F.; Ryder, N. B. (1977): The Contraceptive Revolution. Princeton, N.J.
Westoff, Ch. F.; Ryder N. B. (1969): Recent Trends in Attitudes Toward Fertility Control and the Practise of Contraception in the United States. In: Behrman, S .J. et al. (Eds.), a.a.O.
Westoff, Ch. F.; Potter jur., R. G.; Sagi, P. C. (1963): The Third Child: A Study in the Prediciton of Fertility. Princeton, N.J.
Westoff, Ch. F.; Potter jur., R. G.; Sagi, P. C.; Mishler, E. G. (1961): Family Growth in Metropolitan America. Princeton, N.J.
Whelpton, P. K.; Campbell, A. A.; Patterson, J. E. (1966): Fertility and Family Planning in the United States. Princeton, N.J.
Whelpton, P. K.; Kiser, Cl. V. (1946–1958): Social and Psychological Factors Affecting Fertility. New York, 5 Bde.
Wilson, E. K. (1971): Sociology (Rules, Roles and Relationships). Homewood Ill.
Wischnewski, A. G. (1973): Die demographische Revolution. In: Sowjetwissenschaft, Heft 6, S. 633–645
Wolf, J. (1959): Bevölkerungsfrage. In: Vierkant, A. (Hrsg.), HdWB der Soziologie (1931). Stuttgart, S. 52–66
Wolf, J. (1928): Die neue Sexualmoral und das Geburtenproblem unserer Tage. Jena
Woods, R. (1982): Theoretical Population Geography. London-New York
Woods, R. (1979): Population Analysis in Geography. London-New York
Zapf, W. (Hrsg.) (1969): Theorien des sozialen Wandels. Köln-Berlin
Zelinsky, W. (1979): The Demographic Transition: Changing Patterns of Migration, In: Coale, A. J.; IUSSP (Ed.), Population Science in the Service of Mankind. Liège/Belgien, S. 165–189
Zimmermann, E. S. (1951): World Resourses and Industry. New York